Estudos Aplicados
de Direito Empresarial

Estudos Aplicados de Direito Empresarial

CONTRATOS

2017

Coordenação:
Rodrigo Fernandes Rebouças

ESTUDOS APLICADOS DE DIREITO EMPRESARIAL
CONTRATOS
© Almedina, 2017

COORDENAÇÃO: Rodrigo Fernandes Rebouças
DIAGRAMAÇÃO: Almedina
DESIGN DE CAPA: FBA
ISBN: 978-858-49-3254-2

Dados Internacionais de Catalogação na Publicação (CIP)
(Câmara Brasileira do Livro, SP, Brasil)

Estudos aplicados de direito empresarial :
contratos / coordenação Rodrigo Fernandes
Rebouças. -- São Paulo : Almedina, 2017.

Vários autores.
Bibliografia.
ISBN 978-85-8493-254-2

1. Contratos - Brasil 2. Direito empresarial -
Brasil I. Rebouças, Rodrigo Fernandes.

17-10203   CDU-347.74:338(81)

Índices para catálogo sistemático:
1. Brasil : Contratos empresariais : Direito empresarial 347.74:338(81)

Este livro segue as regras do novo Acordo Ortográfico da Língua Portuguesa (1990).

Todos os direitos reservados. Nenhuma parte deste livro, protegido por copyright, pode ser reproduzida, armazenada ou transmitida de alguma forma ou por algum meio, seja eletrônico ou mecânico, inclusive fotocópia, gravação ou qualquer sistema de armazenagem de informações, sem a permissão expressa e por escrito da editora.

Novembro, 2017

EDITORA: Almedina Brasil
Rua José Maria Lisboa, 860, Conj.131 e 132, CEP: 01423-001 São Paulo | Brasil
editora@almedina.com.br
www.almedina.com.br

APRESENTAÇÃO

Alegra-me ter sido mais uma vez convidado a fazer a apresentação da obra coletiva composta de 5 (cinco) artigos de Autores que foram alunos do Curso de *LLM Direito dos Contratos* do Insper Direito. Para além da qualidade dos textos ora apresentados, causa-me particular satisfação serem eles resultado da exitosa conclusão do Curso por parte dos referidos alunos.

Passamos, portanto, a apresentar os textos ora publicados.

Daisy Lucchesi abordou o tema sempre polêmico e muito discutido da responsabilidade civil existente nas denominadas *negociações preliminares* dos contratos. O artigo é intitulado "Responsabilidade civil nas negociações preliminares ao contrato". A Autora examina, primeiramente, no contexto das negociações dos contratos, as diferenças existentes entre pré-contrato e negociação preliminar. Em seguida, parte a Autora para a análise dos principais *deveres de conduta* advindos do *princípio da boa-fé objetiva*, passando pela análise das funções que esse princípio desempenha no Direito Privado, pelo exame das figuras mais típicas como a *supressio* e *surrectio*. Envereda a Autora, então, no estudo da responsabilidade civil e, no contexto dela, da *responsabilidade civil decorrente do rompimento das negociações preliminares*, abordando o *dano* e a *indenização*, tudo na perspectiva do exame da jurisprudência pátria sobre o tema.

No contexto desse tema, é importante observar que, com o advento do Código Civil, em 2003, a *boa-fé objetiva* (enquanto princípio) ganhou relevo incomensurável, tendo sido objeto de detido estudo pela doutrina e aplicado, milhares de vezes, pelos nossos tribunais superiores. Toda essa evolução, no entanto, não foi decisiva para estruturar, em linhas tecnicamente seguras e isentas de dúvidas, o estudo do tema que, em razão disso, ainda merece muita discussão[1].

Érica Fernandez Krabbe, elegeu, para análise, o tema da *teoria do adimplemento substancial* sob a ótica dos contratos imobiliários, nomeando assim seu artigo: "Princípios contratuais, estudo acerca da teoria do adimplemento substancial e a sua aplicação nos contratos imobiliários". Partindo, em boa técnica, da análise dos *princípios gerais* que governam os contratos no direito pátrio, consta do texto abordagem particular das hipóteses de *extinção dos contratos* e a sua *relativização*. Logo em seguida, de forma prática e com citações doutrinárias e de decisões dos tribunais brasileiros, é estudada a denominada

---

[1] Basta recordar que o interesse que o assunto vem despertando na literatura estrangeira, no âmbito do Direito Privado (nos países que pertencem ao *civil law* e ao *common law*) e até no contexto do Direito Internacional Privado. Cfr.: GILIKER, Paula. **Pre-contractual liability in english and french law**. Haia: Kluwer Law International, 2002; VICENTE, Dário Moura. **Da responsabilidade pré-contratual em direito internacional privado.** Coimbra: Almedina, 20001; MARTINS, António Carvalho. **Responsabilidade pré-contratual**. Coimbra: Coimbra Editora, 2002; PRATA, Ana. **Notas sobre a responsabilidade pré-contratual.** Coimbra: Almedina, 2005. Mais remotamente, no Brasil, é digno de nota o estudo de Antonio Chaves intitulado "Responsabilidade Pré-contratual", datado de 1959, São Paulo: RT, correspondente à Dissertação do autor para concurso de cátedra de Direito Civil da Faculdade de Direito da Universidade de São Paulo. Acerca da *liberdade contratual* na faceta do direito de contratar ou não, vale mencionar que essa *liberdade* também pode ser objeto de *abuso* nas hipóteses de *recusa injustificada* como, por exemplo, nos casos de monopólio. Confira o interessante estudo de SERNA, Jean-Christian. **Le refus de contracter**. Paris: L.G. D. J., 1967.

teoria do adimplemento substancial e o seu acolhimento no direito pátrio[2].

Guilherme Tadeu de Medeiros Moura, escreveu sobre "A responsabilidade civil pela perda de chances e seu enfrentamento pelo Superior Tribunal de Justiça", artigo no qual, partindo da análise da noção clássica da responsabilidade civil, procura analisar a denominada "teoria da perda de uma chance", com a análise dos seus elementos, dos critérios de aplicação da teoria da quantificação da indenização. Em seguida, procura o autor analisar dois casos específicos julgados pelo STJ nos quais a referida teoria fora aplicada. Trata-se de tema interessante e carente, ainda, de devida investigação por parte da doutrina e da jurisprudência pátrias, tal como, nesse passo, ocorre no exterior[3].

Gustavo Andrade Oliveira Fontana é autor do texto assim intitulado: "A prática contratual na aquisição de terrenos à luz do artigo 39 da lei de incorporação imobiliária (lei nº 4.591/1964)". Examina o Autor desde aspectos mais genéricos e introdutórios acerca da Lei nº 4.591/64, com a análise da parte histórica do instituto e das principais obrigações das partes da relação disciplinada pela referida lei até, em seguida, de forma pontual, a norma contida no artigo 39 da referida lei. Aponta o Autor que a norma do referido artigo tem o condão de disciplinar, com notória amplitude, a relação entre o dono do terreno no qual a incorporação será desenvolvida e o incorporador. Em interessante abordagem, o Autor investiga, de forma prática, as diversas formas pelas quais a referida relação pode se materializar, extremando-as da denominada "permuta financeira" e do "contrato de empreitada".

---

[2] No Brasil, cfr.: MARTINS-COSTA, Judith. **A boa-fé no direito privado**. Critérios para a sua aplicação. São Paulo: Marcial Pons, 2015, p. 679 e ss.

[3] Cfr. CHINDEMI, Domenico. **Il danno de perdita di chance**. 2ª Ed. Milão: Giuffrè, 2010.

Por fim, **Rafaella Barbosa Longuinho e Silva** dedicou-se ao tema extremamente atual e polêmico da interferência do Poder Judiciário nos denominados contratos de consumo, realçando a faceta mais polêmica dessa intervenção que é, justamente, a possibilidade de *criação de obrigações*. Assim, intitulou o seu trabalho com sugestivo título: "O Poder Judiciário como fonte de criação de obrigações nos contratos de consumo".

O Estudo da Autora passa pela análise do *princípio da autonomia privada*, fundamental para todo o Direito Privado, e analisa a necessidade de proteção do consumidor nas *relações e contratos de consumo* para, nesse âmbito, apontar as consequências da interferência do Poder Judiciário, notadamente a insegurança jurídica e o impacto econômico-financeiro.

O *pano de fundo* desse estudo remonta à questão crucial – e, porque não dizer, até certo ponto angustiante – de se saber qual o *limite* da intervenção estatal na vida das pessoas ou, nomeadamente, de forma mais específica nesse mesmo contexto, o limite da intervenção do Poder Judiciário (como órgão estatal) na relação particular, privada, de *natureza contratual* (*rectius*: obrigacional) estabelecida entre as pessoas. Trata-se de questão amplamente debatida no Direito Privado atualmente no Brasil e no mundo, sendo certo que nos parece que a discussão será tanto mais proveitosa e precisa à medida que se diferenciar, nas relações privadas (estabelecidas entre os particulares), aquelas *simétricas* (denominadas *grosso modo* de *civis*) daquelas *assimétricas* (assim consideradas, *opes legis*, as *relações de consumo*)[4].

---

[4] Cfr., nesse sentido, exemplificativamente: FEITOSA, Maria Luiza Pereira de Alencar. **Paradigmas inconclusos: os contratos entre a autonomia privada, a regulação estatal e a globalização dos mercados**. Coimbra: Coimbra Editora, 2007, *passim*. O tema vem sendo objeto de estudo já há bastante tempo, como se nota do exame de volume específico da prestigiosa *Association Henri Capitant* intitulado **La réaction de la doctrine à la création du droit par le juges (Journées italiennes de Florence)**. Tome XXI, 1980, Paris: Economica, 1982,

APRESENTAÇÃO

Em síntese, como procurei ressaltar nos parágrafos acima, constitui, o presente volume, obra que muito contribuirá para a continuidade do profícuo debate que tem sido levado a efeito acerca dos temas abordados que, como se pôde notar, além de francamente atuais, são também polêmicos em muitos dos seus aspectos.

Reitero o agradecimento aos nossos queridos alunos, Autores dos artigos, a todos os Professores e colaboradores do *LLM Direito dos Contratos* do Insper Direito e, de mais a mais, à Editora Almedina que, ao publicar os textos, renova a confiança na produção acadêmica da nossa Escola e do nosso país.

DANIEL MARTINS BOULOS

Formado em Direito pela Pontifícia Universidade Católica de São Paulo (PUC--SP), onde também obteve o Grau de Mestre (2004) e Doutor (2013) em Direito Civil. É Professor Conselheiro do Curso de Pós Graduação (LLM) em Direito dos Contratos, do Insper, em São Paulo, Professor convidado do Curso de Especialização em Direito Contratual na GV-Law, em São Paulo, Professor convidado no Curso de Especialização em Direito dos Contratos, no Centro de Extensão Universitária (CEU) do Instituto Internacional de Ciências Sociais (IICS), também em São Paulo. Membro Efetivo do Instituto dos Advogados de São Paulo (IASP) e do Instituto Brasileiro de Ciências Jurídicas (IBCJ). Foi Professor visitante na Universidade de Saint Gallen, em St. Gallen, na Suíça, em 2012. Membro das Comissões de Direito Bancário do IASP e da OABSP. Autor do Livro "O Abuso do Direito no novo Código Civil", Editora Método, São Paulo, 2006, prefácio do Prof. Arruda Alvim. Coautor do Livro "Direito Empresarial Brasileiro – Avanços e Retrocessos – Uma Homenagem aos 15 anos do Insper Direito", Editora Almedina e, ainda, de diversos artigos em revistas especializadas e obras coletivas. Advogado.

---

passim. Vale a consulta, ainda, das seguintes obras: GHESTIN, Jacques (org.). **Les clauses abusives dans les contrats types em france et em europeu.** Paris: L.G.D.J., 1991; e, mais recentemente, MAZEAUD, Denis; JAMIN, Christophe (org.). **Les clauses abusives entre professionnels.** Paris: Economica, 1998.

PREFÁCIO

Há 18 anos, o Insper lançava o seu primeiro programa de LL.M – *Master of Laws*.

Hoje, com quatro programas de LL.M – Direito dos Mercados Financeiro e de Capitais, Direito Societário, Direito Tributário e Direito dos Contratos – e um programa de LL.C em Direito Empresarial Privado, o Insper Direito consolida seu papel como um centro de estudos e de divulgação da cultura jurídica nos meios empresariais do País, ao publicar, a cada semestre, a Coleção Estudos Aplicados ao Direito Empresarial.

Honra-me, assim, sobremaneira prefaciar o *Segundo Volume da Coleção Estudos Aplicados ao Direito Empresarial*.

Fruto das melhores monografias de alunos e trabalhos de professores da pós-graduação em Direito, esta obra vem ao encontro da proposta educacional do Insper: multidisciplinariedade, com enfoque prático e ao mesmo tempo primando pela qualidade de seus corpos docente e discente.

Esta obra escapa ao modismo superficial de um conhecimento feito, acabado, compelido em textos para a conclusão do curso. Trata-se de uma obra que agrega ao mundo empresarial que precisa entender a dinâmica do mercado, inclusive em seus aspectos jurídicos.

Como toda obra coletiva, também esta precisa ser lida tendo-se em consideração a riqueza específica de cada contribuição,

na diversidade que apresenta. Mas é o conjunto da obra que me alegra ao constatar que algo importante e novo está se passando nos cursos de LL.M e LL.C: as produções acadêmicas estão abordando cada vez mais conhecimentos nas áreas da economia, finanças, contabilidade e em negociação estratégica, ferramentas cada vez mais demandadas dos juristas da área empresarial. E é na produção acadêmica desenvolvida com qualidade que assenta o aperfeiçoamento profissional.
Boa leitura!

PIERRE MOREAU

Advogado, professor e doutor em direito pela PUC-SP. É sócio da Moreau Advogados, membro do Conselho de Direito do Insper

SUMÁRIO

Responsabilidade civil nas negociações preliminares ao contrato
Daisy Lucchesi   15

Princípios contratuais, estudo acerca da teoria do adimplemento
substancial e a sua aplicação nos contratos imobiliários
Érica Fernandez Krabbe Boyano   65

A responsabilidade civil pela perda de chances e seu enfrentamento
pelo Superior Tribunal de Justiça
Guilherme Tadeu de Medeiros Moura   133

A prática contratual na aquisição de terrenos à luz do artigo 39
da lei de incorporação imobiliária (lei nº 4.591/1964)
Gustavo Andrade Oliveira Fontana   175

O Poder Judiciário como fonte de criação de obrigações
nos contratos de consumo
Rafaella Barbosa Longuinho e Silva   235

Responsabilidade civil nas negociações preliminares ao contrato

Daisy Lucchesi

Introdução e objetivos
O presente estudo tem por objetivo tratar do tema da responsabilidade civil pré-contratual nas negociações preliminares, de modo que trate sobre todos os aspectos relevantes da responsabilidade civil aplicada à quebra da expectativa em contratar.

Tal estudo repassa pelos conceitos de negociação preliminares e pré-contrato, isso porque o contrato preliminar tem em vista firmar um contrato definitivo futuro, e já vincula as partes de acordo com as regras do Código Civil a respeito deste tema e, em contrapartida, as negociações são tratativas, flertes entres as partes para posteriormente firmar o contrato.

Após, o presente trabalho percorrerá pelo princípio da boa-fé, apontando para todos as vertentes desse princípio que são aplicadas ao tema deste estudo.

Ao final, será esclarecido a respeito da responsabilidade civil, para então, concluir a respeito da aplicação de tais institutos ao dever de indenizar pela quebra da expectativa de se contratar.

Muito importante ressaltar a relevância do princípio da boa-fé para a efetiva reparação de danos causados nessa fase contratual. O Código Civil de 2002 não trata especificamente sobre a reparação de danos por não se ter concluído uma negociação contratual, não trata esse ato como ato ilícito, porém, como veremos neste estudo, o princípio da boa-fé é primordial para analisar caso a caso e com base nele verificar se alguma parte foi prejudicada na negociação.

Os artigos constantes do Código Civil de 2002 que podem ser aplicados ao presente estudo, e que suportam a tese desenvolvida, tanto quanto à boa-fé, quanto à responsabilidade civil, são cláusulas gerais, que deixam ao juiz a incumbência de interpreta-las e aplica-las para casos específicos, sendo assim, ficará esclarecido como essas normas gerais podem ser aplicadas especificamente às negociações contratuais.

Apesar de o direito não tratar especificamente sobre o tema, ou seja, sobre as expectativas tiradas do contato social, caso uma das partes viole o dever de confiança que tinha perante a outra, deverá reparar o dano eventualmente causado. Essa posição vem se consolidando na jurisprudência e doutrina brasileiras, sendo que, apesar de não possuir uma extensão de doutrinas e jurisprudências a respeito, é relevante ressaltar a importância do presente estudo.

Levando em consideração a atualidade do tema tendo em vista a quantidade de contratos firmados por dia, dos mais simples aos mais complexos, é evidente a necessidade de se resguardar a fase pré-contratual, objetivando não ocasionar danos a nenhum dos negociantes.

Por fim, o presente estudo está completamente focado na sistemática constante no Código Civil Brasileiro de 2002, bem como em previsão constante na Constituição Federal intimamente ligada ao princípio da boa-fé. Apesar de o Código do Consumidor ter iniciado as previsões a respeito da responsabilidade civil pré-contratual, o enfoque será em relação ao direito civil.

1. Considerações Gerais sobre a Negociação dos Contratos

1.1. Pré-Contrato e a Negociação Preliminar do Contrato: Definições e Diferenças

A princípio, importante se faz destacar as diferenças entre pré--contrato e a negociação preliminar do Contrato, isso porque, o pré-contrato é por si só um negócio jurídico, passível de reparação de danos caso descumprido, conforme Seção VIII do Código Civil que trata a respeito dos Contratos Preliminares.

O Artigo 462 do Código Civil traz a seguinte disposição: *"O contrato preliminar, exceto quanto à forma, deve conter todos os requisitos essenciais ao contrato a ser celebrado."*.[1]

Esse contrato tem caráter provisório, e é celebrado quando as partes têm a intenção de celebrar um contrato definitivo posteriormente e querem, desde já, garantir que esse contrato seja celebrado e por alguma situação do momento, isso não se faz possível. O principal exemplo de contrato preliminar que é comumente celebrado, é o compromisso de compra e venda de um imóvel, que inclusive pode ser registrado em cartório e possuir efeito *erga omnes*.

Sendo assim, claro fica que os Contratos Preliminares são tratados pelo ordenamento jurídico brasileiro, inclusive nos Artigos 463 e 464 do Código Civil de 2002, evidencia que as partes têm o direito de exigir que o Contrato Preliminar se torne um contrato definitivo, sendo que, caso o contrato não se torne definitivo, qualquer das partes tem o direito à reparação pelas perdas e danos, conforme estipulado no artigo 465, do Código Civil, ou seja, a responsabilidade civil por não celebração do contrato definitivo está suportada pelo ordenamento jurídico.

---

[1] BRASIL, Lei n° 10.406, de 10 de Janeiro de 2002, Institui o Código Civil. Brasília, DF, 2002.

As negociações possuem caráter psicológico, tendo em vista que se iniciam por um interesse que surgiu de uma ou mais pessoas, de forma que estas decidem firmar determinado negócio jurídico. Na realidade, as negociações são essenciais para que qualquer das partes decida se deseja de fato firmar determinado negócio ou não, a partir das informações que recebeu na fase preliminar.

Cumpre mencionar que os contratos firmados entre as partes, ou seja, os contratos paritários, seguem todas as fases de formação dos contratos: negociações, proposta e aceitação. Ocorre que a fase de negociação pode ter uma duração maior a depender da complexidade do caso.

Para situações corriqueiras, em que há a simples compra, por exemplo, de produtos de supermercado, embora exista uma fase de negociação, ela é extremamente curta e irrelevante para a formação deste contrato, em grande parte não passível de reparação de danos.

Agora, a depender do objeto, a negociação do contrato poderá ser extremamente demorada e importante para a formação do vínculo definitivo entre as partes, como é o caso da realização da compra de parte acionária por uma empresa, a fase de negociação para esses casos é deveras demorada e relevante, com diversas tratativas entre as partes até que se conclua o negócio, como bem cita Alexandre Gereto de Mello Faro:

> *Nesse caso, nada é imediato. As partes se reúnem em reiteradas oportunidades com o objetivo de discutir as condições de compra e venda das ações, realizam diligências para analisar o risco potencial que a compra da empresa pode envolver (due diligence), despendem custos com advogados, contadores, auditores, empregados e todo o pessoal necessário à análise e realização, de um lado, da compra e, de outro lado, da venda. Normalmente, trocam informações sigilosas a respeito dos negócios das empresas*

e, enfim, tudo o que possibilite, no entender das partes, a melhor e mais exata tomada de decisão.[2]

Conforme exposto, o contrato pode ter negociações extremamente detalhadas e longas, bem como simples e corriqueiras, bastando sempre analisar o fato para verificar se a quebra da expectativa de firmar o contrato é passível de responsabilização pela parte faltosa.

Mesmo que o ordenamento cível não contenha artigos que tratam expressamente da responsabilização civil pela quebra da expectativa em firmar um contrato, ou seja, pela não conclusão das tratativas, adiante será tratado a respeito de posicionamento da doutrina e jurisprudência a respeito de tal responsabilização, baseado no conceito de que nosso ordenamento jurídico possui cláusulas gerais, que dão margem à interpretação por quem deva aplicar as normas, mais especificamente, o princípio da boa-fé é essencial para a análise de cada caso. Sendo assim, apesar de ainda não existir um negócio jurídico firmado, ocorreu um contato social com esse objetivo que é passível de indenização, caso nessa fase tenha ocorrido algum tipo de dano. Nesse sentido, leciona Judith H. Martins Costa:

> (...) o dano pré-negocial ocorre no espaço do "ainda não-contrato", o da inexistência, ainda, de vinculação negocial, pois no espaço do "trato" ainda não é manifesta a vontade de vinculação negocial, apenas a vontade para negociar, isto é, para preparar um futuro negócio.[3]

---

[2] FARO, Alexandre Gereto de Mello. **Ensaio sobre a responsabilidade civil nas negociações preliminares.** 2014. 131 folhas. LLM Direito dos Contratos. Insper Instituto de Ensino e Pesquisa. São Paulo, 2013.

[3] COSTA, Judith H. Martins. Um Aspecto da Obrigação de Indenizar: Notas para uma sistematização dos deveres pré-negociais de proteção no direito civil brasileiro. **Doutrinas Essenciais de Direito Civil,** v.4, p 1-47, out. 2010. Disponível em: http://revistadostribunais.com.br/maf/app/widgetshomepage/

Conforme dito, importante destacar que, apesar do Código Civil de 2002 não ter tratado referida matéria, e a doutrina e jurisprudência sobre o assunto serem escassas, podemos auferir que o artigo 422 do Código Civil: *"Os contratantes são obrigados a guardar, assim na conclusão do contrato, como em sua execução, os princípios da probidade e boa-fé."*[4], poderá ser interpretado de forma ampla, abarcando o conceito de responsabilidade civil previsto no artigo 927 que será tratado posteriormente no presente estudo.

Sendo assim, por se tratar de cláusulas gerais, dão ao juiz o poder de ditar seu conteúdo, o que, conforme será verificado ao longo desse trabalho, é corriqueiramente realizado pelos magistrados.

Nesse sentido, a doutrina cita:

> *(...) é necessário trabalhar com um sistema aberto, móvel, que dê ao juiz liberdade para verificar qual a melhor solução para o caso em julgamento, sem ficar preso a uma fórmula pré-concebida pelo legislador e que muitas vezes não será justa. (...) No entanto, concessa vênia, ao que nos parece, o art. 422 do CC/2002 regula corretamente a questão dos deveres e responsabilidades pré-contratuais. O dispositivo tem natureza de cláusula geral, que, como uma moldura sem pintura, deixa ao juiz a função de dar seu conteúdo.*[5]

document?&src=rl&srguid=i0ad8181600000154d06a8d0a87d63d4c&docgu id=I6b90f8e0f25111dfab6f010000000000&hitguid=I6b90f8e0f25111dfab6f 010000000000&spos=3&epos=3&td=39&context=67&startChunk=1&end Chunk=1. Acesso em: 20 maio 2016. (Paginação da versão eletrônica difere da versão impressa).

[4] BRASIL, Lei n° 10.406, de 10 de Janeiro de 2002, Institui o Código Civil. Brasília, DF, 2002.

[5] DOS SANTOS, Murilo Rezende. As funções da boa-fé objetiva na relação obrigacional. **Doutrinas Essenciais Obrigações e Contratos**, v.1, p. 29, jun. 2011. Disponível em: <http://revistadostribunais.com.br/maf/app/ widgetshomepage/resultList/document?&src=rl&srguid=i0ad818160000015

Nessa ambiência, o princípio da boa-fé se faz de extrema relevância para a análise da situação que gerou uma expectativa em se firmar um contrato, muitas vezes, apesar de estarem pautadas por referido princípio, as partes preferem, ao longo das negociações, firmarem instrumentos próprios para garantir que determinadas informações ao longo das tratativas sejam garantidas. Nesse sentido, a doutrina cita:

> (...) não pode conduzir ao entendimento de que as negociações são destituídas de vinculação e configuram um campo de não obrigatoriedade, no qual não surgem deveres, nem responsabilidade para os envolvidos. A fase pré-contratual é sim dotada de normatividade: nela incide o princípio da boa-fé objetiva como limite imanente ao poder de autonomia privada e de ação das partes, criando uma gama de deveres específicos de conduta com o fim de conferir eticidade à relação e evitar lesão a bens ou interesses envolvidos.[6]

Esses instrumentos, que dão força de contrato e são passíveis de reparação de danos, são o *Non Disclosure Agreement* (Acordo de Confidencialidade), *Confort Letter* (Carta Conforto), Contrato de Preferência e Memorando de Entendimentos. Tais documentos visam proteger informações confidencias trocadas entre as Partes, dar preferência a uma das partes para a conclusão de

---

4d06a8d0a87d63d4c&docguid=I60f0b7c0f25311dfab6f010000000000&hit guid=I60f0b7c0f25311dfab6f010000000000&spos=9&epos=9&td=39&cont ext=67&startChunk=1&endChunk=1> Acesso em: 20 maio 2016. (Paginação da versão eletrônica difere da versão impressa).

[6] FRITZ, Karina Nunes. A responsabilidade pré-contratual por ruptura injustificada das negociações. **Doutrinas Essenciais Obrigações e Contratos**, v.4, p. 4, jun. 2011. Disponível em: <http://revistadostribunais.com.br/maf/app/widgetshomepage/ document?&src=rl&srguid=i0ad8181600000154d06a8d0a87d63d4c&docguid= I6b90f8e0f25111dfab6f010000000000&hitguid=I6b90f8e0f25111dfab6f010000 000000&spos=3&epos=3&td=39&context=67&startChunk=1&endChunk=1> Acesso em: 20 maio 2016. (Paginação da versão eletrônica difere da versão impressa).

determinado negócio, recomendar a celebração de contrato com a outra, bem como tratar inicialmente de condições que posteriormente estarão no contrato definitivo, mas que devem desde já vincular as partes.

Sendo assim, baseado principalmente no princípio da boa-fé, que será melhor tratado adiante, a responsabilidade pela quebra da expectativa em se firmar um contrato é passível de reparação de danos, o que será aprofundado ao longo do presente estudo.

2. Principais Deveres de Conduta na Fase Pré-Negocial: a Boa-Fé

2.1. Conceito de Boa-fé objetiva e diferenças com a boa-fé subjetiva

O princípio da boa-fé objetiva com a finalidade de firmar contratos, está explicitamente tratado no Código Civil de 2002, em seu artigo 422, quando menciona que as partes devem agir com probidade e boa-fé no cumprimento do contrato e se trata de uma cláusula geral, para interpretação caso a caso pelo juiz.

Essa ideia é inserida no ordenamento civil para, primordialmente, colocar a ideia de que nenhum contratante poderá ingressar na negociação, execução e finalização de uma relação contratual sem boa-fé, de forma que a má-fé deverá ser punida.

Nesse sentido, importante ressaltar que tal princípio é a base jurídica para discussão a respeito da responsabilidade civil pré-contratual, conforme dizeres do Professor Antônio Campos Ribeiro:

> *Entendemos que esta é a melhor fundamentação jurídica para que se imponha a responsabilidade pré-contratual. Observar que lastreamos tal base, na boa-fé objetiva, padrão ético de lealdade, dignidade e hostilidade que devem pontuar todas as relações jurídicas travadas entre os seres humanos.*[7]

---

[7] RIBEIRO, Antônio Campos. **Responsabilidade pré-contratual.** Revista Direito, Rio De Janeiro, v.3, n. 5, p. 1-23, jan/jun. 1999. Disponível em: http://

Com a finalidade de deixar claro o conceito de boa-fé objetiva, é necessário distinguir da boa-fé subjetiva que, conforme menciona Sílvio de Salvo Venosa, são:

> Na boa-fé subjetiva, o manifestante de vontade crê que sua conduta é correta, tendo em vista o grau de conhecimento que possui de um negócio. Para ele há um estado de consciência ou aspecto psicológico que deve ser considerado.
> A boa-fé objetiva, por outro lado, tem compreensão diversa. O intérprete parte de um padrão de conduta comum, do homem médio, naquele caso concreto, levando em consideração os aspectos sociais envolvidos. Desse modo, a boa-fé objetiva se traduz de forma mais perceptível como uma regra de conduta, um dever de agir de acordo com determinados padrões sociais estabelecidos e reconhecidos.[8]

Dessa forma, cumpre ressaltar, que a boa-fé subjetiva se traduz na crença da pessoa em que não está violando ou lesando terceiros, sendo que, na realidade, está, porém não tem esse conhecimento. Um exemplo clássico de boa-fé subjetiva é a pessoa que se casa e não tinha conhecimento que seu parceiro já era casado, sendo assim, contraiu o casamento de boa-fé, e desconhecia um fato legal que impedia que isso ocorresse.

Por outro lado, a boa-fé objetiva é um dever previsto em nosso ordenamento jurídico a fim de que a pessoa que pretende firmar um negócio jurídico, o faça de forma honesta e leal, se preocupando com a outra pessoa com o intuito de evitar danos, ou seja, a boa-fé objetiva é pautada também pela confiança das partes na concretização dos negócios a partir das informações e negociações que se desenrolam e, a partir do momento que a

---

www.egov.ufsc.br/portal/sites/default/files/anexos/9154-9153-1-PB.pdf. Acesso em 16 jun 2016.
[8] VENOSA, Sílvio de Salvo. **Direito Civil: teoria geral das obrigações e teoria geral dos contratos**, V.2, 10 ed. São Paulo: Atlas, 2010. p. 387.

confiança é quebrada pela má-fé de alguma das partes, é passível de reparação dos danos.

O princípio da boa-fé objetiva tem uma importância sem igual nas aplicações aos negócios jurídicos, conforme afirma Teresa Negreiros:

> *Com efeito, o princípio da boa-fé representa, no modelo atual de contrato, o valor da ética: lealdade, correção e veracidade compõem o seu substrato, o que explica a sua irradiação difusa, o seu sentido e alcance alargados, conformando todo o fenômeno contratual e, assim, repercutindo sobre os demais princípios, na medida em que a todos eles assoma o repúdio ao abuso da liberdade contratual a que tem dado lugar a ênfase excessiva no individualismo e no voluntarismo jurídicos.*[9]

Ainda, complementa:

> *Na promoção de uma ética de solidariedade contratual, o princípio da boa-fé opera de diversas formas e em todos os momentos da relação, desde a fase de negociação à fase posterior à sua execução, constituindo-se em fonte de deveres e de limitação de direitos de ambos os contratantes.*[10]

2.2. Boa-fé objetiva no Código Civil de 2002 e Constituição Federal

Para elucidação, a boa-fé objetiva, além de outras previsões no ordenamento jurídico, bem como da previsão no Artigo 422 supramencionado, se encontra prevista no Código Civil de 2002 no Artigo 113 que dita que os negócios jurídicos devem ser interpretados conforme a boa-fé e os usos do lugar de sua celebração, bem como o artigo 187 que regula que também

---

[9] NEGREIROS, Teresa. **Teoria do Contrato: novos paradigmas.** 1ª ed. Rio de Janeiro: Renovar, 2002. p. 116.
[10] NEGREIROS, Teresa. **Teoria do Contrato: novos paradigmas.** 1° ed. Rio de Janeiro: Renovar, 2002. p. 118.

comete ato ilícito o titular de um direito que, ao exercê-lo, excede manifestamente os limites impostos pelo seu fim econômico ou social, pela boa-fé ou pelos bons costumes.[11] Nesse sentido, a doutrina cita:

> *A aprovação desse novo Código conferiu à boa-fé a importância desejada, incorporando-a ao nosso ordenamento jurídico como princípio geral, cuja aplicação é irradiada a todo o direito civil obrigacional.*[12]

Tais disposições esclarecem, com maestria, a importância que tem tal princípio como norteador das relações negociais, sendo regra básica, e dispostos em nosso ordenamento como cláusulas gerais para interpretação de qualquer negócio jurídico.

Tal princípio norteia não somente os negócios jurídicos, mas as próprias relações humanas, como bem leciona Karl Larenz no artigo de Murilo Rezende dos Santos:

> *(...) supõe o conduzir-se como cabia esperar de quantos com pensamento honrado intervém no negócio como contratantes ou nele participando em virtude de outros vínculos jurídicos. Se trata, portanto, de um módulo que necessita de concreção, que unicamente nos indica a direção em que temos que buscar a resposta à questão de qual seja a conduta exigível em determinadas circunstância.*[13]

[11] BRASIL, Lei n° 10.406, de 10 de Janeiro de 2002, Institui o Código Civil. Brasília, DF, 2002.
[12] BALBINO, Renata Domingues Barbosa. O princípio da boa-fé objetiva no novo Código Civil. **Doutrinas Essenciais Obrigações e Contratos**, v.3, p. 1-14, jun. 2011. Disponível em: <http://revistadostribunais.com.br/maf/app/widgetshomepage/document?&src=rl&srguid=i0ad8181600000154d06a8d0a87d63d4c&docguid=Iecd37560f25411dfab6f010000000000&hitguid=Iecd37560f25411dfab6f010000000000&spos=1&epos=1&td=39&context=67&startChunk=1&endChunk=1>.Acesso em: 20 maio 2016. (Paginação da versão eletrônica difere da versão impressa).
[13] DOS SANTOS, Murilo Rezende. As funções da boa-fé objetiva na relação obrigacional. **Doutrinas Essenciais Obrigações e Contratos**, v.1, p. 29,

Não obstante, a própria Constituição Federal em seu artigo 3°, inciso I, introduz a questão da boa-fé: *"Constituem objetivos fundamentais da República Federativa do Brasil: I – construir uma sociedade livre, justa e solidária(...)".*[14]

Dessa forma, evidente que o princípio da boa-fé objetiva tem o seu viés ético, tratando-se, primordialmente, de um dever de não prejudicar os outros a fim de que se mantenha uma sociedade justa e solidária:

> *Assim, pode-se dizer que a boa-fé estimula a solidariedade, na medida em que impõe comportamentos de colaboração e deveres de assistência e cuidado com o outro. Tal solidariedade inclui a idéia de confiança entre os partes; implicando também em meio próprio para a tutela da confiança de modo direto ou por via reflexa.*[15]

2.3. Funções da boa-fé objetiva

São três as funções da boa-fé objetiva, quais sejam: (i) função de interpretação; (ii) função de controle; e (iii) função de integração dos contratos, que serão melhor elucidadas abaixo.

2.3.1. Função de Interpretação

Essa função da boa-fé se esclarece no dever de interpretar o contrato tendo em vista a intenção de se manter o equilíbrio contratual, ou seja, o juiz deve sempre apreciar o caso de forma

---

jun. 2011. Disponível em: <http://revistadostribunais.com.br/maf/app/widgetshomepage/resultList/document?&src=rl&srguid=i0ad818160000015 4d06a8d0a87d63d4c&docguid=I60f0b7c0f25311dfab6f010000000000&hit guid=I60f0b7c0f25311dfab6f010000000000&spos=9&epos=9&td=39&cont ext=67&startChunk=1&endChunk=1> Acesso em: 20 maio 2016. (Paginação da versão eletrônica difere da versão impressa).

[14] BRASIL. Constituição (1988). Constituição da República Federativa do Brasil. Brasília, DF, 1988.

[15] GONÇALVES, Camila de Jesus Mello. **Princípio da boa-fé:** Perspectivas e Aplicações. 1ª ed. Rio de Janeiro: Elsevier, 2008. P. 54.

a levar em consideração o que de fato as partes pretendiam quando da celebração do contrato.

O Artigo 112 do Código Civil suporta o acima mencionado: *"Nas declarações de vontade se atenderá mais à intenção nelas consubstanciadas do que ao sentido literal da linguagem.".*[16]

Nesse mesmo sentido, o artigo 113 do Código Civil, supracitado, traz o entendimento a respeito da boa-fé objetiva e a interpretação dos negócios jurídicos baseados nela, mas também baseados na função social do contrato, ou seja, os negócios jurídicos devem também levar em consideração os usos e costumes de um determinado local, de forma que a doutrina leciona: *"Eventualmente, as diversidades regionais de nosso País entram em cena para integrar essa interpretação, o que está em sintonia com a ideia de contrato analisado de acordo com o meio que o cerca.".*[17]

Sendo assim, como o ordenamento jurídico conferiu o poder ao juiz de interpretar se os negócios jurídicos estão sendo firmados baseados nos princípios norteadores do direito, como é o caso da boa-fé, é requerido que o juiz encontre a melhor resolução para determinado caso baseado em referentes princípios e não, de nenhuma forma, de maneira arbitrária.

2.3.2. Função de Controle

Essa função, baseada no art. 187 do Código Civil de 2002, insere o conceito de que aquele que não pratica seus atos de boa-fé pratica abuso de direito, sendo assim, não é lícito que uma das partes, a partir da celebração de um contrato, obtenha uma vantagem sobre a outra de maneira exagerada. Nessa ambiência, a boa-fé limita o poder das partes, tendo em vista que os pactos não devem, de forma alguma, ferir a função social do contrato.

---

[16] BRASIL, Lei nº 10.406, de 10 de Janeiro de 2002, Institui o Código Civil. Brasília, DF, 2002.
[17] TARTUCE, Flávio. **Direito Civil**: Teoria Feral dos Contratos e Contratos em Espécie. 8° ed. São Paulo: Método, 2013. p. 93.

Humberto Theodoro Júnior doutrina a respeito do abuso de direito e os requisitos para que fique caracterizado:

> (...) (a) conduta humana; (b) existência de um direito subjetivo; (c) exercício desse direito de forma emulativa (ou, pelo menos, culposa); (d) dano para outrem; (e) ofensa aos bons costumes e à boa-fé; ou (f) prática em desacordo com o fim social ou econômico do direito subjetivo.[18]

Sendo assim, ocorre abuso de direito quando o titular desse direito ultrapassa a finalidade social para o qual esse direito existe, não obstante, ocorre abuso de direito também quando a boa-fé e os bons costumes não são respeitados.

Assim, o abuso de direito é desautorizado pelo ordenamento jurídico, ou seja, é um ato ilícito, com uso anormal, entretanto, não se verifica uma desobediência à legislação de forma direta, mas sim uma afronta ao direito subjetivo, à função social, boa-fé e bons costumes.

A doutrina cita:

> Observa-se que, muitas vezes, sobretudo na seara contratual, há perfeita intersecção da Teoria do Abuso de Direito com a Teoria da Boa-Fé Objetiva, a qual está relacionada com os deveres anexos de lealdade, proteção da confiança, de informação, de cooperação para a execução do contrato etc. Essa integração das duas Teorias decorre do fato de que ambas surgem com os mesmos propósitos: evitar abusos pelo titular de um direito (relativizando-o) e impingir eticidade e elementos valorativos ao direito.[19]

---

[18] THEODORO JÚNIOR, Humberto. **O contrato e sua função social**. Rio de Janeiro: Forense, 2003. p. 150.
[19] NERY JUNIOR, NELSON; NERY, Rosa Maria de Andrade. **Doutrinas Essenciais Responsabilidade Civil: Edições Especiais Revista dos Tribunais (100 anos)**. V.1. 2°ed. São Paulo: Editora Revista dos Tribunais, 2010. p. 701-702.

A partir da função de controle dos contratos, surgiram diversas teorias a respeito do limite do direito das partes, portanto, referidas teorias, que efetivamente se aplicam às negociações dos contratos, serão tratadas conforme abaixo.

2.3.2.1. *Venire Contra Factum Proprium*

Tal teoria veda o comportamento contraditório, isso porque, se uma parte age de determinada maneira durante toda a negociação do contrato, bem como após firmar o contrato, não poderá mudar a forma de nortear a condução de determinado negócio repentinamente.

Obviamente que determinada atitude, além de quebrar a expectativa da outra parte, demonstra, sem dúvida, a acentuada má-fé da parte que deseja alterar a negociação, conforme menciona Murilo Rezende dos Santos ao mencionar Paulo Luiz Netto Lôbo: "(...) *esse comportamento contraditório denota intensa má-fé, ainda que revestido de aparência de legalidade ou de exercício regular de direito.*".[20]

Sílvio de Salvo Venosa menciona que tal contradição é a antítese da boa-fé objetiva, é considerado má-fé objetiva.[21]

O objetivo da vedação do *venire contra factum proprium* é que a parte não aja de maneira diferente a um padrão somente porque uma determinada situação lhe trará mais vantagens, ou seja, a

---

[20] DOS SANTOS, Murilo Rezende. As funções da boa-fé objetiva na relação obrigacional. **Doutrinas Essenciais Obrigações e Contratos**, v.1, p. 13, jun. 2011. Disponível em: <http://revistadostribunais.com.br/maf/app/widgetshomepage/resultList/document?&src=rl&srguid=i0ad818160000015 4d06a8d0a87d63d4c&docguid=I60f0b7c0f25311dfab6f010000000000&hitguid=I60f0b7c0f25311dfab6f010000000000&spos=9&epos=9&td=39&context=67&startChunk=1&endChunk=1> Acesso em: 20 maio 2016. (Paginação da versão eletrônica difere da versão impressa).

[21] VENOSA, Sílvio de Salvo. **Direito Civil: teoria geral das obrigações e teoria geral dos contratos**, V.2, 10 ed. São Paulo: Atlas, 2010. p. 389.

parte deve agir sempre com coerência, e isso é primordial para a negociação do contrato e para que se possa concluí-lo.

É necessário vedar a contradição para que se tenha segurança jurídica nos negócios, conforme leciona a doutrina:

> *A vedação ao comportamento contraditório (Venire contra factum proprium) visa justamente essa segurança jurídica, caso contrário poderiam acontecer diversas conclusões para situações idênticas, causando um caos na jurisprudência e nos atos públicos e privados.*[22]

Assim, extrai-se dessa vedação o caráter ilícito da conduta, passível de reparação de perdas e danos, pela ação pela parte contraditória com malícia, torpeza e má-fé.

O Código Civil de 2002 traz situações em que se verifica a vedação ao comportamento contraditório, conforme as disposições dos artigos 330: "*O pagamento reiteradamente feito em outro local faz presumir renúncia do credor relativamente ao previsto no contrato.*"; artigo 476: "*Nos contratos bilaterais, nenhum dos contratantes, antes de cumprida a sua obrigação, pode exigir o implemento da do outro.*"; artigo 619: "*Salvo estipulação em contrário, o empreiteiro que se incumbir de executar uma obra, segundo plano aceito por quem a encomendou, não terá direito a exigir acréscimo no preço, ainda que sejam introduzidas modificações no projeto, a não ser que estas resultem de instruções escritas do dono da obra.*".[23]

Apesar dessas previsões descritas expressamente no Código Civil, tal proibição pode ser aplicada em diversas outras situações, baseada sempre no princípio da boa-fé das relações.

---

[22] COSTA JUNIOR, Emanuel de Oliveira. Da vedação ao comportamento contraditório (Venire contra factum proprium). Âmbito Jurídico. Rio Grande, 2012. Disponível em: <http://www.ambito-juridico.com.br/site/?n_link=revista_artigos_leitura&artigo_id=11965>. Acesso em 14 jun 2016.
[23] BRASIL, Lei nº 10.406, de 10 de Janeiro de 2002, Institui o Código Civil. Brasília, DF, 2002.

2.3.2.2. Teoria da Imprevisão

A teoria da imprevisão é a teoria que prevê a revisão ou resolução do contrato caso uma prestação pelas partes se torne excessivamente onerosa.

Caso ocorra algum fato que torne a prestação excessivamente onerosa para uma das partes, essa parte poderá até mesmo se tornar inadimplente em relação as suas prestações, sendo assim, poderá por este fato rescindir o contrato ou alterá-lo a fim de que se reestabeleça o equilíbrio econômico.

Obviamente que uma negociação e um contrato podem conter condições que ao longo de sua execução se alteram por motivos alheios às vontades das partes e de certa forma causam algum prejuízo ou uma condição não desejada por uma das partes, porém isso não pode ser excessivo, causar um verdadeiro desequilíbrio econômico entre prestação e contraprestação.

Tal fato poderá ocorrer também nas negociações dos contratos, como é o caso, por exemplo, de a inflação econômica tornar impraticável a conclusão de determinado negócio, o que acarretaria na quebra da expectativa de firmar determinado contrato pela situação não ser mais vantajosa para uma das partes.

O Código Civil de 2002 tratou expressamente sobre a referida teoria nos artigos 317 e 478.

O artigo 317 dita:

> *Quando, por motivos imprevisíveis, sobrevier desproporção manifesta entre o valor da prestação devida e o do momento de sua execução, poderá o juiz corrigi-lo, a pedido da parte, de modo que assegure, quanto possível, o valor real da prestação.*[24]

---

[24] BRASIL, Lei n° 10.406, de 10 de Janeiro de 2002, Institui o Código Civil. Brasília, DF, 2002.

Já o artigo 478 menciona:

> Nos contratos de execução continuada ou diferida, se a prestação de uma das partes se tornar excessivamente onerosa, com extrema vantagem para a outra, em virtude de acontecimentos extraordinários e imprevisíveis, poderá o devedor pedir a resolução do contrato. Os efeitos da sentença que a decretar retroagirão à data da citação.[25]

2.3.2.3. *Supressio e Surrectio*
Conforme menciona Sérgio Roxo da Fonseca e Vinícius Bugalho ao citar Wambier, o supressio é:

> (...) o desaparecimento de um direito, não exercido por um lapso de tempo, de modo a gerar no outro contratante ou naquele que se encontra no outro polo da relação jurídica a expectativa de que não seja mais exercido. Pode-se dizer que o que perdeu o direito teria abusado do direito de se omitir, mantendo comportamento reiteradamente omissivo, seguido de um surpreendente ato comissivo, com que já legitimamente não contava a outra parte.[26]

Nesse sentido, caso uma pessoa não tenha exercido por determinado espaço de tempo um direito seu, caso exija o cumprimento posterior desses direitos, estará agindo de má-fé.

A surrectio tem definição bastante semelhante à definição de supressio, tendo em vista que a diferença entre as duas se dá no sentido de que a surrectio resulta na constituição de um direito e não na perda desse direito, assim como no caso da surrectio.

---

[25] BRASIL, Lei nº 10.406, de 10 de Janeiro de 2002, Institui o Código Civil. Brasília, DF, 2002.

[26] FONSECA, Sérgio Roxo da; BUGALHO, Vinícius. "Supressio" e o princípio da boa-fé contratual. **Migalhas.** São Paulo, 2012. Disponível em: <http://www.migalhas.com.br/dePeso/16,MI153483,91041-supressio+e+o+principio+da+bo afe+contratual>. Acesso em 12 jun 2016.

Tais conceitos podem ser aplicados também nas negociações preliminares, como menciona Alexandre Gereto de Mello Faro ao citar Cristano Zanetti:

> (...) basta pensar na situação em que, após terem sido acertados vários pontos do contrato pretendido, um dos candidatos a contratante, depois de ter se comprometido a indicar eventuais imperfeições no esquema imaginado, simplesmente permaneça em silêncio por algum tempo, levando o outro a crer que, até o momento, não existiam óbices ao prosseguimento das negociações e, consequentemente, à posterior conclusão da avença. Confirmado no não exercício do direito de término das negociações, o outro candidato a contratante efetua investimentos para concluir e executar o contrato futuro. Nesse contexto, não é dado ao candidato a contratante retirar-se das negociações sem indenizar os gastos incorridos pela outra parte, por força da figura do suppressio que, em nome da boa-fé, veda o exercício de direitos, em contrariedade com os valores da lealdade e confiança.[27]

2.3.3. Função de Integração dos Contratos

Essa função, também conhecida como função de deveres de conduta, tem a finalidade de assegurar que a relação obrigacional seja aprimorada de forma justa.

Na relação contratual, podemos dividir os deveres em deveres principais, quais sejam, aqueles expressamente previstos no contrato, que são naturalmente esperados entre as Partes e os deveres acessórios que, como acima explicado, são os deveres de conduta das partes nas negociações dos contratos. Esses deveres são, entre outros, os deveres de lealdade, honestidade, ética, informação, confiança e proteção.

Acertado é o entendimento de que na fase pré-contratual, não se pode exigir que sejam cumpridas obrigações estipuladas,

---

[27] FARO, Alexandre Gereto de Mello. **Ensaio sobre a responsabilidade civil nas negociações preliminares**. 2014. 131 folhas. LLM Direito dos Contratos. Insper Instituto de Ensino e Pesquisa. São Paulo, 2013.

pois de fato não há essas obrigações, mas sim deveres, tendo em vista que nesse momento o contrato ainda não se formou. A verdade é que, apesar de não ter vínculo contratual, a relação entre as pessoas que estão em uma negociação do contrato está muito próxima de refletir em obrigações entre as partes, o que é passível de responsabilização na quebra de determinados deveres.

Entre referidos deveres, cumpre ressaltar os três deveres principais relacionados à responsabilidade pré-contratual, conforme abaixo.

2.4. Deveres da boa-fé objetiva
2.4.1. Deveres de informação

As partes deverão pautar suas negociações no dever de informar à outra parte todas as condições para o fechamento de determinado negócio. Tal dever também é aplicável durante toda a execução do contrato e após seu término.

Sendo assim, as partes devem ter todas as informações referentes ao vínculo contratual e conhecimento de todos os efeitos que poderão ser produzidos a partir desse negócio jurídico, ficando certo que é proibido enganar o outro ao ter a intenção de firmar um negócio jurídico.

A doutrina muito bem trata:

> *Para que o contratante possa obter antes, durante ou depois do contrato, uma informação a que não teria acesso de outra forma. O contratante tem o dever, mesmo sem a solicitação da contraparte, de informar certas circunstâncias que podem influenciar na celebração do contrato.*[28]

---

[28] DOS SANTOS, Murilo Rezende. As funções da boa-fé objetiva na relação obrigacional. **Doutrinas Essenciais Obrigações e Contratos**, v.1, p. 23, jun. 2011. Disponível em: < http://revistadostribunais.com.br/maf/app/widgetshomepage/resultList/document?&src=rl&srguid=i0ad818160000015 4d06a8d0a87d63d4c&docguid=I60f0b7c0f25311dfab6f010000000000&hit guid=I60f0b7c0f25311dfab6f010000000000&spos=9&epos=9&td=39&cont

Dessa forma, nas negociações do contrato, devem as partes informar todas as condições em que se encontram, como será executado o contrato, se as partes possuem condições para cumprir o negociado ou qualquer outra informação que seja relevante e que possa, de alguma forma, influenciar na decisão da outra parte em encerrar a negociação ou de fato vir a firmar o contrato.

Importante mencionar que os deveres de informação são limitados ao conteúdo do contrato e não se trata de informar as vantagens ou desvantagens à outra parte sobre aquele negócio, pois nesse sentido, cabe às partes analisarem o que será vantajoso ou não para si em uma negociação.

2.4.2. Deveres de lealdade

O dever de lealdade é, sem dúvida alguma, um dos deveres mais importantes que advém do princípio da boa-fé. O próprio conceito de boa-fé incluí com muita importância, o dever de lealdade.

Sendo assim, é dever que qualquer dos contratantes mantenha, nas negociações preliminares do contrato, a honestidade, não sendo, em nenhuma hipótese, permitida a deslealdade entre as partes. Nesse sentido, evidencia-se a importância do dever de lealdade para o princípio da boa-fé e função social do contrato, conforme a doutrina brilhantemente menciona:

> *Quanto aos deveres de lealdade e cooperação, estes, em última análise, abarcariam todos os deveres anexos decorrentes do princípio da função social do contrato. Entendemos, portanto, que se tratam do gênero dos quais os deveres anexos de proteção e de informação são espécies.*[29]

ext=67&startChunk=1&endChunk=1> Acesso em: 20 maio 2016. (Paginação da versão eletrônica difere da versão impressa).

[29] MIRANDA, Marcello Albuquerque de. O princípio da boa-fé objetiva como limite da liberdade contratual. **JurisWay Sistema Educacional Online**.

Sendo assim, a parte não poderá, em nenhuma circunstância, enganar a outra parte, de forma que ela venha a não entender que está sendo enganada na negociação e por fim celebrar um negócio jurídico em desacordo com sua pretensão ou interesse.

2.4.3. Dever de proteção
Conforme menciona a doutrina:

> *O dever de proteção, também denominado de cuidado ou de segurança, é aquele que impõe às partes, durante o contrato, evitar que sejam causados danos ao patrimônio ou às pessoas do parceiro contratual.*[30]

O dever de proteção é então o dever que as partes tenham atitudes e esforços visando preservar a integridade física e patrimonial dos contratantes, evitando ocasionar danos, nesse sentido, devem as partes atuarem com a diligência necessária para que não prejudiquem a outra parte e, de fato, protegê-las quando necessário, caso contrário, deverá reparar esse dano ocasionado.

3. A Responsabilidade Civil e a Ruptura das Negociações Preliminares
3.1. Responsabilidade Civil
A responsabilidade civil pode ser entendida como as medidas tomadas com a finalidade de obrigar alguém a reparar um dano que tenha causado a outrem. Como a própria doutrina bem assegura, é um meio de compensação:

Salvador. 2010. Disponível em: <http://www.jurisway.org.br/v2/dhall.asp?id_dh=4269>. Acesso em: 10 jun 2016.
[30] GONTIJO, Patrícia Maria Oliva. Boa-Fé Objetiva: Deveres Anexos E Pós-Eficácia Das Obrigações. **Revista Jurídica**, v. 14, n. 13, 2012. p. 12.

(...) com extrema simplicidade e perfeita objetividade, Roberto Norris pontificou que o traço mais característico da responsabilidade civil talvez seja o fato de se constituir especialmente em um instrumento de compensação, acrescentando que seus objetivos são os de compensar as perdas sofridas pela vítima e desestimular a repetição de condutas semelhantes em um momento posterior.[31]

A responsabilidade civil poderá ser entendida como uma consequência de determinados atos e não uma obrigação original, isto é, sempre que alguém for lesado, física ou moralmente, que não tiver seus direitos respeitados, terá a seu favor a responsabilidade civil para reparar tais prejuízos. Com relação a essa afirmação, cumpre trazer a lição de Sílvio de Salvo Venosa:

(...) ser o pressuposto do dever de indenizar, portanto da responsabilidade em geral, o exame de um dever de conduta. A responsabilidade civil em geral parte, pois, de princípios fundamentais idênticos, quer esse dever de indenizar decorra do inadimplemento contratual, quer decorra de uma transgressão geral de conduta. (...) o marco inicial do exame da responsabilidade é, portanto, a apreciação de um dever violado. Entendemos por dever o ato ou a abstenção que devem ser observados pelo homem diligente, vigilante e prudente. Como mesmos os homens diligentes incidem com frequência em transgressão a deveres legais, morais e contratuais, surge a necessidade de conceituação e exame do dever de indenizar.[32]

---

[31] STOCO, Rui. **Tratado de responsabilidade civil: doutrina e jurisprudência.** 7° ed. São Paulo: Editora Revista dos Tribunais, 2007. p.112.
[32] VENOSA, Sílvio de Salvo. **Direito Civil: teoria geral das obrigações e teoria geral dos contratos,** V.2, 10 ed. São Paulo: Atlas, 2010. p. 484.

O caput do Artigo 927 do Código Civil traz o conceito de responsabilidade civil ao nosso ordenamento: *"Aquele que, por ato ilícito (arts. 186 e 187), causar dano a outrem, fica obrigado a repará-lo.".*[33]

Os Artigos 186 e 187 trazem a seguinte redação: *"Aquele que, por ação ou omissão voluntária, negligência ou imprudência, violar direito e causar dano a outrem, ainda que exclusivamente moral, comete ato ilícito."*, e *"Também comete ato ilícito o titular de um direito que, ao exercê-lo, excede manifestamente os limites impostos pelo seu fim econômico ou social, pela boa-fé ou pelos bons costumes."*[34]

O Artigo 927 possui estreita relação com o artigo 186 e 187, sendo que da interpretação de tais artigos conclui-se que o artigo 186 traz o conceito de ato ilícito e o 927 o complementa, de forma a deixar evidente que apenas o cometimento de ato ilícito não é passível de indenização, para isso, deverá ter ocorrido efetivamente um dano que deverá ser reparado.

O artigo 187 traz o conceito de que quem comete abuso de direito deverá reparar o dano, isto é, indenizar a parte prejudicada, baseado nos princípios gerais de direito, inclusive e principalmente, a boa-fé, conforme leciona Rui Stoco:

> *A norma destaca os atributos fundamentais do direito subjetivo da pessoa, convertendo em ilícito o ato do titular desse direito que excede os limites do seu exercício com ofensa desses atributos ou princípios, que são: a) a boa-fé, b) o fim econômico, c) o fim social e d) os costumes.*[35]

Cumpre mencionar que referidos artigos são considerados cláusulas gerais, que dão ao juiz o poder de ditar seu conteúdo, o

---

[33] BRASIL, Lei nº 10.406, de 10 de Janeiro de 2002, Institui o Código Civil. Brasília, DF, 2002.
[34] BRASIL, Lei nº 10.406, de 10 de Janeiro de 2002, Institui o Código Civil. Brasília, DF, 2002.
[35] STOCO, Rui. **Tratado de responsabilidade civil: doutrina e jurisprudência**. 7° ed. São Paulo: Editora Revista dos Tribunais, 2007. p.121.

que, conforme verificamos ao longo do presente estudo, é corriqueiro em nosso ordenamento jurídico, sendo aplicável a diversos artigos constantes no nosso Código Civil. Dessa maneira, cumpre ao juiz verificar caso a caso e aplicar ou não as cláusulas acima referidas a fim de que ocorra uma efetiva reparação de danos que foram causados a alguém.

3.1.1. Requisitos da responsabilidade civil

Para caracterizar a responsabilidade civil são imprescindíveis três requisitos: antijuridicidade, imputabilidade e nexo causal.

A antijuridicidade se caracteriza pelo fato de que se não tiver alguma ação antijurídica, não há que se falar em reparação de danos, isso porque, caso o agente não tenha praticado um dano, não ficará obrigado a indenizar.

Em relação a imputabilidade, o agente somente será responsável civilmente se puder ser imputado pelo ato praticado, mesmo que um terceiro na realidade responda por esse ato, a tendência do Código Civil é alargar esse conceito, de forma que grande parte dos atos ilícitos seja passível de indenização, conforme menciona Venosa:

> *A tendência do direito privado, no entanto, é alargar o dever de indenizar e, consequentemente, a imputabilidade, para permitir que maior número de atos ilícitos seja indenizável. A falta de indenização é elemento de desequilíbrio social.*[36]

Por último, o nexo de causalidade, indispensável para que se conclua a responsabilidade civil tem como conceito a relação de causalidade entre o dano e a conduta a fim de verificar

---

[36] VENOSA, Sílvio de Salvo. **Direito Civil: teoria geral das obrigações e teoria geral dos contratos**, V.2, 10 ed. São Paulo: Atlas, 2010. p. 486.

quem praticou o evento danoso e deverá, dessa forma, indenizar a parte prejudicada:

> *É liame que une a conduta do agente ao dano. Constitui elemento essencial para a responsabilidade civil. Seja qual for o sistema adotado no caso concreto, subjetivo (da culpa) ou objetivo (do risco), salvo em circunstâncias especialíssimas, não haverá responsabilidade sem nexo causal.*[37]

3.1.2. Responsabilidade civil subjetiva e objetiva

O Código Civil de 2002 adotou como regra geral a responsabilidade civil subjetiva que é, segundo Alexandre Miguel, na obra organizada por Nelson Nery Junior e Rosa Maria de Andrade Nery:

> *(...) fundada na teoria da culpa: para que haja o dever de indenizar é necessária a existência do dano, do nexo de causalidade entre o fato e o dano, e a culpa lato sensu, que compreende o dolo e a culpa stricto sensu, vale dizer, a culpa nas modalidades imperícia, imprudência e negligência.*[38]

Ocorre que, o parágrafo único do artigo 927: "*Haverá obrigação de reparar o dano, independentemente de culpa, nos casos especificados em lei, ou quando a atividade normalmente desenvolvida pelo autor do dano implicar, por sua natureza, risco para os direitos de outrem.*".[39], introduziu a novidade de responsabilidade civil independentemente de culpa, isto é, a responsabilidade objetiva.

---

[37] LEITE, Gisele. Apontamentos sobre o nexo causal. **Âmbito Jurídico.** Rio Grande, 2007. Disponível em: http://www.ambito-juridico.com.br/site/index.php?n_link=revista_artigos_leitura&artigo_id=2353. Acesso em: 10 jun 2016.
[38] NERY JUNIOR, NELSON; NERY, Rosa Maria de Andrade. **Doutrinas Essenciais Responsabilidade Civil: Edições Especiais Revista dos Tribunais (100 anos).** V.1. 2ª ed. São Paulo: Editora Revista dos Tribunais, 2010. p. 481.
[39] BRASIL, Lei nº 10.406, de 10 de Janeiro de 2002, Institui o Código Civil. Brasília, DF, 2002.

Tal responsabilidade retira a obrigação de analisar se o causador do dano laborou com culpa ao prejudicar alguém e é aplicada nos casos que estão especificados em lei ou aplicada baseada na teoria do risco, ou seja, determinadas atividades possuem algum tipo de risco, desde leves a graves, e caso ocasione algum dano a alguém, não será apurado a culpa de quem de fato o praticou, mas sim irá imediatamente ocasionar na obrigação de reparação de danos por quem a praticou o ato causador do dano.

Na responsabilidade subjetiva, o nexo causal é criado a partir da conduta do indivíduo, adicionada à culpa, na responsabilidade objetiva, o nexo causal também é criado a partir da conduta do indivíduo, porém a diferença é que independe de culpa do agente.

Referida diferenciação entre responsabilidade subjetiva e objetiva se dá somente para fins educativos, porém para o presente estudo, obviamente que, a partir dos conceitos expostos, a responsabilidade subjetiva se faz primordial.

3.2. A ruptura das negociações preliminares ao contrato

A fase pré-contratual, isto é, aquele que antecede o contrato, é marcada pelas negociações, tratativas, flertes entre as partes que pretendem firmar um negócio jurídico.

A responsabilidade civil advinda dessa fase se caracteriza em decorrência de um dano gerado a uma das partes da negociação, dessa maneira, ressalta a doutrina:

> *Na fase negocial, decisivo para a formação do vínculo obrigacional é apenas o contato negocial e não o dano.* Estas características dos deveres de conduta colocam a situação negocial entre as situações de ausência de contato (vida em sociedade) e de contato intenso (ex: negócio jurídico), transformando-a em uma posição intermediária que, entretanto, mais se

aproxima de uma situação de intensa normatividade, daí a razão da carga de deveres surgidos neste momento.[40]

Nesse sentido, podemos auferir que antes de firmar o contrato, as partes terão negociações preliminares, de forma que nessa fase negocial pode se verificar a partir de uma ação ou omissão de qualquer das partes, um dano indenizável. É nessa fase que as partes entram em um consenso do que deverá constar no contrato, dos direitos e obrigações de cada uma.

Na fase pré-contratual, em razão do que é discutido entre as partes e "combinado", os participantes podem realmente confiar que o negócio será firmado e realizar diversos investimentos, despesas, deixar de firmar contratos com o mesmo objeto com terceiros, disponibilizar informações confidenciais, o que deixa o indivíduo em uma situação vulnerável. A saber:

> *O que há de comum entre essas variadíssimas hipóteses é, pela negativa, a inexistência de uma relação creditícia precedentemente instituída que possa dar margem a um inadimplemento, isto é, a uma falha ou frustração do programa contratual previamente estabelecido, imputável a uma das partes. Pela positiva, é a ocorrência de uma situação de proximidade social qualificada entre lesante e lesado, pois os danos decorrem da circunstância de os envolvidos se terem aproximado em virtude de um escopo determinado, a saber: averiguar a possibilidade e/ou a conveniência*

---

[40] FRITZ, Karina Nunes. A responsabilidade pré-contratual por ruptura injustificada das negociações. **Doutrinas Essenciais Obrigações e Contratos**, v.4, p 1-42, jun. 2011. Disponível em: http://revistadostribunais.com.br/maf/app/widgetshomepage/document?&src=rl&srguid=i0ad8181600000154d06a8d0a87d63d4c&docguid=I6b90f8e0f25111dfab6f010000000000&hitguid=I6b90f8e0f25111dfab6f010000000000&spos=3&epos=3&td=39&context=67&startChunk=1&endChunk=1. Acesso em: 20 maio 2016. (Paginação da versão eletrônica difere da versão impressa).

de pactuarem um negócio jurídico, normalmente um contrato, por tanto se expondo a certos riscos, tanto na sua pessoa quanto no seu patrimônio.[41]

A partir das negociações preliminares que surge efetivamente uma relação de confiança entre as partes, pautada sempre no princípio da boa-fé, a partir da confiança poderia se dizer que as partes efetivamente compreendem que a sua relação é pautada pela fidelidade e honestidade. Em consequência, surge a expectativa das partes em firmar o negócio e, por fim, suportado por essas expectativas, a parte pode sofrer com a interrupção injusta das negociações. Nesse sentido caminha a doutrina:

> *Aí está perfeitamente indicada a razão de ser da responsabilidade pré- -negocial, caracterizada desde que, violado um dever pré-contratual pela quebra da legítima confiança suscitada no alter, parceiro pré-negocial, tenha sido ferado, por relação de causalidade, um dano injusto ao outro e, conforme o caso, ao terceiro que acompanhe as negociações preliminares.*[42]

[41] COSTA, Judith H. Martins. Um Aspecto da Obrigação de Indenizar: Notas para uma sistematização dos deveres pré-negociais de proteção no direito civil brasileiro. **Doutrinas Essenciais de Direito Civil**, v.4, p 1-47, out. 2010. Disponível em: http://revistadostribunais.com.br/maf/app/widgetshomepage/ document?&src=rl&srguid=i0ad8181600000154d06a8d0a87d63d4c&docgu id=I6b90f8e0f25111dfab6f010000000000&hitguid=I6b90f8e0f25111dfab6f 010000000000&spos=3&epos=3&td=39&context=67&startChunk=1&end Chunk=1. Acesso em: 20 maio 2016. (Paginação da versão eletrônica difere da versão impressa).

[42] COSTA, Judith H. Martins. Um Aspecto da Obrigação de Indenizar: Notas para uma sistematização dos deveres pré-negociais de proteção no direito civil brasileiro. **Doutrinas Essenciais de Direito Civil**, v.4, p 1-47, out. 2010. Disponível em: http://revistadostribunais.com.br/maf/app/widgetshomepage/ document?&src=rl&srguid=i0ad8181600000154d06a8d0a87d63d4c&docgu id=I6b90f8e0f25111dfab6f010000000000&hitguid=I6b90f8e0f25111dfab6f 010000000000&spos=3&epos=3&td=39&context=67&startChunk=1&end Chunk=1. Acesso em: 20 maio 2016. (Paginação da versão eletrônica difere da versão impressa).

Devem os parceiros negociais agirem sempre dentro da boa-fé, de acordo com os deveres dela advindos, já exaustivamente tratada no presente estudo, de forma que devem caminhar com as negociações visando sempre evitar e não causar danos pessoais, materiais e/ou morais. Certo é que na fase de tratativas não se tem um vínculo contratual, mas sim um obrigacional, que geram deveres às partes sob pena de responsabilização civil.

3.2.1. Responsabilidade civil por ruptura das negociações preliminares ao contrato

Para que se caracterize a responsabilidade civil por ruptura das negociações preliminares ao contrato, mister se faz que haja de fato negociações entre as partes. É evidente que tal negociação não necessita de formalidade específica, podendo ser realizada por conversas, e-mails, cartas, ou qualquer outro meio de comunicação existente.

Além disso, a atitude de negociar deve ser voluntária e verdadeira, os agentes devem de fato ter a intenção de firmar um negócio jurídico a partir das tratativas, de modo consentido, sendo punível ato realizado a fim de ludibriar o parceiro negocial, assim caminha a doutrina:

> Por isso, não se pode ter dúvidas de que, quando duas pessoas entram em negociações, fazem-no de modo voluntário e com a plena consciência de estar em jogo, de fato, um processo capaz de desaguar em um contrato, como atentamente coloca António Menezes Cordeiro. Exatamente por pressuporem as negociações o fim eventual da celebração do contrato é que se condena aquele que, desde o início, não considera esta possibilidade e, não obstante, envolve o parceiro em conversações inúteis, processo inevitavelmente dispendioso, havendo aqui manifesta violação do dever de lealdade.[43]

---

[43] FRITZ, Karina Nunes. A responsabilidade pré-contratual por ruptura injustificada das negociações. **Doutrinas Essenciais Obrigações e Contratos**,

Sendo assim, podemos definir a responsabilidade civil por ruptura das negociações como:

(...) *pode-se depreender que a responsabilidade pré-contratual é aquela decorrente de momento anterior à formação do contrato, no momento das negociações para a efetivação deste, capaz de gerar direitos e obrigações provenientes do princípio da boa-fé objetiva, que determina uma postura leal e sincera no momento das tratativas.*[44]

Ainda, Antônio Chaves menciona que ocorre a responsabilidade pré-contratual:

(...) *quando ocorre a ruptura arbitrária e intempestiva das negociações contrariando o consentimento dado na sua elaboração, de tal modo que a outra parte se soubesse que ocorria o risco de uma retirada repentina, não teria tomado as medidas que adotou.*[45]

Não obstante esse é o entendimento de doutrinar em outros países, como afirma Enzo Roppo, doutrinador português ao tratar sobre a responsabilidade pré-contratual:

---

v.4, p 1-42, jun. 2011. Disponível em: http://revistadostribunais.com.br/maf/app/widgetshomepage/document?&src=rl&srguid=i0ad8181600000154d06a8d0a87d63d4c&docguid=I6b90f8e0f25111dfab6f010000000000&hitguid=I6b90f8e0f25111dfab6f010000000000&spos=3&epos=3&td=39&context=67&startChunk=1&endChunk=1. Acesso em: 20 maio 2016. (Paginação da versão eletrônica difere da versão impressa).

[44] HEIMAS, Priscila. Requisitos para a configuração da responsabilidade pré-contratual. **Jusbrasil.** 2014. Disponível em: http://priscilaheimas.jusbrasil.com.br/artigos/112322167/requisitos-para-configuracao-da-responsabilidade-pre-contratual. Acesso em: 25 maio 2016.

[45] CHAVES, Antônio. **Responsabilidade pré contratual.** 2ª ed. São Paulo: Lejus, 1997. p. 208.

> *Seja nas hipóteses em que se chega à formação do contrato, seja nas hipóteses em que as negociações se interrompem sem uma conclusão útil, pode acontecer que, no decurso das mesmas, uma das partes se comporte de modo desleal e, atendendo apenas ao seu próprio interesse e ao seu próprio proveito, tome iniciativas incorrectas que prejudiquem injustamente a outra parte (...). (...) Em hipótese desse género, a parte lesada pode obter o ressarcimento dos danos sofridos por culpa do parceiro desleal.*[46]

Obviamente que, nesse momento, importante destacar em quais casos é possível a reparação de danos por ruptura das negociações. Não é a simples ruptura de qualquer negociação que enseja a reparação de danos, até porque o próprio direito garante a livre vontade, ou seja, a parte poderá decidir se deseja ou não firmar determinado negócio. O caso de tornar obrigatória a contratação por existirem negociações causaria uma insegurança jurídica tamanha que muitos ao menos entrariam em negociações com medo de eventual punição.

De outro lado, existem hipóteses em que realmente incidem danos por essas rupturas, o que será sempre analisado caso a caso, pois não existe um padrão de comportamento específico para todos, mas sim regras gerais que devem ser observadas para a análise de determinada ocorrência.

Mister se faz primeiro ressaltar os deveres que devem ser observados pelas partes nessa fase, baseados no princípio da boa-fé objetiva: dever de probidade e de informação.

A princípio, destaca-se a boa-fé objetiva como primordial ao andamento dos negócios, sendo que, caso a parte aja de má-fé na ruptura das negociações, deverá ter sua atitude punida. O próprio código civil traz em seus artigos 186 e 187, supracitados, a previsão de que a boa-fé deverá sempre ser motivação de qualquer negócio.

---

[46] ROPPO, Enzo. **O Contrato.** 1ª ed. Coimbra: Almedina, 2009. p. 106.

O dever da probidade baseia-se, como já falado por diversas vezes, no comportamento honesto e leal das partes, no dever de assistência e preservação da integridade física e patrimonial do outro, já o dever de informação baseia-se na obrigação das partes em informar o que é de fato relevante para a negociação, que poderia alterar a vontade de qualquer das partes em efetivamente firmar um negócio, ou, para as negociações preliminares do contrato, condições que já são sabidas por uma das partes mas não declaradas à outra o que, posteriormente, ao firmarem o contrato podem consideravelmente influenciar na decisão da outra parte. Cumpre ressaltar ainda apontamento da doutrina:

> *Fazer informação inverídica sobre fato importante ou deixar de declarar fato importante – fato esse necessário, a fim de evitar que as declarações feitas, à luz das circunstâncias em que foram feitas não fossem enganadoras – constituem, afinal, as duas faces de uma mesma moeda.*[47]

Ora, adentrando à análise dos possíveis casos aplicáveis a esse tema, fica mais evidente a hipótese de responsabilização cível pela ruptura das negociações. A princípio, como elemento essencial para que se configure a responsabilização, é destacada a confiança das partes nas negociações, ou seja, a certeza que o contrato será eventualmente celebrado.

---

[47] COSTA, Judith H. Martins. Um Aspecto da Obrigação de Indenizar: Notas para uma sistematização dos deveres pré-negociais de proteção no direito civil brasileiro. **Doutrinas Essenciais de Direito Civil**, v.4, p 1-47, out. 2010. Disponível em: http://revistadostribunais.com.br/maf/app/widgetshomepage/document?&src=rl&srguid=i0ad8181600000154d06a8d0a87d63d4c&docguid=I6b90f8e0f25111dfab6f010000000000&hitguid=I6b90f8e0f25111dfab6f010000000000&spos=3&epos=3&td=39&context=67&startChunk=1&endChunk=1. Acesso em: 20 maio 2016. (Paginação da versão eletrônica difere da versão impressa).

Não basta a simples afirmação de qualquer das partes que confiava na outra, sem elementos que realmente caracterizem como essa confiança se formou. Para isso, depende de vários fatores, como a posição da pessoa na sociedade, se ela regularmente age com honestidade, o tempo gasto nas negociações, isto é, por quanto tempo as negociações já se prolongam aliada à complexidade das tratativas, bem como o próprio objeto do contrato e suas condições principais.

Ora, se o agente que diz que confiava no outro durante as tratativas for um homem honesto, se as negociações perdurem por um longo período de tempo e de fato nesse período foi possível verificar um relevante progresso nas negociações, difícil argumentar que ele não tinha razões para de fato confiar na outra parte negociante, pois agiu completamente de boa-fé.

Agora, a partir do momento que se estabelece uma relação de confiança baseada nos elementos acima demonstrados, não poderá qualquer das partes, injustificadamente, romper os laços formados e desistir do negócio.

Como bem aponta Karina Nunes Fritz:

> (...) as partes são, em princípio, livres para romper as negociações sem apresentar qualquer motivo até o momento em que entre elas surge a certeza na celebração do contrato. Daí em diante, quem pretende romper as negociações deve apresentar para a outra um motivo justificável, pois esta é a conduta leal e honesta exigida pelo mandamento da lealdade esperada no comércio jurídico. (...) como bem põe em relevo Fichtner Pereira, é a existência de um justo motivo que torna a ruptura legítima e "livra a parte que encerrou as negociações de qualquer possibilidade de ser responsabilizada por prejuízos em que a parte contrária possa ter incorrido.[48]

---

[48] FRITZ, Karina Nunes. A responsabilidade pré-contratual por ruptura injustificada das negociações. **Doutrinas Essenciais Obrigações e Contratos,** v.4, p 1-42, jun. 2011. Disponível em: http://revistadostribunais.com.br/maf/app/widgetshomepage/document?&src=rl&srguid=i0ad8181600000154d06

Sendo assim, a justificativa da outra parte tem que sempre estar baseada no princípio da boa-fé, devendo ser investigado caso a caso as condutas dos agentes e se realmente as motivações para ter se interrompido a negociação são justas e concretas. Nesse sentido, importante destacar:

> *O problema da legitimidade da ruptura não se reconduz, com efeito, à indagação sobre se o seu motivo determinante é ou não justificado do ponto de vista da parte que a efectuou, mas, antes, importa averiguar se, independentemente dessa valoração pessoal, ele pode assumir uma relevância objectiva e de per si prevalente sobre a parte contrária*", ensina Almeida Costa.[49]

Com base no dever de informação, caso a parte não possa mais firmar o negócio a que estava realizando tratativas, deverá informar à outra parte dessa impossibilidade assim que tiver conhecimento.

Nesse diapasão, a ruptura justificada das negociações poderia ser justificada por algumas razões, como a própria falta de acertos das cláusulas do contrato, sem a concordância do que são os deveres e obrigações de cada, além disso, poderia também se averiguar a suspeita de uma das partes pela conduta

---

a8d0a87d63d4c&docguid=I6b90f8e0f25111dfab6f010000000000&hitguid=I6b90f8e0f25111dfab6f010000000000&spos=3&epos=3&td=39&context=67&startChunk=1&endChunk=1. Acesso em: 20 maio 2016. (Paginação da versão eletrônica difere da versão impressa).

[49] FRITZ, Karina Nunes. A responsabilidade pré-contratual por ruptura injustificada das negociações. **Doutrinas Essenciais Obrigações e Contratos**, v.4, p 1-42, jun. 2011. Disponível em: http://revistadostribunais.com.br/maf/app/widgetshomepage/document?&src=rl&srguid=i0ad8181600000154d06a8d0a87d63d4c&docguid=I6b90f8e0f25111dfab6f010000000000&hitguid=I6b90f8e0f25111dfab6f010000000000&spos=3&epos=3&td=39&context=67&startChunk=1&endChunk=1. Acesso em: 20 maio 2016. (Paginação da versão eletrônica difere da versão impressa).

da outra, com indícios efetivos de prática de corrupção, outra hipótese também legítima é uma mais adequada e melhor proposta de terceiro, um motivo justificável seria a quebra da confiança entre as partes por alguma razão que ocorreu ao longo das negociações, a morte de um parente próximo, modificação de forma substancial do objeto contratado.

Sendo assim, há que se verificar caso a caso a aplicação da indenização por ruptura das negociações, sendo evidente que aquela poderá ser aplicada quando esta se der de forma injustificada.

Evidentemente que devem ser rechaçadas atitudes que caracterizam atitudes contra os deveres da boa-fé, como é o caso do *venire contra factum proprium*, conforme supra mencionado, nesse sentido a doutrina caminha:

> *Imagine-se caso em que uma empresa que tenha patenteado determinado processo industrial e que tenha negociado com outra com vistas à aplicação comercial do referido processo industrial, sendo que, inopinadamente, essa outra comunica não estar mais interessada no projeto devido a mudanças na política interna da empresa. Caso assim foi julgado na França, com a condenação pela perda de uma chance de ter estabelecido contrato lucrativo com outra empresa do ramo, além da reparação dos custos despendidos nas negociações.*[50]

---

[50] COSTA, Judith H. Martins. Um Aspecto da Obrigação de Indenizar: Notas para uma sistematização dos deveres pré-negociais de proteção no direito civil brasileiro. **Doutrinas Essenciais de Direito Civil**, v.4, p 1-47, out. 2010. Disponível em: http://revistadostribunais.com.br/maf/app/widgetshomepage/document?&src=rl&srguid=i0ad8181600000154d06a8d0a87d63d4c&docguid=I6b90f8e0f25111dfab6f010000000000&hitguid=I6b90f8e0f25111dfab6f010000000000&spos=3&epos=3&td=39&context=67&startChunk=1&endChunk=1. Acesso em: 20 maio 2016. (Paginação da versão eletrônica difere da versão impressa).

3.2.2. O dano e o dever de indenizar

A ruptura das negociações preliminares ao contrato podem gerar o dano e o dever de indenizar, conforme o caso, porém não gerará, de forma alguma, a obrigação da parte faltosa a firmar efetivamente o contrato que estava em negociação. Como menciona Venosa:

> *Há necessidade de que o estágio das preliminares da contratação já tenha imbuído o espírito dos postulantes da verdadeira existência do futuro contrato. A frustração da contratação gerará então frustração moral, além da material. Podem as partes ter despendido com certidões, viagens, pesquisas.*[51]

Dessa forma, o dano indenizável por quebra da expectativa de contratar poderá ser tanto moral quanto material, sendo o ressarcimento moral uma espécie de compensação psicológica pelo trauma causado, e o dano material aquilo que efetivamente a parte despendeu ao longo das negociações.

O dano moral pode ser considerado aquele dano à honra, imagem, direitos que compõe a personalidade do indivíduo e é por diversas vezes de difícil aplicação quando se trata do tema do presente estudo, sendo dificilmente provado ao longo da apuração judicial sobre o caso, além do que a simples alegação de frustração por não ter concluído o negócio não é suficiente para caracterizar dano moral.

Poderíamos verificar a hipótese de dano moral caso tenha ocorrido difamações e calúnias impostas por uma parte à outra como decorrência de desentendimentos entre elas ocorrido.[52]

---

[51] VENOSA, Sílvio de Salvo. **Direito Civil: teoria geral das obrigações e teoria geral dos contratos**, V.2, 10 ed. São Paulo: Atlas, 2010. p. 490-491.

[52] FRITZ, Karina Nunes. A responsabilidade pré-contratual por ruptura injustificada das negociações. **Doutrinas Essenciais Obrigações e Contratos**, v.4, p 1-42, jun. 2011. Disponível em: http://revistadostribunais.com.br/maf/

O dano material ou dano patrimonial, tem aspecto indenizatório, isso porque tem como finalidade retornar ao status anterior e pode ser tanto o dano emergente, quanto lucros cessantes, conforme trata Adriana Garcia Monteiro em seu estudo: *"Serão patrimoniais, por sua vez, os danos que resultarem daquilo que efetivamente se perdeu ou daquilo que se deixou de ganhar, respectivamente, o dano emergente e o lucro cessante."*.[53]

O Código Civil de 2002 no artigo 402, trata do conceito de dano emergente ao mencionar que é o que a vítima efetivamente perdeu, bem como lucros cessantes, que é o que razoavelmente deixou de lucrar: *"Salvo as exceções expressamente previstas em lei, as perdas e danos devidas ao credor abrangem, além do que ele efetivamente perdeu, o que razoavelmente deixou de lucrar."*.[54]

Karina Nunes Fritz em seu artigo cita os exemplos desses danos no que se refere a responsabilidade por ruptura das negociações:

> *Em sede de responsabilidade por ruptura das conversações, o dano emergente constitui aquilo que a parte gastou na preparação do contrato, enquanto que o lucro cessante é geralmente entendido como a perda concreta da oportunidade negocial em função do envolvimento nas conversações.*[55]

app/widgetshomepage/document?&src=rl&srguid=i0ad8181600000154d06a 8d0a87d63d4c&docguid=I6b90f8e0f25111dfab6f010000000000&hitguid=I6 b90f8e0f25111dfab6f010000000000&spos=3&epos=3&td=39&context=67& startChunk=1&endChunk=1. Acesso em: 20 maio 2016. (Paginação da versão eletrônica difere da versão impressa).

[53] MONTEIRO, Adriana Garcia. **O dano moral nos contratos**. 2014. 121 fls. Monografia LLM Direito dos Contratos – Insper – Instituto de Ensino e Pesquisa, São Paulo.

[54] BRASIL, Lei nº 10.406, de 10 de Janeiro de 2002, Institui o Código Civil. Brasília, DF, 2002.

[55] FRITZ, Karina Nunes. A responsabilidade pré-contratual por ruptura injustificada das negociações. **Doutrinas Essenciais Obrigações e Contratos,**

Sendo assim, tanto o dano patrimonial (danos emergentes e lucros cessantes), quanto o dano moral é passível de ser indenizado quando se tratar de ruptura das negociações preliminares. O montante indenizável poderá exceder até mesmo o valor do contrato que a princípio seria firmado, esse é o posicionamento de grande parte da doutrina e que parece ser o mais acertado. Para que ocorra a indenização deverá ser analisada a situação de fato e o dano causado à pessoa. Conforme leciona mais uma vez Venosa:

> *O proponente que perde a aquisição de um imóvel, por exemplo, no rompimento injustificado das tratativas, pode intitular-se a receber a diferença de preço que pagou a mais em outro imóvel similar e o aluguel que teve que pagar durante o período até a concretização do segundo negócio.*[56]

3.2.3. Análise jurisprudencial

Conforme já mencionado, a jurisprudência brasileira reconhece a responsabilidade civil pela ruptura das negociações, porém não há um posicionamento consolidado a respeito, sendo que podem ser encontradas diversas decisões a favor da responsabilização, assim como decisões contra.

O caso mais expressivo e notório a respeito da responsabilidade é o conhecido caso dos tomates. A decisão do Tribunal de Justiça do Rio Grande do Sul foi no seguin*te sentido:* "*CONTRATO. TRATATIVAS. "CULPA IN CONTRAHENDO". RESPONSA-*

---

v.4, p 1-42, jun. 2011. Disponível em: http://revistadostribunais.com.br/maf/app/widgetshomepage/document?&src=rl&srguid=i0ad8181600000154d06a8d0a87d63d4c&docguid=I6b90f8e0f25111dfab6f010000000000&hitguid=I6b90f8e0f25111dfab6f010000000000&spos=3&epos=3&td=39&context=67&startChunk=1&endChunk=1. Acesso em: 20 maio 2016. (Paginação da versão eletrônica difere da versão impressa).

[56] VENOSA, Sílvio de Salvo. **Direito Civil: teoria geral das obrigações e teoria geral dos contratos**, V.2, 10 ed. São Paulo: Atlas, 2010. p. 492.

BILIDADE CIVIL. RESPONSABILIDADE DA EMPRESA ALIMENTICIA, INDUSTRIALIZADORA DE TOMATES, QUE DISTRIBUI SEMENTES, NO TEMPO DO PLANTIO, E ENTAO MANIFESTA A INTENCAO DE ADQUIRIR O PRODUTO, MAS DEPOIS RESOLVE, POR SUA CONVENIENCIA, NAO MAIS INDUSTRIALIZA-LO, NAQUELE ANO, ASSIM CAUSANDO PREJUIZO AO AGRICULTOR, QUE SOFRE A FRUSTRACAO DA EXPECTATIVA DE VENDA DA SAFRA, UMA VEZ QUE O PRODUTO FICOU SEM POSSIBILIDADE DE COLOCACAO. PROVIMENTO EM PARTE DO APELO, PARA REDUZIR A INDENIZACAO A METADE DA PRODUCAO, POIS UMA PARTE DA COLHEITA FOI ABSORVIDA POR EMPRESA CONGENERE, AS INSTANCIAS DA RE. VOTO VENCIDO, JULGANDO IMPROCEDENTE A AÇÃO.".[57]

No referido caso, agricultores rurais do Estado do Rio Grande do Sul promoveram uma ação contra a CICA – Companhia industrial de conserva alimentícias, isto porque a CICA como era esperado em toda safra de plantação de tomates, distribuiu aos agricultores sementes para plantio, colheita e compra pela CICA, ocorre que, sem razão aparente, recusou-se a adquirir os tomates, o que, obviamente, gerou prejuízos aos agricultores. Sendo assim, o TJRS em decisão inovadora decidiu que deveriam os agricultores serem indenizados, baseado na expectativa real de que iriam vender a sua plantação à CICA, de forma que a CICA agiu em desacordo com os deveres do princípio da boa-fé objetiva.

Ainda, decisões nesse sentido podem ser encontradas em nossa jurisprudência, como é o caso de mais uma decisão do Tribunal de Justiça do Rio Grande do Sul, que certamente decidiu que a retirada injustificada de uma negociação deverá ser indenizada quando a parte prejudicada tiver efetuado despesas acreditando no firmamento do contrato: *"RESPONSABILIDADE CIVIL. PRÉ-CONTRATO. Declaração de intenção de venda de imóvel.*

---

[57] Rio Grande do Sul. Tribunal de Justiça. Apelação Cível 591028295. Companhia Industrial de Conservas Alimentícias. Relator: Ruy Rosado de Aguiar Júnior. Rio Grande do Sul: 06 jun. 1991. Diário Oficial de Justiça de 06 jun. 1991.

Procedimento do vendedor convincente de modo a levar o pretenso comprador a efetuar despesas, assumir compromissos, com propósito de firmar o contrato. Não celebração do contrato por ato do vendedor que se retirou injustificadamente das negociações, causando danos materiais à outra parte, os quais devem ser indenizados. Dano moral não reconhecido por não demonstrado o sofrimento pela não realização do negócio. Recurso provido em parte."[58]

Ainda, decisão retirada do Tribunal de Justiça do Rio Grande do Sul reconhece que há uma responsabilidade pré-contratual, baseada na boa-fé, porém a retirada de forma justificada das negociações não enseja em indenização por danos. Esse caso foi promovido por um proprietário de um posto de gasolina que estava em tratativas com um comprador para vender referido posto. Ocorre que ao longo das negociações, o proprietário violou o dever de informar o comprador ao não mencionar que haviam outros proprietários do estabelecimento, ou seja, o vendedor estava vendendo parte maior do que realmente tinha na sociedade o que, obviamente, fez com que o comprador desistisse da compra, conforme se observa: *"*RESPONSABILIDADE PRE-CONTRATUAL. CULPA *"*IN COTRAHENDO*".* ALIENAÇÃO DE QUOTAS SOCIAIS. E POSSIVEL O RECONHECIMENTO DA RES- PONSABILIDADE PRE-CONTRATUAL, FUNDADA NA BOA-FE, PARA INDENIZACAO DAS DESPESAS FEITAS NA PREPARACAO DO NEGOCIO QUE NAO CHEGOU A SE PERFECTIBILIZAR POR DESISTENCIA DE UMA DAS PARTES. NO CASO, POREM, O DESISTENTE AGIU JUSTIFICADAMENTE. CESSAO DA TOTALIDADE DAS ACOES POR QUEM APENAS DETINHA PARTE DO CAPITAL.*".*[59]

---

[58] Rio Grande do Sul. Tribunal de Justiça. Recurso Cível Nº 71000503730. Ana Maria Missagia, Clelia Terezinha Gomes e Orides Fernandes da Costa Hemann. Relator: Maria José Schmitt Sant Anna. Rio Grande do Sul: 04 maio 2004. Diário Oficial de Justiça.

[59] Rio Grande do Sul. Tribunal de Justiça. Apelação Cível Nº 591017058. Relator: Ruy Rosado de Aguiar Júnior. Rio Grande do Sul: 25 abril 1991. Diário Oficial de Justiça.

Nesse sentido, outras jurisprudências podem ser encontradas, como a decisão abaixo do Tribunal de Justiça de São Paulo: "RESPONSABILIDADE PRÉ-CONTRATUAL. Despesas realizadas pela autora, de forma antecipada, com o objetivo de viabilizar negócio futuro com o réu. Não celebração do contrato, após uma séria de diligências e pagamentos feitos pela autora. Comportamento concludente do réu que gerou expectativa da autora de finalização do contrato e estimulou a realização de despesas para a regularização do imóvel. Composição de interesses negativos, consistentes nos danos que sofreu a autora com a frustração do negócio na fase de puntuação. Sentença de procedência. Recurso improvido."[60]

Outra decisão extremamente recente e acertada do Tribunal de Justiça de São Paulo demonstra que, apesar de serem encontradas poucas decisões favoráveis ao reconhecimento da responsabilidade civil pré-contratual no Estado de São Paulo, a tendência é a alteração desse conceito e uma uniformização das decisões, assim como decide o Tribunal de Justiça do Rio Grande do Sul, conforme se confere: "LOCAÇÃO – Responsabilidade pré-contratual – Exigidas boa-fé e lealdade também durante as tratativas para a contratação – Configura-se ato ilícito a frustração da expectativa de contratação, quando comunicada a desistência, sem motivação, após inúmeras providências por parte do sublocador para viabilizar a instalação do negócio a que se destinaria o imóvel – Danos emergentes reconhecidos – Ausência de impugnação específica da ré quanto aos documentos comprobatórios – Valor mantido – Sucumbência recíproca reconhecida – Sentença mantida. Apelação não provida."[61]

[60] São Paulo. Tribunal de Justiça. Apelação Cível N° 0134186-5.2006.8.26.0000. Lúcio Ribeiro Moreira e Canaunã Empreendimentos e Participações Ltda. Relator: Francisco Loureiro. São Paulo: 15 set 2011. Diário Oficial de Justiça.
[61] São Paulo. Tribunal de Justiça. Apelação com Revisão N° 1050173-51.2013.8.26.0100. Peralta Comércio e Indústria Ltda. e Marcos Tellini. Relator: Sá Moreira de Oliveira. São Paulo: 22 fev 2016. Diário Oficial de Justiça.

No sentido contrário, também é possível encontrar diversas decisões contrárias, algumas que inclusive não valorizam o princípio da boa-fé para análise dos casos, mas sim que qualquer das partes tem o direito legítimo de desistir de firmar o contrato na fase de negociações. Por esse ângulo, verifica-se: "*AÇÃO DE INDENIZAÇÃO POR DANOS MORAIS E MATERIAIS – CONTRATO NÃO EFETIVADO – NEGOCIAÇÕES PRELIMINARES – RESPONSABILIDADE PRÉ-CONTRATUAL – PROVA – ÔNUS. – Não se desincumbindo os autores do ônus de provar qualquer ato ilícito dos réus na ruptura das negociações preliminares ao contrato de locação e, via de consequência, na não formalização deste, impossível a imputação de qualquer responsabilidade aos mesmos.*"[62]

Ainda, é possível encontrar decisões contrárias exatamente por não verificar que a parte agiu de má-fé, conforme se comprova a seguir: "*APELAÇÃO CÍVEL. COMPRA E VENDA DE IMÓVEL NÃO PERFECTIBILIZADA. RESPONSABILIDADE PRÉ-CONTRATUAL INDEVIDA, NO CASO CONCRETO, POR PRESENTE A BOA-FÉ DA PARTE QUE DESISTIU DO NEGÓCIO. RECURSO ADESIVO. AUSÊNCIA DE SUCUMBÊNCIA RECÍPROCA. I. Independente da fase em que se encontram as negociações e por mais que as partes tenham alimentado expectativas positivas em torno da celebração do contrato, enquanto este não for concluído, podem ser interrompidas as tratativas, por não vinculativas. É o que decorre da autonomia privada, da não obrigatoriedade de contratar, salvo quando houver contrato...*".[63]

---

[62] Minas Gerais. Tribunal de Justiça. Apelação Cível 1.0027.08.152188-5/002. Com Moraes Matos LTDA., Nelson Alves de Moraes e outro(a)(s), Denise Matos Pinto Alves de Moraes, Instituto Mineiro Nefrologia Ltda. e outro(a)(s), Fresenius Medical Care LTDA, Regina Ordones. Relator: Luiz Artur Hilário. Minas Gerais: 22 jan 2013. Diário Oficial de Justiça: 28 jan 2013.
[63] Rio Grande do Sul. Tribunal de Justiça. Apelação Cível N° 70035756154. Claudir Chies e Metalurgica Mapesi Ltda. Relator: Liége Puricelli Pires. Rio Grande do Sul: 16 dez 2010. Diário Oficial de Justiça.

Sendo assim, é possível encontrar na jurisprudência, decisões que estão de acordo com o estudo apresentado, porém, não se trata ainda de posicionamentos unanimes, consolidados, inclusive pouco tratados pelos próprios Tribunais Superiores, porém é possível verificar a tendência cada vez mais crescente de que os Tribunais passem a entender na maioria das suas decisões que há uma responsabilidade pré-contratual por ruptura injustificada das negociações, baseado, principalmente, no princípio da boa-fé objetiva.

Conclusão

Não há previsão expressa no Código Civil de 2002 que trate, assim como trata da responsabilidade civil contratual, a respeito da responsabilidade civil por ruptura das negociações preliminares ao contrato.

De toda forma, é possível verificar que as normas constantes dos artigos 186, 187, 422, 927, que tratam sobre responsabilidade civil, dever de indenizar e boa-fé objetiva, são cláusulas gerais, que dão ao juiz o poder de decidir caso a caso a respeito do eventual dever de indenizar ou não a parte prejudicada. Sendo assim, é possível que, para casos mesmo que não previstos exaustivamente no ordenamento jurídico, o juiz admita como um ato ilícito e concede a indenização apropriada.

É o que ocorre no caso de responsabilidade civil pela ruptura injustificada das negociações ao contrato. De toda forma, é evidente que a doutrina e a jurisprudência ainda não são exaustivas a respeito do tema, porém uma posição de admitir a responsabilidade civil para esses casos está se consolidando aos poucos.

Para que seja verificado o dever de indenizar, essencial que não tenha sido observada na conduta da parte que rompeu as negociações, a boa-fé objetiva, ou seja, a parte tenha agido de má-fé.

Tal princípio norteador das relações obrigacionais, é essencial para o exame dos casos específicos, sendo necessário que as partes sempre atuem durante as negociações de forma leal e honesta a fim de que se forme um vínculo de confiança entre elas.

Ocorre que, caso uma das partes de má-fé, sem justificativa plausível, simplesmente desistir de firmar o negócio jurídico, após a outra parte ter realizado efetivas despesas com a confiança de que de fato o negócio seria fechado, deverá indenizar a vítima pelos danos comprovadamente causados, pois efetivamente agiu com culpa ao quebrar a expectativa da outra parte e deverá, por tanto, ser responsabilizado civilmente pelo seu ato.

Os danos devem também ser efetivamente comprovados pela vítima, o quanto despendeu com a certeza da contratação, o quanto deixou efetivamente de lucrar, o fato de ter evitado novos negócios com a certeza de que seria celebrado contrato, o fato de ter sido moralmente prejudicado pela não contratação, de forma que todo tipo de dano previsto no ordenamento jurídico é admissível no caso de ruptura das negociações, sendo assim, poderá ser o dano tanto material (dano emergente e lucros cessantes), quanto moral, ressaltando-se que este último é de difícil caracterização.

Portanto, conclui-se que é possível, apesar de o ordenamento jurídico não ter arrolado os deveres pré-contratuais, a indenização pela quebra da expectativa de se firmar um contrato, sendo interessante que essa possibilidade seja disseminada entre a doutrina, jurisprudência e até por quem busca ter seus direitos devidamente respeitados.

Referências

ALMEIDA COSTA, Mário Júlio de. **Responsabilidade civil pela ruptura das negociações preliminares de um contrato**. Coimbra: Coimbra, 1984.
AZEVEDO, Antônio Junqueira de. **O princípio da boa-fé nos contratos**. Tese de Dissertação Brasília: CJF, 2002.
BOULOS, Daniel M. **Abuso do Direito no Novo Código Civil**. São Paulo: Método, 2006.

BALBINO, Renata Domingues Barbosa. O princípio da boa-fé objetiva no novo Código Civil. **Doutrinas Essenciais Obrigações e Contratos**, v.3, p. 1-14, jun. 2011. Disponível em: <http://revistadostribunais.com.br/maf/app/widgetshomepage/document?&src=rl&srguid=i0ad818160 0000154d06a8d0a87d63d4c&docguid=Iecd37560f25411dfab6f0100 00000000&hitguid=Iecd37560f25411dfab6f010000000000&spos=1 &epos=1&td=39&context=67&startChunk=1&endChunk=1>.Acesso em: 20 maio 2016. (Paginação da versão eletrônica difere da versão impressa).

CAMARGO, José A. **Princípios da probidade e boa-fé = Principles of probity and good will**. Revista da Seção Judiciária do Rio de Janeiro – n. 28/08/2010. Rio de Janeiro: Seção Judiciária do Rio de Janeiro, 2010.

CAPPELARI, Récio Eduardo. **Responsabilidade Pré-Contratual**. Porto Alegre: Livraria do Advogado, 1995.

CARVALHO, Luiz Paulo Vieira. **Direito Civil: Questões fundamentais e controvérsias na parte geral, no direito**. Rio de Janeiro: Lumen Juris, 2008. 2º edição.

CAVALIERI FILHO, Sérgio. **Programa de Responsabilidade Civil**, 2º ed. São Paulo: Malheiros, 2000.

CHAVES, Antônio. **Responsabilidade pré contratual**. 2ª ed. São Paulo: Lejus, 1997.

COSTA, Judith H. Martins. Um Aspecto da Obrigação de Indenizar: Notas para uma sistematização dos deveres pré-negociais de proteção no direito civil brasileiro. **Doutrinas Essenciais de Direito Civil**, v.4, p 1-47, out. 2010. Disponível em: http://revistadostribunais.com.br/maf/app/widgetshomepage/document?&src=rl&srguid=i0ad8181600000154d06a8d 0a87d63d4c&docguid=I6b90f8e0f25111dfab6f010000000000&hitguid =I6b90f8e0f25111dfab6f010000000000&spos=3&epos=3&td=39&con text=67&startChunk=1&endChunk=1. Acesso em: 20 maio 2016. (Paginação da versão eletrônica difere da versão impressa).

COSTA JUNIOR, Emanuel de Oliveira. Da vedação ao comportamento contraditório (Venire contra factum proprium). Âmbito Jurídico. Rio Grande, 2012. Disponível em: <http://www.ambito-juridico.com.br/site/?n_link=revista_artigos_leitura&artigo_id=11965>. Acesso em 14 jun 2016.

DINIZ, Maria Helena. **Curso de Direito Civil Brasileiro (teoria geral das obrigações contratuais e extracontratuais)**, 16º edição. São Paulo: Saraiva, 2001.

FERNANDES, Alexandre Cortez. **Direito Civil – Contratos**. São Paulo: EDUCS, 2011.

DOS SANTOS, Murilo Rezende. As funções da boa-fé objetiva na relação obrigacional. **Doutrinas Essenciais Obrigações e Contratos**, v.1, p. 29, jun. 2011. Disponível em: <http://revistadostribunais.com.br/maf/app/widgetshomepage/resultList/document?&src=rl&srguid=i0ad8181600000154d06a8d0a87d63d4c&docguid=I60f0b7c0f25311dfab6f010000000000&hitguid=I60f0b7c0f25311dfab6f010000000000&spos=9&epos=9&td=39&context=67&startChunk=1&endChunk=1> Acesso em: 20 maio 2016. (Paginação da versão eletrônica difere da versão impressa).

FARO, Alexandre Gereto de Mello. **Ensaio sobre a responsabilidade civil nas negociações preliminares**. 2014. 131 folhas. LLM Direito dos Contratos. Insper Instituto de Ensino e Pesquisa. São Paulo, 2013.

FERNANDES, Wanderley. **O processo de formação do contrato**. São Paulo: Saraiva, 2009.

FIOR, Mirella Cristina. **A Responsabilidade Civil Pré-Contratual**. Revista do Curso de Direito da Faculdade de Humanidades e Direito. V. 9, N.9, 2012.

FONSECA, Sérgio Roxo da; BUGALHO, Vinícius. "Supressio" e o princípio da boa-fé contratual. **Migalhas**. São Paulo, 2012. Disponível em: <http://www.migalhas.com.br/dePeso/16,MI153483,91041-supressio+e+o+principio+da+boafe+contratual>. Acesso em 12 jun 2016.

FRITZ, Karina Nunes. A responsabilidade pré-contratual por ruptura injustificada das negociações. **Doutrinas Essenciais Obrigações e Contratos**, v.4, p. 4, jun. 2011. Disponível em: <http://revistadostribunais.com.br/maf/app/widgetshomepage/document?&src=rl&srguid=i0ad8181600000154d06a8d0a87d63d4c&docguid=I6b90f8e0f25111dfab6f010000000000&hitguid=I6b90f8e0f25111dfab6f010000000000&spos=3&epos=3&td=39&context=67&startChunk=1&endChunk=1> Acesso em: 20 maio 2016. (Paginação da versão eletrônica difere da versão impressa).

FRITZ, Karina Nunes. **Boa-fé objetiva na Fase Pré-Contratual**. Curitiba: Juruá, 2008.

GARCIA, Enéas Costa. **Responsabilidade Pré e Pós-Contratual à luz da boa-fé**. São Paulo: Juarez de Oliveira, 2002.

GOMES, Orlando. **Contratos**. 24. ed. Rio de Janeiro: Forense, 1989.

GONÇALVES, Carlos Roberto. **Responsabilidade Civil**. 8. ed. São Paulo: Saraiva, 2003.

GONÇALVES, Camila de Jesus Mello. **Princípio da boa-fé:** Perspectivas e Aplicações. 1° ed. Rio de Janeiro: Elsevier, 2008.

GONTIJO, Patrícia Maria Oliva. Boa-Fé Objetiva: Deveres Anexos E Pós-Eficácia Das Obrigações. **Revista Jurídica**, v. 14, n. 13, 2012.

HEIMAS, Priscila. Requisitos para a configuração da responsabilidade pré--contratual. **Jusbrasil.** 2014. Disponível em: http://priscilaheimas. jusbrasil.com.br/artigos/112322167/requisitos-para-configuracao-da--responsabilidade-pre-contratual. Acesso em: 25 maio 2016.

JABUR, Gilberto Haddad; PEREIRA JUNIOR, Antonio Jorge. **Direito dos Contratos.** São Paulo: Quartier Latin, 2006.

LEITE, Gisele. Apontamentos sobre o nexo causal. **Âmbito Jurídico.** Rio Grande, 2007. Disponível em: http://www.ambito-juridico.com.br/site/index.php?n_link=revista_artigos_leitura&artigo_id=2353. Acesso em: 10 jun 2016.

LEITE, Gisele Pereira Jorge. **Roteiro do princípio da boa-fé objetiva.** Rio Grande: Âmbito Jurídico Comércio e Serviços de Informação, 2010.

LOBO, Paulo. **Direito Civil – Contratos.** São Paulo: Saraiva Editora, 2011.

LOPES, Christian Sahb Batista. **Mitigação dos prejuízos no direito contratual.** São Paulo: Saraiva Editora, 2013.

LOPES, Christian Sahb Batista. **Responsabilidade Pré-Contratual – Subsídios para o Direito Brasileiro das Negociações.** São Paulo: Del Rey, 2001.

LOTUFO, Renan; NANNI, Giovanni Ettore. **Teoria Geral dos Contratos.** São Paulo: Atlas, 2011.

MALTINTI, Eliana Raposo. **Direito Civil – Contratos.** São Paulo: Saraiva Editora, 2010.

MIRANDA, Marcello Albuquerque de. O princípio da boa-fé objetiva como limite da liberdade contratual. **JurisWay Sistema Educacional Online.** Salvador. 2010. Disponível em: <http://www.jurisway.org.br/v2/dhall. asp?id_dh=4269>. Acesso em: 10 jun 2016.

MONTEIRO, Adriana Garcia. **O dano moral nos contratos.** 2014. 121 fls. Monografia LLM Direito dos Contratos – Insper – Instituto de Ensino e Pesquisa, São Paulo.

NEGREIROS, Teresa. **Teoria do Contrato: novos paradigmas.** 1° ed. Rio de Janeiro: Renovar, 2002.

NERY JUNIOR, NELSON; NERY, Rosa Maria de Andrade. **Doutrinas Essenciais Responsabilidade Civil: Edições Especiais Revista dos Tribunais (100 anos).** V.1. 2°ed. São Paulo: Editora Revista dos Tribunais, 2010.

NERY JUNIOR, NELSON; NERY, Rosa Maria de Andrade. **Doutrinas Essenciais Responsabilidade Civil: Edições Especiais Revista dos Tribunais (100 anos).** V.2. 2°ed. São Paulo: Editora Revista dos Tribunais, 2010.

NOBRE JÚNIOR, Edilson Pereira. **O princípio da boa-fé e o novo Código Civil.** Revista ESMAFE. Recife: Escola de Magistratura Federal da 5ª Região, 2003.

NORONHA, Fernando. **Direito das obrigações: fundamentos do direito das obrigações: introdução à responsabilidade civil.** Vol.1. São Paulo: Saraiva. 2003.

RIBEIRO, Antônio Campos. **Responsabilidade pré-contratual.** Revista Direito, Rio De Janeiro, v.3, n. 5, p. 1-23, jan/jun: 1999. Disponível em: http://www.egov.ufsc.br/portal/sites/default/files/anexos/9154-9153-1-PB.pdf. Acesso em 16 jun 2016.

ROPPO, Enzo. **O Contrato.** 1ª ed. Coimbra: Almedina, 2009.

STOCO, Rui. **Tratado de responsabilidade civil: doutrina e jurisprudência.** 7° ed. São Paulo: Editora Revista dos Tribunais, 2007.

TARTUCE, Flávio. **Direito Civil:** Teoria Feral dos Contratos e Contratos em Espécie. 8° ed. São Paulo: Método, 2013.

THEODORO JÚNIOR, Humberto. **O contrato e sua função social.** Rio de Janeiro: Forense, 2003.

VENOSA, Sílvio de Salvo. **Direito Civil: teoria geral das obrigações e teoria geral dos contratos.** V.2, 10 ed. São Paulo: Atlas, 2010.

VENOSA, Sílvio de Salvo. **Direito Civil: teoria geral. Introdução ao Direito Romano.** 4 ed. São Paulo: Atlas, 1996.

Princípios Contratuais, Estudo acerca da Teoria do Adimplemento Substancial e a sua Aplicação nos Contratos Imobiliários

Érica Fernandez Krabbe Boyano

Introdução

A incorporação da teoria do adimplemento substancial no sistema jurídico brasileiro, e sua aplicabilidade, com destaque aos contratos imobiliários, é o tema central do presente artigo. Como se sabe, essa teoria visa, em suma, afastar a possibilidade de o credor de uma obrigação contratual pedir a resolução da avença quando houver descumprimento de uma parcela ínfima da obrigação, seja ela acessória e/ou principal.

Ou seja, é a teoria que preconiza a necessidade de não se considerar resolvida a obrigação quando o devedor, embora não tenha cumprido a totalidade do dever ao qual se propôs ou não tenha obtido perfeitamente a finalidade à qual se incumbiu, aproxima-se, substancialmente, da finalidade da obrigação.

As pesquisas realizadas ao longo do trabalho demonstraram que a teoria do adimplemento substancial não se encontra insculpida formalmente no Código Civil de 2002, tendo a sua criação advinda das crescentes necessidades sociais que, atualmente, ensejam a maior preservação do conteúdo dos contratos, em detrimento ao excessivo apego a rigores formais que, em algumas situações, poderiam configurar uma justa causa à sua extinção.

A doutrina e a jurisprudência, que são as suas fontes criadoras no âmbito do direito nacional, buscam fundamentar a existência dessa teoria nas cláusulas gerais e nos princípios basilares insculpidos em nosso Código Civil, como o da função social do contrato, da proibição ao abuso de direito, da vedação ao enriquecimento ilícito, da boa-fé objetiva e do equilíbrio econômico.

Justamente por se tratar de teoria que, no Brasil, decorre da jurisprudência e da doutrina é que o tema explorado ao longo do artigo mostra-se atual, pois as situações que ensejam a aplicação desse instituto aos contratos ainda não foram formalmente definidas pelos nossos intérpretes, os quais permanecem tentando colher os fatos e elementos constitutivos de sua aplicação no plano prático.

De fato, o estudo realizado para elaboração deste artigo demonstrou que, a despeito de a teoria ter sido primeiramente aplicada no Brasil em 1989, a jurisprudência atual – que caminhou bastante, utilizando-se de parâmetros cada vez mais próximos para reconhecer aquilo que poderia ser definido como inadimplemento ínfimo – estabeleceu diretrizes para a sua aplicação, mas não regras precisas e imutáveis.

Dessa forma, o que se verificará é que a existência ou não do adimplemento substancial será avaliada de acordo com o caso concreto, dando margem a conclusões diversas que variarão de acordo com o intérprete que faça a análise da relação e do contexto histórico no qual se insere o contrato.

Em razão de tais características, infere-se que o tema ora analisado é de grande relevância, pois repercute não só do ponto de vista jurídico, mas também econômico e social, tendo o condão de acarretar mudanças no comportamento das partes durante uma negociação, celebração e execução de um contrato.

Destaca-se, por fim, que o foco do estudo não é criticar ou valorizar a criação da teoria, nem tampouco buscar avaliar se os fundamentos invocados para sua aplicação são válidos ou não. O objetivo deste artigo, como já mencionado, será avaliar como tem se dado a incidência da teoria do adimplemento substancial no plano prático, verificando, em alguns contratos imobiliários, como ocorre sua aplicação.

1. Contextualização do tema

O contrato, como se sabe, é um dos principiais institutos do direito, tendo por finalidade precípua formalizar a relação jurídica de partes que queiram estabelecer obrigações com um objetivo comum (realizar uma compra e venda, comprometer-se a executar uma determinada atividade, realizar uma doação, fazer a locação etc.).

Nas palavras de Caio Mario da Silva Pereira[1]:

> É um negócio jurídico bilateral, e de conseguinte exige consentimento; pressupõe, de outro lado, a conformidade com a ordem legal, sem o que não teria o condão de criar direitos para o agente. E, sendo ato negocial, tem por escopo aqueles objetivos específicos. Com a pacificidade da doutrina, dizemos então que o contrato é um acordo de vontades, na conformidade da lei e com a finalidade de adquirir, resguardar, transferir, conservar, modificar ou extinguir direitos. [...] podemos definir contrato como o acordo de vontades com a finalidade de produzir efeitos jurídicos.

Apesar de disciplinado em diversas normas e dispositivos insertos no ordenamento jurídico pátrio, a concepção atual do conceito de contrato não permite sua interpretação como um

---

[1] PEREIRA, Caio Mário da Silva. **Instituições de direito civil**. Vol. III. Rio de Janeiro: Forense, 2009, p. 7.

ato estático, pois este sofre alterações de acordo com o momento histórico em que se deu a sua formação, execução e extinção.

É exatamente isso que se infere dos ensinamentos do ilustre jurista Orlando Gomes[2], ao tratar da importância do momento de formação dos contratos:

> A moderna concepção do contrato como acordo de vontades por meio do qual as pessoas formam um vínculo jurídico a que se prendem se esclarece à luz da ideologia individualista dominante na época de sua cristalização e do processo econômico de consolidação do regime capitalista de produção.

Ter em mente essa característica é de fundamental importância, tanto para compreender devidamente o instituto, quanto para entender a origem da teoria do adimplemento substancial e a sua aplicação no estudo dos contratos.

De fato, o contrato, hoje, não pode ser interpretado como um ato jurídico perfeito e acabado no tempo. Inúmeras variáveis devem ser levadas em consideração para sua interpretação, já que a linguagem literal nele empregada não é, como sabido , o bastante para definir sua extensão e efeitos.

Assim, é dessa forma que a teoria do adimplemento substancial ganha espaço e relevância, na medida em que mitiga o apego às cláusulas resolutórias contratuais e ao texto literal dos dispositivos vigentes em nosso ordenamento jurídico, buscando, com base na intenção do legislador – esta prevista em cláusulas gerais e princípios que regem o direito contratual – e nas necessidades sociais, corrigir eventuais injustiças causadas quando o pedido resolutório é formalizado em razão de um descumprimento parcial de uma das obrigações principais e/ou acessórias de um contrato.

---

[2] GOMES, Orlando. **Contratos**. Rio de Janeiro: Forense, 2008, p. 7.

2. Princípios gerais do contrato

Devido a sua mutabilidade, os acordos de vontades, formalizados por meio de contratos, regulam-se: *(i)* pelas normas vigentes no momento de sua celebração e/ou execução (cuja aplicabilidade varia de acordo com a sua espécie); *(ii)* pelos usos; *(iii)* pelos costumes e, principalmente; *(vi)* pelas cláusulas gerais e princípios previstos em nosso ordenamento jurídico.

Para Orlando Gomes[3], atualmente, pode-se citar seis princípios basilares do direito contratual. O da autonomia da vontade, do consensualismo, da força obrigatória, da boa-fé, do equilíbrio econômico e da função social; os três últimos foram introduzidos mais recentemente, ganhando força e relevância com advento do Código Civil de 2002.

Nos subitens abaixo, será realizada uma breve conceituação desses princípios, partindo-se dos mais recentes para os clássicos, já que alguns desses servem como fundamento do instituto tema deste artigo, que é a origem da teoria do adimplemento substancial no direito brasileiro e sua aplicação no âmbito dos contratos imobiliários.

2.1. Princípio da boa-fé

O princípio da boa-fé está positivado no artigo 422 do Código Civil, abaixo transcrito:

> Art. 422. Os contratantes são obrigados a guardar, assim na conclusão do contrato, como em sua execução, os princípios de probidade e boa-fé.

Tal dispositivo, que é uma cláusula geral – fixa diretrizes de forma genérica, com o objetivo de propiciar a sua aplicação em situações variadas, acompanhando as transformações sociais do

---

[3] GOMES, Orlando. Op. Cit., p. 25.

contexto de sua aplicação –, impõe às partes deveres de pensar (boa-fé subjetiva) e de agir (boa-fé objetiva), de acordo com padrões éticos e morais vigentes, e isso ao longo de toda a relação contratual (formação, execução e conclusão do contrato). É o que ensina Carlos Roberto Gonçalves[4]:

> Denota-se, portanto, que a boa-fé é tanto na forma de conduta (subjetiva ou psicológica) como norma de comportamento (objetiva). Nesta última acepção, está fundada na honestidade, na retidão, na lealdade e na consideração para com os interesses do outro contraente, especialmente no sentido de não lhe sonegar informações relevantes a respeito do objeto e conteúdo do negócio.
>
> A boa-fé objetiva constituiu um modelo jurídico, na medida em que se reveste de variadas formas. Não é possível catalogar ou elencar, *a priori*, as hipóteses em que ela pode configurar-se porque se trata de uma norma cujo conteúdo não pode ser rigidamente fixado, dependendo sempre das concretas circunstâncias do caso. No entanto, essa imprecisão se mostra necessária num sistema aberto, para que o intérprete tenha liberdade de estabelecer o seu sentido e alcance em cada caso.

Ou seja, é princípio cujo escopo precípuo é fixar a necessidade de uma atuação proba, leal e honesta das partes contratantes, tanto no seu aspecto psicológico, quanto na sua conduta.

2.2. Princípio da função social

Como dito anteriormente, os contratos são utilizados como instrumentos reguladores de diversas relações, as quais repercutem social e economicamente. Essa característica demanda que os contratos sejam celebrados e executados visando atingir

---

[4] GONÇALVES, Carlos Alberto. **Direito civil brasileiro:** contratos e atos unilaterais. Vol. III. São Paulo: Saraiva, 2007, p. 35-36.

interesses das partes contratantes (considerando sempre a sua condição, capacidade e características), sem que isso ofenda ou atente à sociedade como um todo; seus valores, seus costumes e as ordens econômica e pública vigentes.

Sobre o assunto, é oportuna a transcrição das palavras de Antonio Jeová Santos[5]:

> A busca de cooperação entre as pessoas e a consecução do bem comum, a vivência dos valores da sociabilidade que podem tornar uma convivência menos turbulenta, é a nova visão do homem do direito incorporada pelo Código Civil de 2002. Esse novo entendimento, esse giro do patrimonialismo ou personalíssimo, visa, precipuamente, a justiça social, o equilíbrio nos negócios feitos diariamente e a busca inexorável e eficiente da proteção do mais fraco, do inexperto, de quem tem uma conduta leviana no ato de contratar, do necessitado, do homem que não pode se deixar engolir por outro mais astuto e esperto.
>
> A função social do contrato obriga a todos do mundo jurídico a harmonizar o direito com a vontade de lucrar muito e mais como é o próprio sistema capitalista. Além de enxergar o contrato como instrumento jurídico, terá de observar que ele tem forte conteúdo de justiça e utilidade [...].
>
> [...] é possível afirmar que o contrato atinge sua função social quando o dever de não lesar outrem é incorporado ao direito subjetivo, dever que condiciona o exercício e que se aproxima da busca de um satisfatório resultado social simultaneamente a esse social a ser atingido, o âmbito de poder do titular haverá de ser preservado, desde que não vulnere o fim social a que se destina o contrato.

---

[5] SANTOS, Antonio Jeová. **Função social:** lesão e onerosidade excessiva nos contratos. São Paulo: Método, 2002, p. 126-127.

Assim, nota-se que os contratos devem, obrigatoriamente, observar a sua função social, tanto para as partes que neles se vinculam, quanto para a sociedade, que poderá, eventualmente, vir a surtir efeitos reflexos desses acordos.

2.3. Princípio do equilíbrio econômico

O equilíbrio econômico, também denominado como princípio da equivalência das prestações, é igualmente uma regra de observância obrigatória durante a formação, execução e conclusão dos contratos. A sua aplicação traduz a necessidade de que as prestações e contraprestações guardem, ao longo de toda a relação contratual, uma equivalência entre si (correspondência), evitando-se, assim, a lesão, a onerosidade excessiva e o enriquecimento ilícito de alguma das partes. Ou seja, é o princípio que busca manter o denominado sinalagma contratual (vínculo de reciprocidade que une as obrigações[6]).

Tal princípio encontra-se presente no ordenamento jurídico brasileiro como fundamento de institutos que permitem, em determinadas hipóteses (quando o cumprimento ou execução do contato resultar em lesão ou onerosidade excessiva para alguma das partes), a revisão dos contratos (artigos 157, 478, 479 e 480 do Código Civil e artigo 6º, V do Código de Defesa do Consumidor). Sobre o tema:

> O relativo equilíbrio econômico entre prestação e contraprestação que deve presidir os contratos bilaterais e sinalagmáticos é quebrado ou pela lesão ou pela onerosidade excessiva. Ambas as hipóteses hoje em dia têm específica previsão legal no âmbito das relações jurídicas de consumo e no novo Código Civil. Porém, no campo do direito comum é por vezes a boa-fé chamada para

---

[6] *Sinalagma* in Dicionário da Língua Portuguesa com Acordo Ortográfico [em linha]. Porto: Porto Editora, 2003-2016. Disponível em: <http://www.infopedia.pt/dicionarios/lingua-portuguesa/sinalag>. Acesso em: 30 de maio de 2016.

ensejar a revisão das prestações lesionárias ou excessivamente onerosas, muito embora nem sempre os juízes realizem o correto discrime entre ambas[7].

Importa notar ainda que a possibilidade de revisão contratual, decorrente da inobservância do equilíbrio econômico, faz com que este princípio atue como limite a um dos mais importantes princípios clássicos do direito contratual, que é o da força obrigatória abaixo tratado.

2.4. Princípio da força obrigatória

O princípio da força obrigatória poderia ser bem definido no passado pelo seguinte brocardo: "o contrato faz lei entre as partes". Embora essa regra ainda tenha validade no direito moderno, já que o contrato vincula as partes, devendo ser cumprido em todos os seus termos, algumas injustiças ocasionadas pelo apego excessivo a este princípio causaram a sua relativização, havendo, hoje, ferramentas no ordenamento jurídico moderno que permitem a sua mitigação, para rever ou relativizar os efeitos de contratos quando verificada a violação a outros princípios de igual ou maior importância (boa-fé, função social, equilíbrio econômico etc.).

Assim, hodiernamente, deve-se compreender o princípio da força obrigatória como aquele que obriga os contratantes a cumprirem aquilo a que se comprometeram, desde que a sua observância não viole a boa-fé, função social, equilíbrio econômico etc.

2.5. Princípio da autonomia da vontade

O princípio da autonomia da vontade deve ser entendido como aquele que permite aos indivíduos exercerem suas vontades com certo grau de liberdade.

---

[7] MARTINS, Judith Costa. **Diretrizes teóricas no Código Civil Brasileiro.** São Paulo: Saraiva, 2002, p. 210-211.

Ele se encontra inserto em diversos dispositivos das normas vigentes (dentre os quais se citam os artigos 1º, IV, 5º e 170 da Constituição Federal, além do artigo 420 do Código Civil) e é conceituado por Maria Helena Diniz[8] nos seguintes termos:

> Consiste no poder das partes de estipular livremente, como melhor lhes convier, mediante acordo de vontades, a disciplina de seus interesses, suscitando, além de liberdade de criação do contrato, a liberdade de contratar ou não contratar, de escolher o conteúdo do contrato, limitadas pelas normas de ordem pública, pelos bons costumes e pela revisão judicial dos contratos.

Em outras palavras, é aquele que viabiliza às partes regularem as relações jurídicas de que participam, com estabelecimento de seu conteúdo e disciplina, desde que respeitados os princípios das normas previstas em nosso ordenamento jurídico[9].

2.6. Princípio do consensualismo

Contemporaneamente, também vigora em nosso sistema o princípio do consensualismo, entendido como aquele que desprende os contratos de um aspecto formal, permitindo admitir a sua existência pela simples manifestação de vontade das partes.

Significa, assim, dizer que os contratos podem ser celebrados, via de regra, sem a necessidade de observar uma forma posta, pois, ainda que o nosso ordenamento jurídico possua normas determinando um molde específico para alguns tipos de contratos (contratos solenes e reais), essas hipóteses são as exceções, conforme previsão expressa do artigo 107 do Código Civil, quando fixa que "a validade da declaração de vontade

---

[8] DINIZ, Maria Helena. **Curso de direito civil brasileiro:** teoria das obrigações contratuais e extracontratuais. Vol. 3. São Paulo: Saraiva, 2003, p. 42.

[9] AMARAL, Francisco. **Direito Civil**: introdução. Rio de Janeiro: Renovar, 2006, p. 61.

não dependerá de forma especial, senão quando a lei expressamente a exigir".

3. Formas de extinção dos contratos

Celebrado e executado o contrato em observância às regras de validade previstas no ordenamento e aos princípios acima mencionados, espera-se, como regra geral, que as obrigações sejam cumpridas e a avença extinta, por quitação regular do pactuado. É a chamada forma de extinção normal dos contratos, disciplinada nos artigos 319, 320, 322 e 323 do Código Civil.

Além do adimplemento regular, existem outras causas de extinção do contrato que se operam sem o efetivo cumprimento das obrigações pactuadas.

Algumas dessas causas extintivas existem desde a formação do contrato (são chamadas causas contemporâneas de extinção dos contratos) e outras surgem supervenientemente, após a sua celebração.

As causas de extinção presentes desde a formação do vínculo contratual materializam-se pelo direito de arrependimento[10] e por cláusulas resolutivas.

Dentre as cláusulas resolutivas, existem aquelas expressas, que são as situações previamente estipuladas pelas partes no instrumento contratual como ensejadoras do direito de pedir a rescisão da avença.

A previsão insculpida nestas cláusulas, se ocorrer, fará com que o contrato se extinga de pleno direito. Ou seja, independentemente de sentença judicial que reconheça a ocorrência da

---

[10] Maria Helena Diniz ensina: "O direito de arrependimento pode estar previsto no próprio contrato, quando os contratantes estipulam, expressamente, que o ajuste será rescindido, mediante declaração de vontade, se qualquer deles se arrepender de o ter celebrado, sob pena de pagar multa penitencial. Mas esse direito poderá decorrer da lei, como sucede nos casos do art. 49 da Lei n. 8.078/90 e do art. 420 do Código Civil." DINIZ, Maria Helena. Op. Cit., p. 42.

situação e declare, por conta disso, o término da relação (artigo 474 do Código Civil).

Afora as cláusulas resolutórias expressas, há outra hipótese de rescisão, também existente em todos os contratos desde a sua formação, contudo, por força de lei, e não da vontade das partes. É a regra trazida pelo artigo 475 do Código Civil, que faculta aos contratantes a possibilidade de recorrer ao judiciário para pedir rescisão da avença em caso de inadimplemento das obrigações por algumas das partes[11].

Tal dispositivo fixa a denominada cláusula resolutória tácita, cuja incidência depende de interpelação judicial (artigo 474 do Código Civil).

As hipóteses de resolução expressas e tácitas não encerram as causas de extinção do vínculo obrigacional. Isso porque, ao longo da relação contratual, podem ocorrer situações esperadas ou inesperadas, as quais, em determinadas hipóteses, impossibilitam a parte de dar cumprimento ao assumido. Tais causas supervenientes estão também positivadas em nosso ordenamento jurídico. É o que se verifica nos casos em que ocorre a morte de uma das partes para alguns tipos de contratos (artigos 607, 628, II, 702, 836, dentre outros do Código Civil); quando ocorre a perda da coisa objeto da negociação (artigo 234 do Código Civil); ou quando, por eventos supervenientes e inesperados no momento da celebração da avença, o cumprimento da obrigação acabe por acarretar onerosidade excessiva para alguma das partes (artigo 478 do Código Civil).

A possibilidade de resolução por onerosidade excessiva tratou-se de inovação legislativa positivada com o advento do Código Civil de 2002 e de suma importância, pois antevê even-

---

[11] Art. 475: A parte lesada pelo inadimplemento pode pedir a resolução do contrato, se não preferir exigir-lhe o cumprimento, cabendo, em qualquer dos casos, indenização por perdas e danos.

tuais modificações no cenário econômico com escopo de garantir o equilíbrio financeiro da avença.

Acerca da possibilidade de resolução por onerosidade excessiva, ensina Caio Mário Pereira da Silva[12]:

> Admitindo-se que os contratantes, ao celebrarem a avença, tiveram em vista o ambiente econômico contemporâneo, e previram razoavelmente para o futuro, o contrato tem de ser cumprido, ainda que não propicie às partes os benefícios esperados.
>
> Mas, se tiver ocorrido modificação profunda nas condições objetivas coetâneas da execução, em relação às envolventes da celebração, imprevistas e imprevisíveis em tal momento, e geradoras de onerosidade excessiva para um dos contratantes, ao mesmo passo que para o outro proporciona lucro desarrazoado, cabe ao prejudicado insurgir-se e recusar a prestação. Não justifica uma apreciação subjetiva do desequilíbrio das prestações, porém a ocorrência de um acontecimento extraordinário, que tenha operado a mutação do ambiente objetivo, em tais termos que o cumprimento do contrato implique em si mesmo e por si só enriquecimento de um e empobrecimento do outro. Para que se possa invocar a resolução por onerosidade excessiva é necessário que ocorram requisitos de apuração certa, explicitados no art. 478 do Código Civil: *a)* a vigência de um contrato de execução diferida ou continuada; *b)* alteração radical das condições econômicas objetivas no momento da execução, em confronto com o ambiente objetivo no da celebração; *c)* onerosidade excessiva para um dos contratantes e benefício exagerado para o outro; *d)* imprevisibilidade daquela modificação. [...]
>
> Nunca haverá lugar para a aplicação da teoria de imprevisão naqueles casos em que a onerosidade excessiva provém da álea normal e não do acontecimento imprevisto, como ainda nos con-

---

[12] PEREIRA, Caio Mário da Silva. **Instituições de direito civil**. Vol. III. Rio de Janeiro: Forense, 2009, p. 165-167.

tratos aleatórios, em que o ganho e a perda não podem estar sujeitos a um gabarito determinado.

3.1. Hipóteses de relativização das causas extintivas

Eduardo Bussata[13] ensina que a resolução é o remédio jurídico posto à disposição dos contratantes para que busquem a dissolução do vínculo contratual quando a outra parte descumprir a prestação ou o dever contratual a que estava legalmente obrigada, cuja função básica é proteger o objetivo fundamental da negociação (justamente a troca de prestações), que fica afastada pelo descumprimento de uma delas.

Não se pode perder de vista, contudo, que os contratos são instrumentos jurídicos disponibilizados para a disciplina social (reguladora das relações entre sujeitos) e econômica (circulação de bens e riquezas). Diante disso, e até em atenção aos princípios basilares que disciplinam o instituto no Brasil – acima abordados –, em algumas hipóteses, é de suma importância que, ao invés da rescisão, haja a preservação da avença, já que extinção do vínculo poderá acarretar efeitos mais nefastos às partes.

E a necessidade de preservação dos contratos não passou despercebida pelo legislador pátrio, que, ciente da relevância social do instituto, como exposto acima, fez constar no Código Civil os artigos 478, 479 e 480, que tratam da possibilidade de revisão dos contratos no caso de onerosidade excessiva. Confira-se:

> Art. 478. Nos contratos de execução continuada ou diferida, se a prestação de uma das partes se tornar excessivamente onerosa, com extrema vantagem para a outra, em virtude de acontecimentos extraordinários e imprevisíveis, poderá o devedor pedir

---

[13] BUSSATA, Eduardo Luiz. **Resolução dos contratos e teoria do adimplemento substancial**. 2. Ed. São Paulo: Saraiva, 2008, p. 93-94.

a resolução do contrato. Os efeitos da sentença que a decretar retroagirão à data da citação.

Art. 479. A resolução poderá ser evitada, oferecendo-se o réu a modificar equitativamente as condições do contrato.

Art. 480. Se no contrato as obrigações couberem a apenas uma das partes, poderá ela pleitear que a sua prestação seja reduzida, ou alterado o modo de executá-la, a fim de evitar a onerosidade excessiva.

A melhor interpretação desses dispositivos revela que a possibilidade da resolução por onerosidade excessiva pode ser evitada ou afastada se a outra parte ou se o juiz modificar as condições do contrato. É o que bem ensina Orlando Gomes[14]:

> Consoante dicção do art. 480, na hipótese de as obrigações caberem a apenas uma das partes (contrato unilateral), pode o devedor demandar a redução de sua prestação ou a alteração do modo de executá-la, a fim de eliminar a excessiva onerosidade.

Uma leitura mais apressada dos artigos em exame poderia levar a concluir que a ação de revisão contratual é admitida em se tratando de contratos unilaterais. Isso porque o art. 478, ao contrário do art. 480, não refere expressamente essa possibilidade. Ao contrário. O art. 479 parece atribuir ao réu (o credor da prestação tornada excessivamente onerosa) a exclusividade da iniciativa de promover a alteração equitativa do contrato, restando somente a ação de resolução.

Este, contudo, não é o entendimento mais adequado. Inicialmente, o art. 478 do Código Civil deve ser interpretado à luz do princípio da *conservação dos negócios jurídicos*, pelo qual se deve procurar conservar o máximo possível do negócio jurídico realizado, tanto no que diz respeito à sua existência quanto à sua validade

---

[14] GOMES, Orlando. **Contratos**. Rio de Janeiro: Forense, 2008, p. 216-217.

e eficácia. Tal princípio é admitido com certa amplitude, no sistema jurídico brasileiro. Ademais, o art. 317 (que expressamente admite a *correção* do valor da prestação devida) e os demais dispositivos do Código Civil de 2002 atinentes a contratos específicos (v.g., art. 620, sobre a empreitada; e o art. 770, parte final, sobre o seguro), demonstram sem dificuldade que o sistema do Código permite que a parte cuja prestação tornou-se excessivamente onerosa pleiteie a revisão do contrato (para reduzir ou modificar a prestação), quer se trate de contratos sinalagmáticos ou de contratos unilaterais.

A posição foi consagrada no enunciado nº 176, aprovado na III Jornada de Direito Civil: '*Em atenção ao princípio da conservação dos negócios jurídicos, o art. 478 do Código Civil de 2002 deverá conduzir, sempre que possível, à revisão judicial dos contratos e não à resolução contratual*' (RA).

Tais artigos assumem importante papel, na medida em que viabilizam a manutenção dos contratos com objetivo de preservação da sua finalidade econômica e social.

Ocorre que o direito positivado nem sempre consegue acompanhar a evolução social. A possibilidade de revisão judicial dos contratos nos casos de onerosidade excessiva, na forma prevista pelos artigos 478, 479 e 480, consagra uma importante medida de preservação de interesses individuais e coletivos, mas seu âmbito de aplicação não consegue abarcar todas as hipóteses nas quais a resolução do contrato não se afigura como o melhor remédio para a parte inadimplente.

Exemplos disso podem ser identificados em alguns casos de impossibilidade de cumprimento de pequena parcela da prestação contratual, seja ela acessória ou principal. Nessas determinadas hipóteses, a impossibilidade de honrar o pactuado não deveria ensejar o rompimento do vínculo; e isso em razão dos prejuízos inversos maiores que seriam causados à parte devedora.

Imagine-se, para melhor ilustrar a situação supra, que, em um contrato de compra e venda de imóvel, com pagamento a prazo, o comprador deixe de pagar apenas uma das 200 prestações devidas. Caso o credor ingressasse em juízo, pedindo a resolução por inadimplemento, a única saída que caberia ao comprador inadimplente seria, se presentes os requisitos previstos nos artigos 478, 479 e 480 do Código Civil, requerer a revisão da avença para obter, eventualmente, a facilitação do pagamento da parte final.

Contudo, se o devedor não puder, por qualquer motivo, honrar essa parte final naquele momento, ou se no caso em análise não restar configurado eventos que permitissem a sua revisão na forma disciplinada pelos artigos 478, 479 e 480 do Código Civil (fatos supervenientes e inesperados no momento da celebração da avença), o contrato seria, à luz das regras positivadas em nosso ordenamento, rescindido, fazendo com que o comprador, além de perder o bem, tivesse ainda que suportar a multa rescisória e eventuais outras penalidades.

E isso ocorreria porque, de fato, não há em nosso ordenamento jurídico dispositivo expresso que dê respaldo à manutenção dos contratos no caso de inadimplemento irrisório; condição essa que poderia, em um primeiro momento, acarretar diversos prejuízos.

Sucede que o desfecho rescisório nessa hipótese, a despeito de em aparente conformidade com o que dispõe o artigo 475 do Código Civil, resultaria em violação aos princípios do equilíbrio econômico, da função social e da boa-fé objetiva, fazendo com que o exercício da pretensão rescisória pelo credor, se levado a cabo, resultasse em abuso de direito; conduta essa também vedada pelo artigo 187 do Código Civil, quando estabelece que "também comete ato ilícito o titular de um direito que, ao exercê-lo, excede manifestamente os limites impostos pelo seu fim econômico ou social, pela boa-fé ou pelos bons costumes".

É o que ensina Menezes de Cordeiro[15]:

> Diz-se, então, que o abuso de direito existe quando o exercício do direito não possa ter outro fim que não seja o de causar dano a outrem; ou que o abuso de direito existe quando o direito é exercido fora de seu objetivo e da razão justificativa de sua existência e só com o fim de causar dano a outrem. Ocorrem, nesta linha, ainda, referências a ofensas clamorosas, ao sentimento de justiça ou similares que, mantendo um discorrer central sobre uma jussubjectivação exacerbada, integram o figurino histórico inicial do abuso de direito.

Ainda sobre o tema, é oportuna a transcrição das lições do Professor Daniel Martins Boulos[16]:

> Basta, para caracterizar a hipótese normativa do artigo 187 (e, portanto, o abuso qualificado pela lei de ilícito), que o titular de um direito, ao exercê-lo, exceda manifestamente os limites impostos pela boa-fé, pelos bons costumes ou pelo fim social ou econômico do referido direito. A análise do exercício do direito, portanto, será levada a efeito de forma objetiva. Se, objetivamente, tais limites forem ultrapassados, ainda que o titular sequer tenha consciência disso, o abuso estará caracterizado.

Assim, e para que haja harmonia do ordenamento jurídico como um todo, à luz de uma situação análoga ou semelhante à citada acima, demanda-se mitigar a incidência da previsão inscrita no artigo 475 do Código Civil.

---

[15] MENEZES DE CORDEIRO, Antonio Manuel. **Da Boa-fé no Direito Civil.** Coimbra: Almedina, 2011, p. 891.
[16] BOULOS, Daniel Martins. **Abuso de Direito no novo Código Civil.** São Paulo: Método, 2006, p. 139.

Nesse contexto é que se insere a teoria do adimplemento substancial, objeto deste artigo. Importada do direito inglês e aplicada pelos operadores do direito brasileiro a partir da interpretação das normas e princípios postos em nosso ordenamento, mesmo sem previsão expressa inserta nas normas vigentes, o seu objetivo é coibir eventuais abusos ocasionados pela rescisão contratual no caso de descumprimento ínfimo da prestação.

É o que se verá a seguir, valendo ressaltar que a ausência de previsão expressa desse instituto no ordenamento jurídico não deve ser vista como um obstáculo à sua aplicação para consagração da justiça, pois, como bem ensina o ilustre jurista Miguel Reale[17], o direito não pode ser visto como um conjunto de regras postas e imutáveis, tendo, por isso, que ser estudado e como norma, valor e fato social, para que seja aplicado com consideração às necessidades sociais e aos valores éticos vigentes em determinado momento histórico. Vejamos:

> Nos limites compatíveis com a natureza das ciências humanas, creio que a teoria tridimensional do direito atende a esses três pressupostos, pois ela vem, fora de dúvida, integrar em unidade orgânica, conteúdos antes dispersos, vistos separadamente, ora como fato, ora como valor, ora como norma; permite uma representação simbólica dos dados que compõe a experiência jurídica, correlacionando-os dialeticamente, de maneira que os três fatores componentes se desenvolvam inter-relacionados no tempo, com possibilidade de prever-se, embora de maneira conjectural (e a conjectura é reconhecida, hoje em dia, como um dos elementos inerentes ao conhecimento científico), como eles poderão se influir reciprocamente, inclusive em função da superveniência de novas mutações factuais, axiológicas e normativas.

---

[17] REALE, Miguel. **Teoria Tridimensional do direito**. São Paulo: Saraiva, 1994, p. 152.

4. A teoria do adimplemento substancial
4.1. Origem

Eduardo Luiz Bussata[18] ensina que a possibilidade de rescindir o contrato por descumprimento do acordado (reconhecida somente no direito canônico e positivada no direito francês, com a edição do artigo 1.184 do Código de Napoleão) teve a extensão da sua aplicabilidade questionada em diversos momentos históricos, em razão das injustiças ocasionadas pela sua aplicação indistinta, nas hipóteses de descumprimento parcial e mínimo das obrigações.

Neste sentido, mais adiante, nasceu no direito inglês a posição de que apenas o descumprimento de um dever essencial, que tivesse o condão de afetar diretamente a economia do contrato, poderia dar azo à resolução da avença, ao passo que o descumprimento parcial – de um dever acessório ou colateral – facultaria à parte lesada pelo inadimplemento reclamar apenas as perdas e danos.

Foi a ideia defendida por Lord Mansfield, no julgamento do emblemático caso Boone versus Eyre, em 1779, no que ocorreu o seguinte:

> Boone demandou contra Eyre, pois este atrasou o pagamento estipulado pelas partes no contrato. O contrato firmado propunha ao Eyre o pagamento de 500 libras e uma renda anual de 160 libras a Boone contanto que este transferisse a propriedade de uma plantação nas Antilhas, com os escravos que ali viviam, garantindo seu domínio e posse pacíficos. Eyre atrasou o pagamento e Boone estava cobrando o que tinha de direito em juízo (400 libras de renda atrasada) e Eyre alegava que a obrigação

---

[18] BUSSATA, Eduardo Luiz. **Resolução dos contratos e teoria do adimplemento substancial**. 2. Ed. São Paulo: Saraiva, 2008, p. 38-42.

não tinha sido cumprida por Boone, pois não garantiu o domínio sobre os bens alienados não existindo mais escravos. Lord Mansfield julgou procedente, entendendo que o comprador não estava dispensado de pagar o convencionado, pois distinguia em um contrato as obrigações dependentes, chamadas de "conditions" e as obrigações independentes. No caso em questão não configurava uma obrigação dependente, ou seja, não eram cláusulas essenciais, constituindo a própria substância do contrato, cujo cumprimento era imprescindível. Considerou uma obrigação secundária se resolvendo somente em perdas e danos e não cabendo a resolução do contrato. Sendo assim, essa doutrina é antiga no sistema da Common Law, passando a ter maior relevância com a reforma do judiciário de 1873, impedindo efeitos negativos a uma parte em benefício de outra. Como visto, a doutrina do adimplemento substancial surgiu no Direito Inglês, pertencente à família da Common Law.

Tal decisão, ao sedimentar a ideia de que o inadimplemento de dever contratual não essencial não poderia, via de regra, ensejar o fim da relação contratual, consagrou a teoria da *substantial performance*.

A ideia caminhou pelos ordenamentos jurídicos de diversos países, sofrendo modificações que fizeram com que a sua aplicabilidade fosse não tão associada pura e simplesmente ao caráter principal (*condition*) ou acessório (*warranty*) da obrigação, mas sim à gravidade do descumprimento. Ou seja, à avaliação das consequências ocasionadas pelo descumprimento obrigacional da parte inadimplente.

4.2. Incorporação da teoria no direito brasileiro

A visão "evoluída" da teoria – interpretada de forma mais abrangente do que a criada no direito inglês – foi a ideia consagrada na Convenção das Nações Unidas sobre Contratos de Compra e Venda Internacional de Mercadorias[19] (Convenção de Viena, de 1980, cujo texto foi promulgado no Brasil pelo Decreto nº 8.327/2014), incorporada pelos doutrinadores e operadores do direito brasileiro, visando solucionar situações como aquelas mencionadas acima, nas quais o fim da avença causaria injustiça à parte inadimplente.

É o que ensina Araken de Assis[20]:

> O adimplemento ruim pode versar uma parte modesta, ou diminuta e ou infinitesimal da prestação. O direito inglês cunhou, a respeito, a doutrina da *substantial performance*.
> Porém, Bernard Gilson reporta a aplicação ocasional da tese. Os tribunais do Reino Unido utilizam outro fundamento, embora direcionado a idêntica finalidade, e se valem da destinação, muito explorada, entre obrigação principal e acessória (*warranty*), pois o descumprimento da última não provoca *tout court* à resolução. Efetivamente, cômoda parece a subsunção do inadimplemento mínimo em algum dever correlato à obrigação principal, talvez o de lealdade, que permeia a vida do contrato, tergiversando a própria base de atuação da *substantial performance*.
> Em relação ao sistema pátrio, o ordenamento britânico monta certa distância, cuja medida exata ostenta imprescindível ao ajustamento e à absorção local dessa teoria restringente do remédio

---

[19] Artigo 25 – A violação ao contrato por uma das partes é considerada como essencial se causar à outra parte prejuízo de tal monta que substancialmente a prive do resultado que poderia esperar do contrato, salvo se a parte infratora não tiver previsto e uma pessoa razoável da mesma condição e nas mesmas circunstâncias não pudesse prever tal resultado.
Artigo 71 – (1) – Uma parte poderá suspender o cumprimento de suas obrigações se, após a conclusão do contrato, tornar-se evidente que a outra parte não cumprirá parcela substancial de suas obrigações, devido:
(a) a grave insuficiência em sua capacidade de cumpri-las, ou em sua solvência; ou
(b) à maneira como se dispõe a cumprir ou como cumpre o contrato. [...]
[20] Assis, Araken de. **Resolução do contrato por inadimplemento**. São Paulo: Revista dos Tribunais, 2004, p. 129-134.

resolutivo. O inadimplemento do contratante, aqui e lá, enseja o desfazimento do pacto, sem embargo da opção pela demanda de cumprimento. Todavia, enquanto a resolução (legal: originária de cláusula expressa ao lado de espécies de outras consagradas em cada sistema, opera de modo automático) efetiva-se, consoante a regra dos ordenamentos hauridos da matriz continental, obrigatoriamente mediante ação constitutiva promovida pelo 'lesado', o parceiro fiel britânico goza, ao invés, de um poder inerente à esfera privada: seu exercício leva-o a prescindir da intervenção judicial. Ao figurante inconformado, insubmisso ou injustiçado com a pátina de inadimplente, e só a ele, tocará obter a declaração judicial de que o comportamento do primeiro parceiro denota intolerância e que o contrato permanece eficaz. [...]

É bastante natural que, em alguns casos, se repute o descumprimento minimamente gravoso, e pouco prejudicial ao projeto de benefícios recíprocos consoante do contrato. [...]

A importação da *substantial performance* se opõe, inicialmente, à natureza do inadimplemento – absoluto –, verificado nos precedentes mencionados [...]

Então, a hipótese estrita de adimplemento substancial – descumprimento de parte mínima – equivale, no direito brasileiro, grosso modo, ao adimplemento chamado insatisfatório: ao invés de infração a deveres secundários, existe discrepância qualitativa de irrelevante na conduta do obrigado. Em tais termos, a solução do problema se acomoda ao regime comum e usual. O juiz avaliará a existência ou não da utilidade da prestação, segundo determina o art. 398, parágrafo único, do CC-02.

Os primeiros trabalhos sobre o tema, no Brasil, couberam ao ilustre jurista Clóvis do Couto e Silva[21], que definiu o adim-

---

[21] Do Couto e Silva, Clóvis. O Princípio da Boa-Fé no Direito Brasileiro e Português in **Estudos de Direito Civil Brasileiro e Português**. São Paulo: Revista dos Tribunais, 1980, p. 56.

plemento substancial como "um adimplemento tão próximo ao resultado final, que, tendo-se em vista a conduta das partes, exclui-se o direito de resolução, permitindo-se tão somente o pedido de indenização e/ou adimplemento, de vez que a primeira pretensão viria a ferir o princípio da boa-fé (objetiva)".

O doutrinador, que também era professor, além de realizar os primeiros trabalhos sobre o tema, difundiu a teoria.

Em texto elaborado à revista eletrônica do Consultor Jurídico e publicado em 9 de fevereiro de 2015, Antonio Carlos Ferreira[22], então Ministro do Superior Tribunal de Justiça, conta que "nas aulas na pós-graduação, Clóvis do Couto e Silva apresentou a seus discentes vários institutos do Direito Comparado, como a violação positiva do contrato, a perturbação das prestações, a quebra da base do negócio e o adimplemento substancial".

O Ministro revela, ainda, que "um de seus mais brilhantes alunos era Ruy Rosado de Aguiar Júnior", então desembargador no Tribunal de Justiça do Rio Grande do Sul, que foi a quem primeiro coube a aplicação da teoria no direito nacional, em julgamento realizado no ano de 1989, durante a análise de pedido de rescisão formulado por construtora contra um dos adquirentes das unidades postas à venda.

Aquele voto do Des. Ruy Rosado de Aguiar Júnior foi levado a julgamento e mantido por votação unânime pelos demais desembargadores da Quinta Câmara Cível do Tribunal de Justiça do Rio Grande do Sul. O acórdão ficou assim ementado:

CONTRATO. RESOLUÇÃO. ADIMPLEMENTO SUBSTANCIAL. 1. **A constrututora que demora na entrega do aparta-**

---

[22] FERREIRA, Antonio Carlos. A interpretação da doutrina do adimplemento substancial (Parte 1). **Revista Consultor Jurídico**, de 9 de fevereiro de 2015, 8h00. Disponível em: <http://www.conjur.com.br/2015-fev-09/direito-civil-atual-interpretacao-doutrina-adimplemento-substancial-parte>. Acesso em: 31 de maio de 2016.

mento, criando com isso séria dificuldade para o comprador, **não pode pretender a resolução do negócio,** em prejuízo do comprador, **apenas porque este não quis suportar sozinho os ônus da demora.** 2. Improcedência também da ação consignatória proposta pelo comprador, que depositou quantias insuficientes. Porém, **tendo ele cumprido substancialmente sua obrigação, o contrato deve ser mantido.** (TJ/RS, Apelação nº 589016534, Quinta Câmara Cível, Relator: Ruy Rosado de Aguiar Júnior, julgado em 02/05/1989) (Grifo nosso).

Passados alguns anos, em 1996, o mesmo Ruy Rosado de Aguiar Júnior, que havia sido nomeado para o Superior Tribunal de Justiça e ocupava o cargo de Ministro na Corte, aplicou novamente a teoria, analisando, nessa oportunidade, contrato de seguro. Confira-se a decisão da Corte Superior:

> Seguro. Inadimplemento da segurada. **Falta de pagamento da última prestação. Adimplemento substancial.** Resolução. **A companhia seguradora não pode dar por extinto o contrato de seguro, por falta de pagamento da última prestação do prêmio,** por três razões: *a)* sempre recebeu as prestações com atraso, o que estava, aliás, previsto no contrato, sendo inadmissível que apenas rejeite a prestação quando ocorra o sinistro; *b)* **a seguradora cumpriu substancialmente com a sua obrigação,** não sendo a sua falta suficiente para extinguir o contrato; *c)* **a resolução do contrato deve ser requerida em juízo, quando será possível avaliar a importância do inadimplemento, suficiente para a extinção do negócio.** Recurso conhecido e provido. (STJ, REsp nº 76.362/MT, Rel. Ministro Ruy Rosado De Aguiar, Quarta Turma, julgado em 11/12/1995, DJ 01/04/1996, p. 9917) (Grifo nosso).

Esse julgado, que foi o primeiro do Superior Tribunal de Justiça sobre a teoria, é visto como referência no assunto até hoje, pois fixou como requisitos para reconhecer o adimplemento substancial: *(i)* a existência de expectativas legítimas do devedor, estas geradas pelo comportamento do credor; *(ii)* o caráter ínfimo da parcela faltante, se considerado o total do negócio e; *(iii)* a possibilidade de conservação da eficácia do negócio sem prejuízo ao credor, que pode pleitear a quantia devida pelos meios ordinários.

Afora tais requisitos, analisando os acórdãos acima mencionados, percebe-se ainda que a aplicação da teoria no direito nacional, a despeito de não estar positivada nas normas vigentes, encontrou espaço e fundamento nas já citadas cláusulas gerais e nos princípios basilares que regem o direito contratual (boa-fé objetiva, equilíbrio econômico e função social), cuja importância já foi abordada neste artigo.

É o que bem ensina Eduardo Luiz Bussata[23]:

> Convencido de sua incapacidade de regrar todas as multifacetadas situações em que o sujeito vive, o legislador passa a valer-se de cláusulas gerais, cuja linguagem intencionalmente vaga permite ao juiz valer-se de dados, valores, inclusive metajurídicos, para decidir o caso. Novos princípios orientam o contrato. Segundo Antonio Junqueira de Azevedo, três são esses novos princípios contratuais: o princípio da boa-fé objetiva, o da função social do contrato e o princípio do equilíbrio econômico do contrato. Tem-se que eles não afastam os princípios anteriores, mas sim os complementam ou, se assim se preferir, mitigam os seus efeitos, na medida em que os rigorismos são afastados para dar lugar à justiça contratual e à satisfação dos legítimos anseios dos contratantes, impedindo, assim, que o contrato sirva de instrumento para subjugar um dos contratantes ao outro.

---

[23] BUSSATA, Eduardo Luiz. Op. Cit. p. 64-65.

Seja pelo conteúdo ético que possui, seja pelo histórico que apresenta, o princípio da boa-fé objetiva, sem sombra de dúvida, figura o mais importante de todos os princípios, à medida que realmente permite, por meio das suas especializações funcionais, a obtenção de justiça do caso concreto, especialmente ao admitir que o magistrado, ao julgar determinado caso contratual que lhe foi posto, passa a atentar aos meandros e peculiaridades do caso concreto, a fim de proferir uma decisão justa, que se apresente mais vantajosa em termos de custo social, ainda que contrária ao sentido literal de determinada regra. Enfim, a boa-fé erige-se em elemento substancial da evolução do direito que, com insistência, denomina-se "a socialização do direito".

Mas não só a boa-fé objetiva, o equilíbrio econômico e a função social fundamentam o instituto. Ao lado deles, também dão respaldo à teoria do adimplemento substancial os princípios da proporcionalidade, da conservação dos negócios jurídicos e da vedação ao abuso de direito. É o que bem anotam Cristiano Chaves de Farias e Nelson Rosenvald:

> Pois bem, em contratos como a promessa de compra e venda e a alienação fiduciária não são raras as situações em que o contratante praticamente liquida o débito, porém, ao final do negócio jurídico, sucumbe diante de pequena parcela do contrato. Em tese, o credor poderá ajuizar ação de reintegração de posse ou busca e apreensão e reaver o bem imóvel ou móvel, como surgimento da pretensão ao crédito, decorrente da lesão ao direito patrimonial. Nada obstante, a perda do bem necessário (apartamento, automóvel) é um sacrifício excessivo ao devedor, em face do pequeno vulto do débito. Na linha do princípio constitucional da proporcionalidade, o desfazimento do contrato pode impor um sacrifício excessivo a uma das partes, comparativamente à opção de manutenção do contrato. Na falta de uma pequena parcela para

o alcance do adimplemento, é coerente que o credor procure a tutela adequada à percepção da prestação faltante (v.g., ação de execução ou monitória), e não a pura e simples resolução contratual. Daí a abusividade do exercício do direito resolutório, concedendo-se ao credor a possibilidade de ajuizar a ação necessária ao recebimento do crédito.[24]

Por fim, outro importante pilar de sustentação da teoria no âmbito do direito nacional formou-se a partir dos julgados acima citados, os quais serviram como precedentes que embasaram outras decisões sobre o tema.

Assim, o que se conclui é que a teoria do adimplemento substancial, introduzida no direito brasileiro, estabelece um limite para incidência do direito de pedir a resolução contratual.

De fato, segundo a teoria, o direito de pedir a resolução contratual depende de que o inadimplemento atinja substancialmente a obrigação, de modo que, se a parcela da obrigação inadimplida ainda tiver utilidade para o credor, o pedido resolutório pode ser interpretado como exercício abusivo do direito, por contrariar o princípio da boa-fé objetiva, que preconiza a necessidade de as partes buscarem a satisfação dos interesses comuns, evitando, na medida do possível, danos uma à outra.

5. Expansão e aplicação da teoria no Brasil
5.1. Aceitação da teoria do adimplemento substancial no direito brasileiro

Passados mais de 25 anos desde o primeiro julgado que aplicou a teoria do adimplemento substancial no Brasil, hoje ela tem ampla aceitação, não havendo dúvida quanto à sua existência e legalidade.

---

[24] FARIAS, Cristiano Chaves de; ROSENVALD, Nelson. **Curso de Direito Civil:** Contratos. Salvador: Jus Podium, 2014, p. 541-542.

Em 2006, durante a IV Jornada de Direito Civil, o Conselho da Justiça Federal aprovou o enunciado de nº 361, que consagrou o instituto da seguinte forma:

> Arts. 421, 422 e 475: O adimplemento substancial decorre dos princípios gerais contratuais, de modo a fazer preponderar a função social do contrato e o princípio da boa-fé objetiva, balizando a aplicação do art. 475.

Os mais renomados juristas brasileiros também tratam do tema sem qualquer ressalva ou oposição, reconhecendo o instituto e a sua plena aplicabilidade.

Abaixo, seguem exemplos de algumas das lições que visam definir e dar contornos à teoria do adimplemento substancial:

> Considera-se, a propósito, seja forçoso reconhecer que a boa-fé objetiva, sem dúvida um princípio básico à obrigação como um todo, e se destarte não diz apenas com a questão do pagamento, sobre ela deita sensível influência. De um lado, e tal qual logo abaixo se referirá, permeia ou mesmo fixa um mais dilargado conteúdo especialmente ao princípio da exatidão do pagamento. De outro, dá o tom da chamada teoria do adimplemento substancial (*substantial performance*), matéria que claramente afeta ao cumprimento da obrigação, assim ao pagamento, de ocorrência hoje comum no campo dos contratos. Nestes casos, posto que incompleto o adimplemento, ainda que imperfeita a prestação, a conduta do devedor leva quase ao resultado final da obrigação, assim mantida, garantindo-se o direito ao cumprimento coativo ou mesmo indenização, mas afastando-se a resolução requerida pelo credor[25].

[25] GODOY, Cláudio Luiz Bueno de. Adimplemento e extinção das obrigações. Pagamento. Noção. Aspectos subjetivos. De quem deve pagar. Daqueles a quem se deve pagar, in **Obrigações**. Renan Lotufo e Giovanni Ettore Nanni (coord.), São Paulo: Atlas, 2011, p. 299.

Não é qualquer inadimplemento que leva à resolução do contrato, mas somente o substancial. A sanção radical da extinção do contrato deve corresponder à falta de proporcional gravidade, sob pena de se violar o princípio da boa-fé objetiva, na sua função de controle. O melhor entendimento, adotado por inúmeros julgados do Superior Tribunal de Justiça, é o de que a extinção do contrato por inadimplemento do devedor somente se justifica quando a mora causa ao credor dano de tal envergadura que já não lhe interessa o recebimento da prestação devida, pois a economia do contrato está afetada. O Ministro Ruy Rosado de Aguiar Júnior, no julgado líder, assentou posição de que "o adimplemento substancial do contrato pelo devedor não autoriza ao credor a propositura de ação para a extinção do contrato, salvo se demonstrada a perda do interesse na continuidade da execução, que não é o caso" (REsp. 272.739/MG).

Em outras palavras, o exercício do direito potestativo de resolução do contrato deve guardar correlação com a relevância do inadimplemento, sob pena de se converter em abuso de direito. É o que a melhor doutrina insere como uma das facetas do princípio da boa-fé objetiva, denominada exercício desequilibrado de direitos (*inciviliter agere*), em que há manifesta desproporção entre a vantagem auferida pelo titular de um direito e o sacrifício imposto à contraparte, ainda que não haja o propósito de molestar. São casos em que o titular de um direito age sem consideração pela contraparte.

O reconhecimento de que do inadimplemento surgiu um dano bastante grave para que se decrete a extinção do contrato depende da avaliação do valor desse dano. Para isso não será levada em linha de conta a quantidade de dano causado à parte, mas sim o grau de ofensa à economia do contrato, pois é em função dela que há de se ponderar a gravidade da infração, não apenas pelo efetivo prejuízo causado ao credor.

Caso típico da incidência da teoria do adimplemento substancial é o do compromisso de compra e venda com preço diferido ao longo do tempo, quando restam apenas algumas poucas parcelas sem pagamento. As parcelas já pagas atingem percentual elevado do preço total, de modo que o equilíbrio contratual já não é rompido pelo descumprimento. Em tal caso, pode o promitente vendedor executar as parcelas faltantes do preço, mas não pedir a resolução do contrato. Aplica-se então a teoria da mitigação (*doctrine of mitigation*), segundo a qual o credor deve colaborar, apesar da inexecução do contrato, para que não se agrave, por sua ação, o resultado danoso[26].

[...] vale referir a teoria do adimplemento substancial da obrigação, que veda ao credor o exercício do direito de rescisão do contrato, ainda quando a norma contratual ou legal a preveja, se a prestação pactuada foi substancialmente satisfeita pelo devedor. Segundo Teresa Negreiros, referida teoria tem por fundamento o princípio da boa-fé, na esteira de sua função de limitar o exercício de direitos subjetivos: 'a substancialidade do adimplemento, apurada conforme as circunstâncias, e em vista da finalidade econômico-social do contrato em exame, garante a manutenção do equilíbrio entre as prestações correspectivas, não chegando o descumprimento parcial a abalar o sinalagma'[27].

[...] o adimplemento substancial consiste em um resultado tão próximo do almejado, que não chega a abalar a reciprocidade, o sinalagma das prestações correspectivas. Por isso mantém-se o contrato, concedendo-se ao credor direito a ser ressarcido pelos defeitos da prestação, porque o prejuízo, ainda que secundário, se existe deve ser reparado.[28]

[26] LOUREIRO, Francisco Eduardo. Responsabilidade Civil no Compromisso de Compra e Venda, in **Responsabilidade Civil e sua Repercussão nos Tribunais.** São Paulo: Saraiva, série GVlaw, 2009, 2ª edição, p. 204-206.
[27] TEPEDINO, Gustavo; BARBOZA, Heloisa Helena; MORAES, Maria Celina Bodin de. **Código Civil Interpretado conforme a Constituição da República.** Rio de Janeiro: Renovar, 2007, p. 697-698.
[28] BECKER, Anelise. A doutrina do adimplemento substancial no Direito brasileiro e em perspectiva comparativa. **Revista da UFRGS**, n. 9, Livraria do Advogado, Porto Alegre, 1993, p. 63.

Trata-se de um parâmetro fundado fundamentalmente na utilidade da prestação para o credor ou mesmo o cumprimento da função econômico-social do contrato.[29]

A jurisprudência também não diverge quanto à possibilidade de aplicação da teoria no direito brasileiro.

O Ministro Antonio Carlos Ferreira[30], já citado neste texto, em um segundo artigo elaborado à revista eletrônica Consultor Jurídico, buscando fazer uma análise sobre a sua aceitação e aplicabilidade, no âmbito do Colendo Superior Tribunal de Justiça, comenta a pesquisa que realizou junto à base de dados de jurisprudência daquela Corte.

No exame, que compreendeu julgados de 1989 a junho de 2015, o Ministro identificou 14 acórdãos, nos quais a teoria do adimplemento substancial foi objeto de análise mais profunda pelas Turmas julgadoras da Corte.

Dentre os julgados encontrados, 5 tinham por pano de fundo contratos imobiliários (3 compromissos de compra e venda; 1 doação com reserva de usufruto e 1 compra e venda), 4 tratavam de contratos de alienação fiduciária em garantia, 2 versavam sobre contratos de arrendamento mercantil, 1 analisou contrato administrativo de fornecimento, 1 dizia respeito a contrato securitário no âmbito da previdência privada, e os 2 últimos analisaram contratos de seguro (1 seguro de veículo e 1 contrato securitário no âmbito da previdência privada)[31].

---

[29] MARTINS, Lucas Gaspar de Oliveira. **Mora, inadimplemento absoluto e adimplemento Substancial das obrigações**. São Paulo: Saraiva, 2011, p. 72.

[30] FERREIRA, Antonio Carlos. A interpretação da doutrina do adimplemento substancial (Parte 2). **Revista Consultor Jurídico**, de 29 de junho de 2015, 8h10. Disponível em: < http://www.conjur.com.br/2015-jun-29/direito-civil-atual-interpretacao-doutrina-adimplemento-substancial-parte>. Acesso em: 31 de maio de 2016.

[31] *(i)* Resp. nº 914087-RJ, que envolveu a análise de contrato administrativo de fornecimento; *(ii)* Resp. nº 76.362-MT, que envolveu a análise de contrato de

De acordo com o Ministro, o resultado da pesquisa revelou-se interessante, porque afastou "a ideia de que o adimplemento substancial é uma doutrina preponderantemente utilizada em contratos de seguro", sendo "perceptível que houve um alastramento de seu uso para outras espécies contratuais"[32].

5.2. Aplicação da teoria do adimplemento substancial nos contratos imobiliários

Além da ampla aplicabilidade da tese, chamou a atenção na pesquisa mencionada no subitem anterior o grande número de contratos imobiliários que sofreram a incidência da teoria do adimplemento substancial no Colendo Superior Tribunal de Justiça (5 dos 14 julgados acima mencionados).

Diante disso, e considerando a importância desses instrumentos, tanto para a ordem econômica quanto para a ordem social, cabe analisar julgados, envolvendo a aplicação de teoria nesse âmbito específico (dos contratos relativos ao meio imobiliário).

A pesquisa realizada neste artigo está embasada na análise de decisões de alguns dos mais importantes tribunais estaduais

seguro de automóvel; *(iii)* Resp. nº 113.710-SP, Resp. nº 1.215.289-SP, AgRg no AgResp nº 13.256-RJ, envolvendo a análise de contrato de promessa de compra e venda; *(iv)* Resp nº 877.965-SP, que envolveu a análise de contrato securitário no âmbito da previdência privada; *(v)* Resp. nº 656.103-DF, que envolve a análise de contrato de doação com reserva de usufruto; *(vi)* Resp. nº 1.287.402-PR, Resp. nº 469.577-SC, Ag Rg no Ag Resp nº 204.701-SC e Resp. nº 272.739-MG, envolvendo a análise de contratos de alienação fiduciária em garantia; *(vii)* Resp. nº 1.200.105-AM e Resp. nº 1.051.270-RS, envolvendo a análise de contratos de arrendamento mercantil e; *(viii)* Resp. nº 712.173-RS, que envolveu a análise de contrato de compra e venda.

[32] FERREIRA, Antonio Carlos. A interpretação da doutrina do adimplemento substancial (Parte 2). **Revista Consultor Jurídico**, de 29 de junho de 2015, 8h10. Disponível em: <http://www.conjur.com.br/2015-jun-29/direito-civil-atual-interpretacao-doutrina-adimplemento-substancial-parte>. Acesso em: 31 de maio de 2016.

do nosso país (Tribunais de Justiça dos Estados de São Paulo, Rio de Janeiro, Minas Gerais e Rio Grande do Sul) e tem por objetivo identificar: *(i)* os tipos de contratos imobiliários que vêm, com maior frequência, sendo interpretados à luz da teoria; *(ii)* os requisitos comumente observados pelos operadores do direito para aplicação ou não da teoria e; *(iii)* se há fixação de eventuais parâmetros para definir a situação de inadimplemento como "ínfima".

5.2.1. Contratos de compra e venda de imóveis
As ações envolvendo contratos de compra e venda de imóveis são, sem dúvida, aquelas mais analisadas à luz da teoria do adimplemento substancial.

As pesquisas realizadas para elaboração deste artigo trouxeram inúmeras decisões sobre o tema, cuja análise total não seria aqui viável.

Diante disso, foram colhidas as 10 decisões de cada um dos tribunais estaduais pesquisados, nas quais a teoria do adimplemento substancial foi invocada pela parte inadimplente.

Dos 40 julgados selecionados, 26 tiveram o pedido de rescisão afastado, em razão da aplicabilidade da teoria do adimplemento substancial, enquanto 14 deles foram resolvidos, pela interpretação de não incidência do instituto ao caso analisado.

a) Casos de incidência da teoria do adimplemento substancial
Dentre os 26 casos em que o desfecho rescisório foi afastado, em 21 considerou-se que a falta de pagamento, pelo comprador, de apenas parte do valor acordado para compra do imóvel, que variou de 1% a 37%, não era suficiente para fundamentar o pedido de rescisão, considerando o adimplemento substancial (pagamento de, pelo menos, 63% do valor total), os princípios da boa-fé objetiva, da função social, do equilíbrio

econômico e o interesse de ambas as partes na manutenção do contrato[33].

Em outros 2 julgados, a pretensão resolutória foi afastada, porque o pedido do credor estava fundamentado no inadimplemento de encargos moratórios supostamente devidos em razão do pagamento, com atraso, de algumas das parcelas avençadas para a compra de imóvel a prazo. Segundo os relatores desses acórdãos, eventuais resíduos e consectários de mora não seriam suficientes para motivar a rescisão do contrato, diante do pagamento do principal, que caracterizava o adimplemento substancial da obrigação[34].

As outras 3 das 26 decisões nas quais se aplicou a teoria do adimplemento substancial versavam sobre descumprimento de deveres acessórios fixados em contratos de compra e venda (não realização da transferência do registro do imóvel, não quitação de tributos relativos ao bem e inadimplemento de parte

---

[33] TJ/SP, Ap. nº 0024275-23.2012.8.26.0477, julgado em 19/05/2016; TJ/SP, Ap. nº 0028258-90.2012.8.26.0554, julgado em 26/04/2016; TJ/SP, Ap. nº 0041155-18.2011.8.26.057, julgado em 10/05/2016; TJ/SP, Ap. nº 1005564-22.2014.8.26.0302, julgado em 09/05/2016; TJ/SP, Ap. nº 0024151-22.2008.8.26.0302, julgado em 04/05/2016; TJ/RJ, Ap. nº 0019900-14.2011.8.19.0087, julgado em 11/05/2016; TJ/RJ, Ap. nº 0006238-90.2011.8.19.0019, julgado em 03/11/2015; TJ/RJ, Ap. nº 0004673-77.2013.8.19.0001, julgado em 08/09/2015; TJ/RJ, Ap. nº 0025108-45.2013.8.19.0204, julgado em 02/06/2015; TJ/RJ, Ap. nº 0000269-85.2006.8.19.0208, julgado em 24/05/2016; TJ/RJ, Ap. nº 0021765-49.2010.8.19.020, julgado em 30/04/2014; TJ/MG, Ap. nº 1.0313.10.002242-2/001, julgado em 06/11/2013; TJ/MG, AI. nº 1.0024.10.062090-5/001, julgado em 24/02/2016; TJ/MG, Ap. nº 1.0024.07.565828-6/001, julgado em 17/12/2016; TJ/MG, Ap. nº 1.0693.14.005665-8/001, julgado em 26/08/2015; TJ/RS, Ap. nº 70067794479, julgado em 02/06/2016; TJ/RS, Ap. nº 70057868077, julgado em 28/04/2016; TJ/RS, Ap. nº 70067955260, julgado em 10/03/2016; TJ/RS, Ap. nº 70054262555, julgado em 02/12/2015; TJ/RS, Ap. nº 70054262555, julgado em 19/11/2015 e TJ/RS, Ap. nº 70065844102, julgado em 19/11/2015.
[34] TJ/SP, Ap. nº 0001368-24.2010.8.26.044, julgado em 31/05/2016 e TJ/RJ, Ap. nº 0001215-06.2007.8.19.005, julgado em 03/08/2015.

das parcelas do financiamento bancário transferido). Nessas decisões, considerou-se injustificado o término da relação pelo mero inadimplemento de tais obrigações, ante o adimplemento do objeto principal do contrato, que era o pagamento do valor integral ajustado para a compra do imóvel[35].

Importa observar que, a despeito da pretensão rescisória ter sido afastada nesses processos, nenhuma dessas decisões negou a possibilidade de o comprador (credor) pleitear o recebimento de valores pendentes ou o cumprimento da obrigação descumprida em ação específica.

Desse modo, pode-se concluir que a aplicação da teoria do adimplemento substancial não tem acarretado o enriquecimento ilícito da parte inadimplente, que, pelos julgados acima, permanece obrigada a cumprir a obrigação.

b) Casos de não incidência da teoria do adimplemento substancial
Os 14 acórdãos que consideram inaplicável a teoria do adimplemento substancial em contratos de compra e venda retratam casos em que o inadimplemento da parte compradora variou de 41% a 99% do total ajustado[36], e apenas 1 considerou inaplicável a teoria à situação de inadimplemento equivalente a 32%.

---

[35] TJ/RJ, Ap. nº 0017993-94.2009.8.19.0209, julgado em 26/08/2014; TJ/MG, Ap. nº 1.0024.07.565828-6/001, julgado em 17/12/2015 e TJ/RS, Ap. nº 70068812080, julgado em 12/05/2016.

[36] TJ/SP, Ap. nº 0042575-97.2011.8.26.0564, julgado em 11/05/2016; TJ/SP, Ap. nº 0026062-47.2013.8.26.0576, julgado em 12/05/2016; TJ/SP, Ap. nº 0034691-83.2013.8.26.0002, julgado em 11/05/2016; TJ/SP, Ap. nº 0221520-17.2009.8.26.0002, julgado em 03/05/2016; TJ/RJ, Ap. nº 0011540-27.2011.8.19.0011, julgado em 03/03/2016; TJ/MG, Ap. nº 1.0024.10.234528-7/002, julgado em 25/02/2016; TJ/MG, Ap. nº 1.0079.11.042625-5/001, julgado em 11/03/2016; TJ/MG, Ap. nº 1.0024.11.222680-8/001, julgado em 07/04/2016; TJ/MG, Ap. nº 1.0024.12.336769-0/001, julgado em 07/04/2016; TJ/MG, Ap. nº 1.0693.13.002528-3/001, julgado em 14/04/2016; TJ/RS, Ap. nº 70068683879,

Nessas decisões, normalmente levou-se em consideração o percentual inadimplido pelo devedor, há quanto tempo perdura a situação e eventual má-fé do adquirente, que, na maioria dos casos, não demonstra interesse em solver o débito.

c) Conclusão

A análise dos julgados aqui realizada permite concluir que a doutrina da teoria do adimplemento substancial é aplicada maciçamente pelos nossos tribunais nos contratos de compra e venda, sem questionamentos ou divergência.

O único ponto que pode chamar a atenção dos leitores é nos casos em que o inadimplemento da parte remonta o percentual dos 30%.

Nos 5 acórdãos identificados nesse sentido, 4 tiveram a possibilidade de rescisão afastada pela aplicação da teoria do adimplemento substancial. Nesses julgados, os percentuais de inadimplemento eram de 30%, 31%, 35% e 37%[37], o que permite concluir que estes são, via de regra, os patamares máximos de inadimplência tolerados pelos nossos julgadores para justificar a manutenção do vínculo contratual.

Em 1 caso, contudo, evolvendo inadimplência no percentual de 32%, a teoria não foi aplicada[38].

---

julgado em 28/04/2016; TJ/RS, Ap. nº 70063322309, julgado em 10/03/2016 e TJ/RS, Ap. nº 70043594951, julgado em 10/12/2015.

[37] TJ/MG, Ap. nº 1.0313.10.002242-2/001, julgado em 06/11/2013 (35 % do valor total); TJ/RS, Ap. nº 70057868077, julgado em 28/04/2016 (31 % do valor total); TJ/RS, Ap. nº 7 70054262555, julgado em 02/11/2015 (30 % do valor total) e TJ/RS, Ap. nº 30 % do valor total, julgado em 19/11/2015 (37 % do valor total).

[38] APELAÇÃO CÍVEL E RECURSO ADESIVO. AÇÃO RESOLUTÓRIA DE PROMESSA DE COMPRA E VENDA. ADIMPLEMENTO SUBSTANCIAL. INADIMPLEMENTO SUBSTANCIAL. RESTITUIÇÃO DOS VALORES PAGOS. INDENIZAÇÃO POR OCUPAÇÃO INDEVIDA. A caracterização do inadimplemento absoluto, decorrente de treze anos sem pagar o contrato, afasta a alegação de adimplemento substancial. Determina-se o perdimento das

Embora tal decisão, se analisada apenas à luz do percentual inadimplido, aparente destoar da orientação jurisprudencial, a análise mais aprofundada do voto elaborado pelo Relator não permite essa conclusão.

Isso porque, em seu voto, o Relator enumera algumas particularidades impeditivas à aplicação da teoria do adimplemento substancial no caso analisado, que era a má-fé do comprador, os diversos prejuízos causados ao credor pelo inadimplemento e a inutilidade do cumprimento da prestação nesse momento. É o que se infere da análise da seguinte passagem do acórdão:

> A teoria do adimplemento substancial é incompatível ao inadimplemento absoluto, que, no caso ocorre.
>
> O inadimplemento absoluto é a mora qualificada, que, pelo critério de avaliação de ordem econômica, impossibilita o recebimento da prestação de forma útil ao credor.
>
> Diversamente simples mora, que pressupõe possibilidade de execução ulterior, o inadimplemento absoluto pressupõe sua impossibilidade, razoavelmente ponderada do ponto de vista do credor.
>
> O inadimplemento das parcelas do contrato, desde 28-8-1998, ou seja, o inadimplemento de mais de 13 anos até o ajuizamento da ação em dezembro de 2011, inadimplemento que persistiu durante o processo, determina a impossibilidade de recebimento da prestação pelo credor, caracterizando-se, com isso, o inadimplemento absoluto[39].

---

parcelas pagas como forma de compensação pela ocupação indevida do imóvel, o que supre a indenização em alugueres. (Apelação Cível nº 70068757863, Vigésima Câmara Cível, Tribunal de Justiça do RS, Relator: Carlos Cini Marchionatti, Julgado em 11/05/2016).

[39] Trecho extraído do voto da Apelação Cível nº 70068757863, Vigésima Câmara Cível, Tribunal de Justiça do RS, Relator: Carlos Cini Marchionatti, Julgado em 11/05/2016.

Diante disso, e considerando que, como se viu, a teoria do adimplemento substancial não se funda apenas no critério pecuniário, não há como se cogitar que a decisão viole a orientação jurisprudencial, estando, ao contrário, em consonância com o conceito do instituto, e os princípios basilares que norteiam a sua aplicação.

Assim, o que se conclui é que a definição da incidência da teoria do adimplemento substancial nos contratos de compra e venda varia de acordo com as particularidades de cada caso concreto, podendo-se extrair como critérios comuns de avaliação nessas decisões: *(i)* o montante e/ou grau do adimplemento; *(ii)* a possibilidade de considerar o percentual e/ou o dever inadimplido ínfimo em relação ao objeto principal do contrato; *(iii)* a existência de boa-fé da parte inadimplente; *(iv)* os efeitos que a rescisão contratual causaria no plano prático e; *(iv)* a preservação dos interesses do credor, no caso de manutenção da avença.

5.2.2. Contratos de locação

A pesquisa realizada demonstrou que a teoria do adimplemento substancial também se aplica aos contratos de locação.

Foram identificadas 11 decisões nesse sentido. Em 3 dos casos, não se reconheceu o adimplemento substancial[40], ao passo que, em 8 desses casos, a teoria do adimplemento substancial foi utilizada[41].

---

[40] TJ/SP, Ap. nº 0161803-37.2010.8.26.0100, julgado em 22/05/2013; TJ/RS, AI. nº 70060646098, julgado em 10/12/2014 e TJ/RS, Ap. nº 70059097840, julgado em 10/04/2014.
[41] TJ/SP, Ap. nº 0067081-54.2009.8.26.0000, julgado em 20/09/2012; TJ/SP, Ap. nº 0015806-76.2009.8.26.0320, julgado em 04/03/2015; TJ/SP, Ap. nº 0006747-91.2009.8.26.0020, julgado em 09/10/2013; TJ/SP, Ap. nº 9171125-68.2009.8.26.0000, julgado em 17/09/2013; TJ/SP, Ap. nº 0001024-93.2008.8.26.0451, julgado em 12/09/2012; TJ/RJ, Ap. nº 0332426-67.2012.8.19.0001, julgado em 02/09/2014; TJ/RJ, Ap. nº 0131011-72.2008.8.19.0001, julgado em 02/10/2012 e TJ/RJ, Ap. nº 0133885-59.2010.8.19.0001, julgado em 01/02/2012.

a) Casos de incidência da teoria do adimplemento substancial
As decisões que consideraram a teoria do adimplemento substancial aplicável aos contratos de locação retratam casos de inadimplemento de obrigações principais e/ou acessórias assumidas pelo locador ou locatário no âmbito dessas avenças.

A maior parte dos 8 acórdãos identificados nesse sentido retratam situações que têm pontos em comum, mas com peculiaridades próprias que acabam as diferenciando entre si. Em razão disso, a análise desses julgados será realizada de forma mais individualizada.

Na 1ª decisão, analisou-se recurso interposto nos autos de ação de rescisão de contrato de locação proposta por locatária, que alegava descumprimento de dever acessório assumido pelo locador (realização de reparos em imóvel locado para fins comerciais, o que teria impedido a locadora de desenvolver regularmente suas atividades).

Nesse caso, a pretensão de declaração de inexistência de dívida locatícia deduzida pela locatária foi afastada, pois o Tribunal entendeu que o locador adimpliu substancialmente a obrigação, ao disponibilizar o imóvel para uso. A decisão levou em conta que a locatária tinha conhecimento do estado precário do imóvel e considerou, ainda assim, que ele serviria para o desenvolvimento de seu negócio, celebrando o contrato e passando a ocupar o imóvel por 3 meses, de modo que, embora tenha direito à indenização pelos danos materiais e lucros cessantes decorrentes da não realização dos reparos, deve arcar com os encargos locatícios, pois utilizou-se do bem[42].

De maneira semelhante, em uma 2ª decisão, que analisou a pretensão deduzida em ação de despejo na qual os locatários pretendiam demonstrar que o contrato de locação não pode produzir efeitos, por alegada entrega de imóvel sem condições

---

[42] TJ/SP, Ap. nº 0015806-76.2009.8.26.0320, julgado em 04/03/2015.

de uso (existência de caixa d'água sem tampa), a pretensão de declaração de inexistência de dívida locatícia foi afastada.

Assim como se verificou no caso anteriormente analisado, o Relator desse processo também concluiu que o locador adimpliu substancialmente a obrigação ao disponibilizar o imóvel para uso dos locatários, e que, tendo esses últimos ocupado o imóvel por 6 meses, não poderiam invocar o vício para se furtar do pagamento da prestação acordada[43].

Noutra 3ª decisão similar, também se considerou o descumprimento de um dever acessório pelo locador (no caso, o não pagamento de despesas condominiais extraordinárias), insuficiente a justificar o inadimplemento das prestações locatícias pelos locatários.

De acordo com o Relator, o fato de os locatários terem posse do imóvel para o fim de nele residirem caracteriza adimplemento substancial da obrigação pelo locador, não podendo os locatários, com fundamento apenas na alegação de terem sido impedidos de utilizar a área de lazer do condomínio, suspender integralmente o cumprimento de sua contraprestação[44].

Outra forma de aplicação da teoria do adimplemento substancial dá-se em benefício dos locatários, como poderá se verificar da análise das decisões a seguir comentadas.

De fato, o 4º acórdão envolvendo a aplicação da teoria em contratos de locação tratou de ação de despejo proposta por locador que alegava descumprimento de dever acessório pelos locatários (contratação de seguro contra incêndio sem a devida anuência).

Nesse caso, a pretensão de decreto do término da relação locatícia foi afastada, por se considerar que os locatários cumpriram substancialmente a obrigação pactuada, ao realizarem o

---

[43] TJ/SP, Ap. nº 0067081-54.2009.8.26.0000, julgado em 02/09/2012.
[44] TJ/SP, Ap. nº 9171125-68.2009.8.26.0000, julgado em 17/09/2013.

seguro do imóvel, devendo a questão relativa à falta de anuência ser resolvida com a incidência da multa contratual estipulada[45].

No 5º acórdão, também versando sobre ação de despejo proposta pelo descumprimento de dever acessório (não pagamento de cota condominial), considerou-se o pagamento da prestação locatícia adimplemento substancial do locatário, sendo injustificada a rescisão contratual pelo mero não pagamento pontual de uma cota condominial, devidamente quitada após a propositura da ação[46].

Em outras 3 decisões, a pretensão de despejo por inadimplemento de débitos da locação foi afastada, pelo fato de os locatários terem realizado o pagamento, antes ou após a citação. Nessas decisões, o pagamento do valor principal do débito foi considerado como adimplemento substancial da obrigação, devendo eventuais encargos moratórios, despesas em aberto (IPTU) ou diferenças de reajustes serem perseguidos pela parte locadora em ação de cobrança[47].

b) Casos de não incidência da teoria do adimplemento substancial
As 3 decisões que não reconheceram o adimplemento substancial foram proferidas em ações de despejo versando sobre o inadimplemento de obrigação principal (não pagamento de 3 ou mais parcelas da locação), em que os locatários, a despeito de invocarem a teoria, não realizaram satisfatoriamente o depósito do débito, fato que, na visão dos relatores, impedia arguir a teoria do adimplemento substancial[48].

[45] TJ/RJ, Ap. nº 0332426-67.2012.8.19.0001, julgado em 02/09/2014.
[46] TJ/RJ, Ap. nº 0133885-59.2010.8.19.0001, julgado em 01/02/2012.
[47] TJ/RJ, Ap. nº 0131011-72.2008.8.19.0001, julgado em 02/10/2012; TJ/SP, Ap. nº 0001024-93.2008.8.26.0451, julgado em 12/09/2012 e TJ/SP, Ap. nº 0006747-91.2009.8.26.0020, julgado em 09/10/2013.
[48] TJ/RJ, Ap. nº 0161803-37.2010.8.26.0100, julgado em 22/05/2013; TJ/RS, AI. nº 0161803-37.2010.8.26.0100, julgado em 10/12/2014 e TJ/RS, Ap. nº 70059097840,

c) Conclusão

A análise dos julgados permite concluir que a doutrina da teoria do adimplemento substancial é também aplicável aos contratos de locação e que a jurisprudência enfrenta diversos tipos de situações.

Observou-se que a disponibilização do imóvel para uso pelo locatário configura, na visão dos julgados analisados, adimplemento substancial da obrigação assumida pelo locador, e que o eventual não cumprimento de deveres acessórios assumidos por este (realização de reformas, pagamento de tributos, cota condominial etc.) mostrou-se, nos casos analisados, insuficiente para eximir o locatário da obrigação de pagar a prestação avençada.

O descumprimento de alguns deveres acessórios, pelos locatários, também não foi considerado suficiente para pôr fim à relação locatícia. Os casos analisados demonstram que se o locatário está em dia com a obrigação principal (pagamento da locação), o eventual descumprimento de deveres anexos (deixar de pedir a anuência para contratação de seguro, não realizar o pagamento da cota condominial, tributos ou reajustes contratuais) não pode ser utilizado como fundamento para pôr fim à relação, se demonstra boa-fé em relação à situação de inadimplemento imputada (explicação dos motivos do descumprimento ou satisfação da obrigação pendente).

Nos casos em que o descumprimento seja de parte principal da obrigação (débitos locatícios) e não haja demonstração de interesse da parte devedora em solver a pendência (ausência de depósito judicial em montante suficiente para purgar a mora), o inadimplemento é entendido como absoluto, impossibilitando a incidência da teoria do adimplemento substancial.

Assim, verifica-se que a teoria do adimplemento substancial também tem ampla aplicabilidade nos contratos de locação e que, embora com diferentes objetos e pretensões, tem a sua

julgado em 16/04/2014.

configuração norteada pela avaliação dos seguintes critérios: *(i)* caráter principal ou acessório da obrigação inadimplida; *(ii)* grau do adimplemento; *(iii)* possibilidade de considerar o percentual e/ou o dever inadimplido ínfimo em relação ao objeto principal do contrato; *(iv)* existência de boa-fé da parte inadimplente; *(v)* os efeitos que a rescisão contratual causaria no plano prático e; *(vi)* a preservação dos interesses do credor, no caso de manutenção da avença.

5.2.3. Contratos de empreitada

Também foram encontrados julgados tratando da teoria do adimplemento substancial no âmbito de contratos de empreitada, voltados à construção, reformas ou reparos de imóveis.

Nesses casos, a tese é invocada como fundamento para afastar a pretensão resolutória, determinar o abatimento proporcional do preço acordado para obra ou avaliar a procedência de ações de cobrança.

Foram identificadas 12 decisões nesse sentido. Em 7 delas, a teoria do adimplemento substancial foi aplicada[49], e, nas outras, 5 reputaram-se inaplicáveis à tese[50].

a) Casos de incidência da teoria do adimplemento substancial
Em 4 das decisões, a teoria do adimplemento substancial foi utilizada como fundamento para afastar a pretensão resolutó-

---

[49] TJ/SP, Ap. nº 0137008-45.2002.8.26.0100, julgado em 24/04/2013; TJ/SP, Ap. nº 0000750-52.2011.8.26.0281, julgado em 23/04/2014; TJ/RJ, Ap. nº 0048106-49.2009.8.19.0203, julgado em 14/09/2010; TJ/RS, Ap. nº 70044657443, julgado em 28/03/2012; TJ/RS, Ap. nº 70046052775, julgado em 28/03/2012; TJ/RS, Ap. nº 70035627371, julgado em 08/07/2010 e TJ/RS, Ap. nº 70001880707, julgado em 04/12/2002.

[50] TJ/SP, Ap. nº 9087609-53.2009.8.26.000, julgado em 08/11/2012; TJ/SP, Ap. nº 0137008-45.2002.8.26.0100, julgado em 04/08/2009; TJ/RJ, Ap. nº 0419877-04.2010.8.19.0001 e 0257363-07.2010.8.19.0001, julgado em 10/12/2014 e TJ/RS, Ap. nº 70064638422, julgado em 29/10/2015.

ria de contratantes que alegavam descumprimento parcial das obrigações assumidas pelos empreiteiros.

Nesses acórdãos, o entendimento dominante foi de que a comprovação da realização da maior parte da obra pelo empreiteiro caracteriza adimplemento substancial do contrato de empreitada, devendo eventuais inconformidades da construção em relação ao originalmente acordado, ou prejuízos resultantes de atraso de poucos dias na conclusão da obra, serem resolvidos com indenização à parte prejudicada, e não com o desfecho resolutório, que acarretaria enriquecimento ilícito da parte contratante[51].

Outros 2 julgados foram analisados à luz da teoria do adimplemento substancial para justificar a procedência de ações de cobrança ajuizadas por empreiteiros. Nessas decisões, considerou-se que o término da obra caracteriza adimplemento substancial do contrato de empreitada, e que o eventual descumprimento de deveres acessórios não serviria de justificativa para afastar a obrigação de pagamento integral.

Em um desses processos, o Relator considerou injustificada a postura do contratante, que deixou de pagar a última parcela até que a empreiteira realizasse a apresentação de documentos capazes de atestar a sua idoneidade (folhas de pagamento dos funcionários, do fundo de garantia, da previdência social e do FGTS), pelo fato de a obrigação não estar expressa no contrato como condicionante do pagamento[52]. Em outro caso, os usos e costumes do contratante, que costumava tolerar a execução de serviços extras, quando necessários, ainda que não autorizados por aditivos contratuais (forma estipulada no contrato

---

[51] TJ/SP, Ap. nº 0137008-45.2002.8.26.0100, julgado em 24/04/2013; TJ/SP, Ap. nº 0000750-52.2011.8.26.0281, julgado em 23/04/2014; TJ/RS, Ap. nº 70044657443, julgado em 28/03/2012 e TJ/RS, Ap. nº 70046052775, julgado em 28/03/2012.
[52] TJ/RJ, Ap. nº 0048106-49.2009.8.19.0203, julgado em 14/09/2010.

como necessária para realização de serviços adicionais), foram utilizados como fundamento para o decreto de procedência da ação de cobrança movida pelo empreiteiro que demonstrou a finalização da obra[53].

Em outro processo, a teoria do adimplemento substancial foi utilizada em benefício do contratante. Na decisão, considerou-se que o pagamento de 90% das prestações avençadas caracterizava adimplemento substancial da obrigação pelo contratante, o qual deveria ser indenizado pelo empreiteiro, que, além de entregar parte da obra com vícios, não finalizou a construção[54].

b) *Casos de não incidência da teoria do adimplemento substancial*
As 5 decisões que concluíram não ter restado configurado o adimplemento substancial em contratos de empreitada deram-se em razão da falta de provas do início da obra pelo empreiteiro ou de que o profissional estivesse em vias de finalizar o trabalho.

Nessas decisões, a falta de provas em relação ao adimplemento substancial do contrato foi utilizada como fundamento para: *(i)* negar o direito de o empreiteiro exigir, em 3 ações de cobrança, o valor integral acordado para realização do serviço[55] e; *(ii)* justificar a procedência de 2 ações de rescisão contratual propostas pelas partes contratantes, prejudicadas pelo inadimplemento[56].

---

[53] TJ/RS, Ap. nº 70001880707, julgado em 04/12/2002.
[54] TJ/RS, Ap. nº 70035627371, julgado em 08/07/2010.
[55] TJ/SP, Ap. nº 0091329-26.2005.8.26.0000, julgado em 04/08/2009; TJ/RJ, Ap. nº 0419877-04.2010.8.19.0001 e 0257363-07.2010.8.19.0001, julgado em 14/09/2010 e TJ/RS e Ap. nº 70064638422, julgado em 29/10/2015.
[56] TJ/SP, Ap. nº 9087609-53.2009.8.26.000, julgado em 08/11/2012 e TJ/RS, Ap. nº 70057376519, julgado em 08/01/2016.

c) Conclusão
A análise dos julgados permite concluir que a doutrina da teoria do adimplemento substancial é também aplicável aos contratos de empreitada.

Os critérios perquiridos nesses casos não destoam daqueles que são observados para a aplicação do instituto nos outros contratos já analisados (compra e venda e locação), norteando-se também pela avaliação: *(i)* do caráter principal ou acessório da obrigação inadimplida; *(ii)* do grau do adimplemento; *(iii)* da possibilidade de considerar o percentual e/ou o dever inadimplido ínfimo em relação ao objeto principal do contrato; *(iv)* da existência de boa-fé da parte inadimplente; *(v)* dos efeitos que a rescisão contratual causaria no plano prático e; *(vi)* da preservação dos interesses do credor, no caso de manutenção da avença.

Deve-se ressaltar, contudo, que, em contratos de empreitada, observou-se que a interpretação de um inadimplemento como ínfimo implica em avaliar com mais profundidade que nos outros tipos de contratos já analisados (compra e venda e locação) o critério qualitativo, consistente em avaliar a utilidade da obra e sua conformidade ao avençado em contrato.

5.2.4. Contratos de permuta
Ao longo do trabalho de levantamento de julgados, também foram identificados contratos de permuta analisados à luz da teoria do adimplemento substancial.

As 6 decisões identificadas cuidaram de analisar pedidos de rescisão de contrato de permuta, em razão de alegado descumprimento de alguma das obrigações avençadas. Em todos os julgados reconheceu-se o adimplemento substancial da obrigação pela parte demandada, afastando-se a pretensão resolutória deduzida da demandante.

a) Descumprimento de deveres principais
Em 3 dos acórdãos, a alegação era de descumprimento de algum dos deveres principais fixados em contratos de permuta. No 1º julgado, no qual o contrato celebrado entre as partes previa a entrega de apartamento, contra a entrega de madeira em quantidade suficiente para quitar o valor do bem, o fato de a parte demandada ter realizado entrega de apenas 70% das madeiras não foi entendido como motivo suficiente para que se determinasse o término da relação.

Nessa decisão, além de se considerar o percentual inadimplido baixo (30% do avençado), o Relator ressaltou a ausência de prejuízos à permutante, que permanecia, desde a data de celebração do contrato, na posse do imóvel[57].

Nas outras 2 decisões envolvendo contratos de permuta entre imóveis, mais a obrigação de pagamento de montante em dinheiro, o descumprimento parcial da prestação pecuniária assumida pela parte foi entendido como inadimplemento ínfimo, diante do aperfeiçoamento da obrigação contratual maior, que era a troca da posse e ocupação dos imóveis pelos respectivos contratantes, a caracterizar adimplemento substancial.[58]

b) Descumprimento de obrigações acessórias
Em outros 3 dos 6 julgados analisados sob o enfoque da teoria do adimplemento substancial, a pretensão de rescisão de contratos de permuta estava pautada na alegação de inadimplemento de deveres acessórios.

Na 1ª decisão, que analisava contrato com cláusula imputando dever de pagamento de impostos atrasados, a ausência

---

[57] TJ/SP, Ap. nº 0010530-64.2011.8.26.0071, julgado em 30/04/2015.
[58] TJ/RJ, Ap. nº 01149-34.2007.8.19.0017, julgado em 10/03/2010 e TJ/RS e Ap. nº 70023599699, julgado em 17/04/2008.

de quitação dos tributos não deu direito à rescisão contratual pleiteada, por não corresponder ao objeto principal do contrato, cujo adimplemento substancial decorreu da efetiva transmissão da posse do imóvel à demandante[59].

Noutras 2 decisões, a falta de regularização no registro imobiliário do imóvel também não foi considerada suficiente para por fim à relação.

A interpretação decorreu, em um dos casos, pelo fato de o contrato não prever prazo para cumprimento da obrigação e pela postura da parte demandada que, após ser acionada, cumpre com o encargo assumido[60].

Na outra situação, entendeu-se que a promessa de entrega do apartamento, livre de quaisquer ônus, é substancialmente adimplida pela parte que demonstre ter quitado as dívidas que davam ensejo a sua existência, remanescendo apenas a obrigação de levantamento desses perante o cartório de registro imobiliário[61].

c) Conclusão

A análise dos julgados envolvendo permutas imobiliárias permite concluir que a transmissão da posse do bem é entendida, nessa modalidade contratual, como parte substancial da obrigação, mostrando-se, nos casos analisados, o descumprimento parcial da obrigação pecuniária eventualmente cumulada à contratação insuficiente para pôr fim à relação.

Quando o inadimplemento referiu-se à obrigação acessória, o caráter ínfimo do descumprimento levou em conta, além do fato de não corresponder ao objeto principal do contrato, a presença de boa-fé da parte que é demandada (demonstração

---

[59] TJ/SP, Ap. nº 0022865-76.2010.8.26.0451, julgado em 04/08/2014 e TJ/SP, Ap. nº 0003609-76.2011.8.26.0625, julgado em 24/09/2013.
[60] TJ/MG, Ap. nº 1.0223.10.024516-4/001, julgado em 23/10/2013.
[61] TJ/SP, Ap. nº 0022865-76.2010.8.26.0451, julgado em 04/08/2014.

de interesse em cumprir a obrigação ou da adoção de providências nesse sentido).

Além disso, pode-se dizer que as decisões analisadas procuram também levar em conta as diretrizes gerais da teoria do adimplemento substancial, avaliando, em cada caso: *(i)* o caráter principal ou acessório da obrigação inadimplida; *(ii)* o grau do adimplemento; *(iii)* a possibilidade de considerar o percentual e/ou o dever inadimplido ínfimo em relação ao objeto principal do contrato; *(iv)* a existência de boa-fé da parte inadimplente; *(v)* os efeitos que a rescisão contratual causariam no plano prático e; *(vi)* a preservação dos interesses do credor, no caso de manutenção da avença.

5.2.5. Contratos de corretagem

Outro tipo de instrumento relacionado ao meio imobiliário, e que é também objeto de análise pela teoria do adimplemento substancial, são os contratos de corretagem.

O trabalho de pesquisa aqui realizado identificou 5 acórdãos sobre o tema, sendo que, em todos eles, as obrigações decorrentes do vínculo contratual foram preservadas, por considerar-se substancialmente cumprido o objeto da avença.

a) Casos de incidência da teoria do adimplemento substancial
As 5 decisões relacionadas a contratos de corretagem são muito similares. Nesses acórdãos, as pretensões deduzidas visavam à devolução da remuneração paga ao corretor responsável pela intermediação, quando o negócio que dava ensejo à cobrança era posteriormente rescindido, por desistência ou por inadimplemento de alguma das partes.

Em todos os julgados, a interpretação foi de que a aproximação inicial das partes e a concretização do negócio caracteriza adimplemento substancial do contrato, não havendo que se falar em devolução da quantia paga ao corretor pela posterior resolução da avença, sem que haja comprovação de sua culpa no término da relação[62].

Em um desses julgados, levou-se em conta, ainda, que a prestação de serviços de despachante e documentalista, eventualmente necessários ao aperfeiçoamento de uma compra e venda, seria estranha ao objeto principal do contrato de corretagem, mostrando-se indevida a pretensão resolutória deduzida pela parte que pede a resolução, alegando descumprimento dessa natureza[63].

b) Conclusão

A análise dos julgados permite concluir que a conclusão de adimplemento substancial dos contratos de corretagem depende da avaliação do trabalho do corretor, que fará jus à manutenção da avença e recebimento da remuneração ali acordada, se comprovar que: *(i)* promoveu a aproximação das partes; *(ii)* participou da negociação; *(ii)* prestou assistência na celebração do contrato pelas partes e; *(iv)* não teve culpa pela posterior resolução do vínculo.

Logo, embora com contornos específicos, as mesmas diretrizes gerais da teoria do adimplemento substancial também incidem nos contratos de corretagem, demandando avaliação, em cada caso: *(i)* o caráter principal ou acessório da obrigação inadimplida; *(ii)* o grau do adimplemento; *(iii)* a possibilidade de considerar o percentual e/ou o dever inadimplido ínfimo em relação ao objeto principal do contrato; *(iv)* a existência de boa--fé da parte inadimplente; *(v)* os efeitos que a rescisão contratual

[62] TJ/MG, Ap. nº 1.0056.09.220245-8/001, julgado em 10/12/2015; TJ/MG, Ap. nº 1.0313.14.013565-5/001, julgado em 04/02/2016; TJ/MG, Ap. nº 1.0701.13.043674-7/001, julgado em 17/09/2015; TJ/MG, Ap. nº 1.0701.13.043674-7/001, julgado em 11/08/2015 e TJ/MG, Ap. nº 1.0024.12.074310-9/001, julgado em 30/07/2015.
[63] TJ/MG, Ap. nº 1.0313.14.013565-5/001, julgado em 04/02/2016.

causariam no plano prático e; *(vi)* a preservação dos interesses do credor, no caso de manutenção da avença.

5.2.6. Contratos de arrendamento de terras
O levantamento jurisprudencial também identificou 2 contratos de arrendamento que ganharam enfoque da teoria do adimplemento substancial.

Os julgados consideraram aplicável a teoria, mas tratam de pretensões distintas entre si, razão pela qual serão objeto de análise individualizada.

a) Casos de incidência da teoria do adimplemento substancial
A 1ª decisão tratou de processo no qual a pretensão resolutória fundava-se no alegado descumprimento de obrigações acessórias fixadas em contrato de arrendamento de área rural. Segundo o arrendador, o arrendatário infringiu o acordo, pois: *(i)* pagou em atraso a primeira parcela do valor fixado pelo arrendamento; *(ii)* praticou infração ambiental; *(iii)* não assumiu a responsabilidade das punições aplicadas pelo órgão de fiscalização e; *(iv)* deu destinação diversa à área arrendada (criava suínos, quando o contrato previa a criação de bovinos, culturas de milho, feijão, horticulturas e outras plantações).

O Relator preceituou que a mora de um mês no pagamento da parcela do arrendamento não é motivo suficiente para a rescisão do contrato, já que o principal foi pago; entendeu que a prática de infração ambiental não é motivo suficiente para ensejar a resolução do contrato, sem que haja cláusula resolutória expressa nesse sentido; considerou que o arrendatário comprovou estar respondendo pelas infrações ambientais, além de estar dando correta destinação à área; concluindo, por tudo isso, adimplemento substancial do contrato[64].

---

[64] TJ/MG, Ap. nº 1.0713.11.009643-3/001, julgado em 11/07/2013.

A 2ª decisão relacionada a arrendamentos rurais analisou a pretensão de arrendatário que buscava exercer o direito de preferência na aquisição da propriedade rural, com fundamento no artigo 92, § 3º e § 4º, da Lei nº 4.504/64[65]. Segundo o Relator, o depósito judicial realizado pelo arrendatário, no valor constante na escritura da compra e venda realizada a terceiro, acrescido das despesas com escritura e registro e ITBI, embora devesse ser complementado para contemplar juros legais, caracteriza adimplemento substancial da obrigação principal, não acarretando a improcedência da ação adjudicatória por ele proposta[66].

b) Conclusão

Embora as decisões supra tenham tratado de casos bem diferentes entre si, pode-se dizer que os critérios perquiridos para reconhecer o adimplemento substancial em contratos de arrendamento são basicamente os mesmos já ressaltados, consistentes na avaliação: *(i)* do caráter principal ou acessório da obrigação inadimplida; *(ii)* do grau do adimplemento; *(iii)* da possibilidade de considerar o percentual e/ou o dever inadimplido ínfimo em relação ao objeto principal; *(iv)* da existência de boa-fé da parte

---

[65] Art. 92. A posse ou uso temporário da terra serão exercidos em virtude de contrato expresso ou tácito, estabelecido entre o proprietário e os que nela exercem atividade agrícola ou pecuária, sob forma de arrendamento rural, de parceria agrícola, pecuária, agroindustrial e extrativa, nos termos desta Lei. [...]
§ 2º Os preços de arrendamento e de parceria fixados em contrato ...Vetado... Serão reajustados periodicamente, de acordo com os índices aprovados pelo Conselho Nacional de Economia. Nos casos em que ocorra exploração de produtos com preço oficialmente fixado, a relação entre os preços reajustados e os iniciais não pode ultrapassar a relação entre o novo preço fixado para os produtos e o respectivo preço na época do contrato, obedecidas as normas do Regulamento desta Lei. [...]
§ 4° O arrendatário a quem não se notificar a venda poderá, depositando o preço, haver para si o imóvel arrendado, se o requerer no prazo de seis meses, a contar da transcrição do ato de alienação no Registro de Imóveis.
[66] TJ/RS, Ap. nº 70008530966, julgado em 26/04/2006.

inadimplente; *(v)* dos efeitos que a rescisão contratual causaria no plano prático e; *(vi)* da preservação dos interesses do credor, no caso de manutenção da avença.

Considerações finais

A teoria do adimplemento substancial afasta a ideia de que qualquer inadimplemento contratual seja suficiente para determinar o fim da relação.

Sendo assim, com base no que foi exposto ao longo do artigo, chega-se à conclusão de que somente o descumprimento de um dever essencial, que resulte em inegável e irreparável dano ao credor, afetando toda a economia contratual, é que pode dar ensejo à pretensão resolutória.

O estudo realizado demonstrou que a teoria tem suas raízes no direito inglês e foi trazida para o Brasil com o objetivo de afastar injustiças ocasionadas pelo exercício abusivo do direito de pedir a rescisão contratual.

A despeito de não encontrar positivação nas normas vigentes, concluiu-se que o adimplemento substancial está fundamentado nos princípios da boa-fé objetiva, da função social, do equilíbrio econômico, da preservação dos negócios jurídicos e da vedação ao abuso de direito, estando em perfeita harmonia com o ordenamento jurídico pátrio e sendo amplamente aceito pela doutrina.

A pesquisa da jurisprudência relacionada ao tema demonstrou a plena aceitação da teoria também pelos nossos magistrados. O Colendo Superior Tribunal de Justiça dá ampla aplicação à teoria não havendo qualquer restrição quanto ao tipo ou natureza do contrato.

O grande número de julgados relativos a contratos imobiliários, que levou à realização de uma pesquisa mais aprofundada nesse sentido, demonstrou que a teoria tem sido utilizada para análise de diversas pretensões relacionadas às avenças dessa natureza.

Os acórdãos selecionados tratam de pretensões diversas, relacionadas ao meio imobiliário (contratos de compra e venda, de locação, de permuta, de arrendamento, corretagem e empreitada). A análise realizada sobre tais decisões demonstrou que o adimplemento substancial depende da avaliação profunda das particularidades próprias de cada caso concreto, inexistindo um parâmetro fixo e imutável capaz de qualificar ou quantificar aquilo que pode ser entendido como "inadimplemento ínfimo da obrigação".

A ausência de um critério quantitativo não significa dizer que o instituto careça de diretrizes.

Em todas as decisões analisadas, verificou-se uma avaliação profunda: *(i)* do caráter principal ou acessório da obrigação inadimplida; *(ii)* do grau do adimplemento; *(iii)* da possibilidade de considerar o percentual e/ou o dever inadimplido ínfimo em relação ao objeto principal; *(iv)* da existência de boa-fé da parte inadimplente; *(v)* dos efeitos que a rescisão contratual causaria no plano prático e; *(vi)* da preservação dos interesses do credor, no caso de manutenção da avença, podendo-se dizer que a avaliação da existência concomitante dos requisitos supra é o que norteia a aplicação da teoria do adimplemento substancial.

Outra conclusão que se extrai da pesquisa realizada para a construção deste artigo é que o adimplemento substancial não pode ser visto como mais uma das inúmeras doutrinas relacionadas ao direito contratual, sem aplicação prática.

Ao contrário de outras correntes jurídicas, a teoria do adimplemento substancial nasceu, cresceu e se desenvolveu, devendo ser vista hoje como uma realidade amplamente aceita e aplicada pelos operadores do direito.

Ter em mente que a teoria tem vigência inconteste é de suma importância, eis que a sua incidência traz significativas implicações para as ordens social, econômica e jurídica.

Do ponto de vista social, ela prestigia a boa-fé, consagrando a necessidade de manterem-se as relações contratuais para que elas possam atingir o objetivo final das partes contratantes.

A ordem econômica também sofre modificações, pois a parte que se vincula a um contrato deve antever que não será toda a situação de inadimplência ou de mora que lhe renderá o direito de pôr fim à relação.

De fato, nos casos em que a teoria do adimplemento substancial ganha aplicação, o exercício dos direitos da parte credora deve ser realizado pelos meios ordinários de cobrança, mas não com a pretensão de término da relação contratual. No plano prático, isso faz com que o objeto do contrato (seja ele um bem ou um direito) permaneça atrelado à negociação, retirando a possibilidade de imediata comercialização pela parte, ao passo que eventual direito creditório (remanescente da situação de inadimplência) poderá ter sua satisfação postergada.

No plano jurídico também são inegáveis as implicações da teoria.

Os operadores do direito, sempre que estiverem diante de uma situação de descumprimento contratual, devem considerar a ideia do adimplemento substancial. Do lado dos magistrados, isso leva à necessidade de avaliar o grau do inadimplemento, antes de dar procedência a um desfecho rescisório. No que toca aos advogados, a consideração da teoria é necessária, tanto para a devida orientação de clientes, quanto para a definição da melhor estratégia a ser adotada em determinado caso concreto (avaliação se um caso de inadimplência contratual justifica formular uma pretensão rescisória ou de cumprimento da obrigação pendente).

Por todo o exposto, espera-se que o presente trabalho tenha ajudado a compreender o adimplemento substancial como uma teoria válida, legal e já incorporada ao nosso sistema jurídico, permitindo, a partir da jurisprudência, verificar pontos conceituais e comportamentais comumente observados pelos nossos magistrados, que determinam a sua incidência em alguns dos mais importantes tipos de contratos imobiliários hoje existentes.

Referências

PEREIRA, Caio Mário da Silva. **Instituições de direito civil**. Vol. III. Rio de Janeiro: Forense, 2009.

GOMES, Orlando. **Contratos**. Rio de Janeiro: Forense, 2008.

GONÇALVES, Carlos Alberto. **Direito civil brasileiro**: contratos e atos unilaterais. Vol. 3. São Paulo: Saraiva, 2007.

SANTOS, Antonio Jeová. **Função social**: lesão e onerosidade excessiva nos contratos. São Paulo: Método, 2002.

Dicionário da Língua Portuguesa com Acordo Ortográfico [em linha]. Porto: Porto Editora, 2003-2016. Disponível em: <http://www.infopedia.pt/dicionarios/lingua-portuguesa/sinalag>. Acesso em: 30 de maio de 2016.

MARTINS, Judith Costa. **Diretrizes teóricas no Código Civil Brasileiro**. São Paulo: Saraiva, 2002.

MARTINS, Lucas Gaspar de Oliveira. **Mora, inadimplemento absoluto e adimplemento substancial das obrigações**. São Paulo: Saraiva, 2011.

DINIZ, Maria Helena. **Curso de direito civil brasileiro**: teoria das obrigações contratuais e extracontratuais. Vol. 3. São Paulo: Saraiva, 2003.

AMARAL, Francisco. **Direito Civil**: introdução. Rio de Janeiro: Renovar, 2006.

BUSSATA, Eduardo Luiz. **Resolução dos contratos e teoria do adimplemento substancial**. São Paulo: Saraiva, 2008.

ASSIS, Araken de. **Resolução do contrato por inadimplemento**. São Paulo: Revista dos Tribunais, 2004.

MENEZES DE CORDEIRO, Antonio Manuel. **Da Boa-fé no Direito Civil**. Coimbra: Almedina, 2011.

BOULOS, Daniel Martins. **Abuso de Direito no novo Código Civil**. São Paulo: Método, 2006.

REALE, Miguel. **Teoria Tridimensional do direito**. São Paulo: Saraiva, 1994.

DO COUTO E SILVA, Clóvis. O Princípio da Boa-Fé no Direito Brasileiro e Português *in* **Estudos de Direito Civil Brasileiro e Português**. São Paulo: Revista dos Tribunais, 1980.

FERREIRA, Antonio Carlos. A interpretação da doutrina do adimplemento substancial (Parte 1). **Revista Consultor Jurídico**, de 9 de fevereiro de 2015, 8h00. Disponível em: <http://www.conjur.com.br/2015-fev-09/

direito-civil-atual-interpretacao-doutrina-adimplemento-substancial--parte>. Acesso em: 31 de maio de 2016.

FARIAS, Cristiano Chaves de; ROSENVALD, Nelson. **Curso de Direito Civil:** Contratos. Salvador: Jus Podium, 2014.

GODOY, Cláudio Luiz Bueno de. Adimplemento e extinção das obrigações. Pagamento. Noção. Aspectos subjetivos. De quem deve pagar. Daqueles a quem se deve pagar *in* **Obrigações**, Renan Lotufo e Giovanni Ettore Nanni (coord.), São Paulo: Atlas, 2011.

LOUREIRO, Francisco Eduardo. Responsabilidade Civil no Compromisso de Compra e Venda in **Responsabilidade Civil e sua Repercussão nos Tribunais**. São Paulo: Saraiva, série GVlaw, 2009.

TEPEDINO, Gustavo; BARBOZA, Heloisa Helena; MORAES, Maria Celina Bodin de. **Código Civil Interpretado conforme a Constituição da República**. Rio de Janeiro: Renovar, 2007.

BRASIL. Lei nº 10.406/2002. **Código Civil**. (2002). Disponível em: <http://www.planalto.gov.br/ccivil_03/leis/2002/L10406.htm>. Acesso em: 30 maio de 2016.

BRASIL. Decreto nº 8.327/2014. **Convenção de Viena sobre o Direito dos Tratados**. Disponível em: < http://www.planalto.gov.br/ccivil_03/_ato2007-2010/2009/decreto/d7030.htm>. Acesso em: 30 de maio de 2016.

BRASIL. Lei nº 4.504/1964. **Dispõe sobre o Estatuto da Terra, e dá outras providências**. Disponível em: <http://www.planalto.gov.br/ccivil_03/leis/L4504.htm>. Acesso em: 30 de maio de 2016.

BECKER, Anelise. **A doutrina do adimplemento substancial no Direito brasileiro e em perspectiva comparativa**. Revista da UFRGS n. 9, Porto Alegre: Livraria do Advogado, 1993.

Acórdãos

SUPERIOR TRIBUNAL DE JUSTIÇA. Recurso Especial nº 76.362/MT. Quarta Turma. Ministro Relator: Ruy Rosado Aguiar. J. 11/12/1995. Disponível em: <www.stj.jus.br> Acesso em: 31 de maio de 2016.

SUPERIOR TRIBUNAL DE JUSTIÇA. Recurso Especial nº 914.087/RJ. Primeira Turma. Ministro Relator: José Delgado. J. 29/10/2007. Disponível em: <www.stj.jus.br> Acesso em: 31 de maio de 2016.

SUPERIOR TRIBUNAL DE JUSTIÇA. Recurso Especial nº 113.710/SP. Quarta Turma.Ministro Relator: Ruy Rosado de Aguiar. J. 31/03/1997. Disponível em: <www.stj.jus.br> Acesso em: 31 de maio de 2016.

SUPERIOR TRIBUNAL DE JUSTIÇA. Recurso Especial nº 1215289/SP. Terceira Turma. Ministro Relator: Sidnei Beneti. J. 21/02/2013. Disponível em: <www.stj.jus.br> Acesso em: 31 de maio de 2016.
SUPERIOR TRIBUNAL DE JUSTIÇA. Agravo Regimental no Agravo em Recurso Especial nº 13.256/RJ. Quarta Turma. Ministro Relator: Raul Araújo. J. 20/08/2013. Disponível em: <www.stj.jus.br> Acesso em: 31 de maio de 2016.
SUPERIOR TRIBUNAL DE JUSTIÇA. Recurso Especial nº 877.965/SP. Quarta Turma. Ministro Relator: Luis Felipe Salomão. J. 22/11/2011. Disponível em: <www.stj.jus.br> Acesso em: 31 de maio de 2016.
SUPERIOR TRIBUNAL DE JUSTIÇA. Recurso Especial nº 656.103/DF. Quarta Turma. Ministro Relator: Jorge Scartezzini. J. 12/12/2006. Disponível em: <www.stj.jus.br> Acesso em: 31 de maio de 2016.
SUPERIOR TRIBUNAL DE JUSTIÇA. Recurso Especial nº 1287402/PR. Quarta Turma. Ministro Relator: Marco Buzzi. Ministro Relator para Acórdão: Antonio Carlos Ferreira. J. 03/05/2012. Disponível em: <www.stj.jus.br> Acesso em: 31 de maio de 2016.
SUPERIOR TRIBUNAL DE JUSTIÇA. Recurso Especial nº 469.577/SC. Quarta Turma. Ministro Relator: Ruy Rosado De Aguiar. J. 25/03/2003. Disponível em: <www.stj.jus.br> Acesso em: 31 de maio de 2016.
SUPERIOR TRIBUNAL DE JUSTIÇA. Agravo Regimental no Agravo em Recurso Especial nº 204.701/SC. Terceira Turma. Ministro Relator: Paulo De Tarso Sanseverino. J. 10/12/2013. Disponível em: <www.stj.jus.br> Acesso em: 31 de maio de 2016.
SUPERIOR TRIBUNAL DE JUSTIÇA. Recurso Especial nº 272.739/MG. Quarta Turma. Ministro Relator: Ruy Rosado De Aguiar. J. 02/04/2001. Disponível em: <www.stj.jus.br> Acesso em: 31 de maio de 2016.
SUPERIOR TRIBUNAL DE JUSTIÇA. Recurso Especial nº 1200105/AM. Terceira Turma. Ministro Relator: Paulo De Tarso Sanseverino. J. 19/06/2012. Disponível em: <www.stj.jus.br> Acesso em: 31 de maio de 2016.
SUPERIOR TRIBUNAL DE JUSTIÇA. Recurso Especial nº 1051270/RS. Quarta Turma. Ministro Relator: Luis Felipe Salomão. J. 04/08/2011. Disponível em: <www.stj.jus.br> Acesso em: 31 de maio de 2016.
SUPERIOR TRIBUNAL DE JUSTIÇA. Recurso Especial nº 712.173/RS. Terceira Turma. Ministro Relator: Carlos Alberto Menezes Direito. J. 17/10/2006. Disponível em: <www.stj.jus.br> Acesso em: 31 de maio de 2016.
TRIBUNAL DE JUSTIÇA DO ESTADO DE SÃO PAULO. Apelação nº 0001368-24.2010.8.26.0445. 1ª Câmara de Direito Privado. Desembar-

gadora Relatora: Christine Santini. J. 31/05/2016. Disponível em: <www.tjsp.jus.br> Acesso em: 31 de maio de 2016.

TRIBUNAL DE JUSTIÇA DO ESTADO DE SÃO PAULO. Apelação nº 0024275-23.2012.8.26.0477. 3ª Câmara de Direito Privado. Desembargador Relator: Donegá Morandini. J. 19/05/2016. Disponível em: <www.tjsp.jus.br> Acesso em: 31 de maio de 2016.

TRIBUNAL DE JUSTIÇA DO ESTADO DE SÃO PAULO. Apelação nº 0042575-97.2011.8.26.0564. 5ª Câmara de Direito Privado. Desembargadora Relatora: Fernanda Gomes Camacho. J. 11/05/2016. Disponível em: <www.tjsp.jus.br> Acesso em: 31 de maio de 2016.

TRIBUNAL DE JUSTIÇA DO ESTADO DE SÃO PAULO. Apelação nº 0026062-47.2013.8.26.0576. 6ª Câmara de Direito Privado. Desembargador Relator: Paulo Alcides. J. 12/05/2016. Disponível em: <www.tjsp.jus.br> Acesso em: 31 de maio de 2016.

TRIBUNAL DE JUSTIÇA DO ESTADO DE SÃO PAULO. Apelação nº 0034691-83.2013.8.26.0002. 5ª Câmara de Direito Privado. Desembargador Relator: J.L. Mônaco da Silva. J. 11/05/2016. Disponível em: <www.tjsp.jus.br> Acesso em: 31 de maio de 2016.

TRIBUNAL DE JUSTIÇA DO ESTADO DE SÃO PAULO. Apelação nº 0028258-90.2012.8.26.0554. 9ª Câmara de Direito Privado. Desembargador Relator: Piva Rodrigues. J. 26/04/2016. Disponível em: <www.tjsp.jus.br> Acesso em: 31 de maio de 2016.

TRIBUNAL DE JUSTIÇA DO ESTADO DE SÃO PAULO. Apelação nº 0041155-18.2011.8.26.0577. 9ª Câmara de Direito Privado. Desembargador Relator: Piva Rodrigues. J. 10/05/2016. Disponível em: <www.tjsp.jus.br> Acesso em: 31 de maio de 2016.

TRIBUNAL DE JUSTIÇA DO ESTADO DE SÃO PAULO. Apelação nº 1005564-22.2014.8.26.0302. 4ª Câmara de Direito Privado. Desembargador Relator: Enio Zuliani. J. 09/05/2016. Disponível em: <www.tjsp.jus.br> Acesso em: 31 de maio de 2016.

TRIBUNAL DE JUSTIÇA DO ESTADO DE SÃO PAULO. Apelação nº 0024151-22.2008.8.26.0302. 5ª Câmara de Direito Privado. Desembargadora Relatora: Fernanda Gomes Camacho. J. 04/05/2016. Disponível em: <www.tjsp.jus.br> Acesso em: 31 de maio de 2016.

TRIBUNAL DE JUSTIÇA DO ESTADO DE SÃO PAULO. Apelação nº 0221520-17.2009.8.26.0002. 1ª Câmara de Direito Privado. Desembargadora Relatora: Christine Santini. J. 03/05/2016. Disponível em: <www.tjsp.jus.br> Acesso em: 31 de maio de 2016.

TRIBUNAL DE JUSTIÇA DO ESTADO DE SÃO PAULO. Apelação nº 0010530-64.2011.8.26.0071. 4ª Câmara de Direito Privado. Desembar-

gador Relator: Enio Zuliani. J. 30/04/2015. Disponível em: <www.tjsp. jus.br> Acesso em: 31 de maio de 2016.
TRIBUNAL DE JUSTIÇA DO ESTADO DE SÃO PAULO. Apelação nº 0022865-76.2010.8.26.0451. 6ª Câmara de Direito Privado. Desembargadora Relatora: Ana Lucia Romanhole Martucci. J. 04/08/2014. Disponível em: <www.tjsp.jus.br> Acesso em: 31 de maio de 2016.
TRIBUNAL DE JUSTIÇA DO ESTADO DE SÃO PAULO. Apelação nº 0003609-76.2011.8.26.0625. 2ª Câmara de Direito Privado. Desembargador Relator: Giffoni Ferreira. J. 24/09/2013. Disponível em: <www. tjsp.jus.br> Acesso em: 31 de maio de 2016.
TRIBUNAL DE JUSTIÇA DO ESTADO DE SÃO PAULO. Apelação nº 0004879-47.2009.8.26.0095. 26ª Câmara de Direito Privado. Desembargador Relator: Antonio Nascimento. J. 30/07/2015. Disponível em: <www.tjsp.jus.br> Acesso em: 31 de maio de 2016.
TRIBUNAL DE JUSTIÇA DO ESTADO DE SÃO PAULO. Apelação nº 0015806-76.2009.8.26.0320. 29ª Câmara de Direito Privado. Desembargador Relator: Hamid Bdine. J. 04/03/2015. Disponível em: <www. tjsp.jus.br> Acesso em: 31 de maio de 2016.
TRIBUNAL DE JUSTIÇA DO ESTADO DE SÃO PAULO. Apelação nº 0006747-91.2009.8.26.0020. 29ª Câmara de Direito Privado. Desembargador Relator: Hamid Bdine. J. 09/10/2013. Disponível em: <www. tjsp.jus.br> Acesso em: 31 de maio de 2016.
TRIBUNAL DE JUSTIÇA DO ESTADO DE SÃO PAULO. Apelação nº 9171125-68.2009.8.26.0000. 31ª Câmara de Direito Privado. Desembargador Relator: Hamid Bdine. J. 20/09/2013. Disponível em: <www. tjsp.jus.br> Acesso em: 31 de maio de 2016.
TRIBUNAL DE JUSTIÇA DO ESTADO DE SÃO PAULO. Apelação nº 0161803-37.2010.8.26.0100. 26ª Câmara de Direito Privado. Desembargador Relator: Vianna Cotrim. J. 22/05/2013. Disponível em: <www. tjsp.jus.br> Acesso em: 31 de maio de 2016.
TRIBUNAL DE JUSTIÇA DO ESTADO DE SÃO PAULO. Apelação nº 0067081-54.2009.8.26.0000. 32ª Câmara de Direito Privado. Desembargador Relator: Hamid Bdine. J. 20/09/2012. Disponível em: <www. tjsp.jus.br> Acesso em: 31 de maio de 2016.
TRIBUNAL DE JUSTIÇA DO ESTADO DE SÃO PAULO. Apelação nº 0001024-93.2008.8.26.0451. 25ª Câmara de Direito Privado. Desembargador Relator: Edgard Rosa. J. 12/09/2012. Disponível em: <www. tjsp.jus.br> Acesso em: 31 de maio de 2016.
TRIBUNAL DE JUSTIÇA DO ESTADO DE SÃO PAULO. Apelação nº 9087609-53.2009.8.26.0000. 32ª Câmara de Direito Privado. Desem-

bargador Relator: Hamid Bdine. J. 08/11/2012. Disponível em: <www.tjsp.jus.br> Acesso em: 31 de maio de 2016.
TRIBUNAL DE JUSTIÇA DO ESTADO DE SÃO PAULO. Apelação nº 0137008-45.2002.8.26.0100. 25ª Câmara de Direito Privado. Desembargador Relator: Marcondes D'Angelo. J. 24/04/2013. Disponível em: <www.tjsp.jus.br> Acesso em: 31 de maio de 2016.
TRIBUNAL DE JUSTIÇA DO ESTADO DE SÃO PAULO. Apelação nº 0000750-52.2011.8.26.0281. 38ª Câmara de Direito Privado. Desembargador Relator: Fernando Sastre Redondo. J. 23/04/2014. Disponível em: <www.tjsp.jus.br> Acesso em: 31 de maio de 2016.
TRIBUNAL DE JUSTIÇA DO ESTADO DE SÃO PAULO. Apelação nº 0091329-26.2005.8.26.0000. 25ª Câmara de Direito Privado. Desembargador Relator: Amorim Cantuária. J. 04/08/2009. Disponível em: <www.tjsp.jus.br> Acesso em: 31 de maio de 2016.
TRIBUNAL DE JUSTIÇA DO ESTADO DO RIO DE JANEIRO. Apelação nº 0019900-14.2011.8.19.0087. 24ª Câmara Cível. Desembargador Relator: Wilson Do Nascimento Reis. J. 11/05/2016. Disponível em: <www.tjrj.jus.br> Acesso em: 31 de maio de 2016.
TRIBUNAL DE JUSTIÇA DO ESTADO DO RIO DE JANEIRO. Apelação nº 0011540-27.2011.8.19.0011. 26ª Câmara Cível. Desembargadora Relatora: Ana Maria Oliveira. J. 03/03/2016. Disponível em: <www.tjrj.jus.br> Acesso em: 31 de maio de 2016.
TRIBUNAL DE JUSTIÇA DO ESTADO DO RIO DE JANEIRO. Apelação nº 0006238-90.2011.8.19.0019. 7ª Câmara Cível. Desembargador Relator: Luciano Rinaldi. J. 03/11/2015. Disponível em: <www.tjrj.jus.br> Acesso em: 31 de maio de 2016.
TRIBUNAL DE JUSTIÇA DO ESTADO DO RIO DE JANEIRO. Apelação nº 0001215-06.2007.8.19.0052. 3ª Câmara Cível. Desembargadora Relatora: Helda Lima Meireles. J. 03/08/2015. Disponível em: <www.tjrj.jus.br> Acesso em: 31 de maio de 2016.
TRIBUNAL DE JUSTIÇA DO ESTADO DO RIO DE JANEIRO. Apelação nº 0004673-77.2013.8.19.0001. 22ª Câmara Cível. Desembargador Relator: Rogério De Oliveira Souza. J. 08/09/2015. Disponível em: <www.tjrj.jus.br> Acesso em: 31 de maio de 2016.
TRIBUNAL DE JUSTIÇA DO ESTADO DO RIO DE JANEIRO. Apelação nº 0041085-11.2012.8.19.0205. 7ª Câmara Cível. Desembargador Relator: Ricardo Couto. J. 29/07/2015. Disponível em: <www.tjrj.jus.br> Acesso em: 31 de maio de 2016.
TRIBUNAL DE JUSTIÇA DO ESTADO DO RIO DE JANEIRO. Apelação nº 0025108-45.2013.8.19.0204. 1ª Câmara Cível. Desembargador Relator:

Custodio Tostes. J. 02/06/2015. Disponível em: <www.tjrj.jus.br> Acesso em: 31 de maio de 2016.
TRIBUNAL DE JUSTIÇA DO ESTADO DO RIO DE JANEIRO. Apelação nº 0000269-85.2006.8.19.0208. 3ª Câmara Cível. Desembargador Relator: Mario Assis Gonçalves. J. 24/05/2016. Disponível em: <www.tjrj.jus.br> Acesso em: 31 de maio de 2016.
TRIBUNAL DE JUSTIÇA DO ESTADO DO RIO DE JANEIRO. Apelação nº 0017993-94.2009.8.19.0209. 22ª Câmara Cível. Desembargador Relator: Rogério de Oliveira Souza. J. 26/08/2014. Disponível em: <www.tjrj.jus.br> Acesso em: 31 de maio de 2016.
TRIBUNAL DE JUSTIÇA DO ESTADO DO RIO DE JANEIRO. Apelação nº -0021765-49.2010.8.19.0203. 3ª Câmara Cível. Desembargador Relator: Mario Assis Goncalves. J. 30/04/2014. Disponível em: <www.tjrj.jus.br> Acesso em: 31 de maio de 2016.
TRIBUNAL DE JUSTIÇA DO ESTADO DO RIO DE JANEIRO. Apelação nº -001149-34.2007.8.19.0017. 20ª Câmara Cível. Desembargador Relator: Marco Antonio Ibrahim. J. 10/03/2010. Disponível em: <www.tjrj.jus.br> Acesso em: 31 de maio de 2016.
TRIBUNAL DE JUSTIÇA DO ESTADO DO RIO DE JANEIRO. Apelação nº -0332426-67.2012.8.19.0001. 22ª Câmara Cível. Desembargador Relator: Carlos Santos De Oliveira. J. 02/09/2014. Disponível em: <www.tjrj.jus.br> Acesso em: 31 de maio de 2016.
TRIBUNAL DE JUSTIÇA DO ESTADO DO RIO DE JANEIRO. Apelação nº -0131011-72.2008.8.19.0001. 9ª Câmara Cível. Desembargador Relator: Alcino A Torres. J. 02/10/2012. Disponível em: <www.tjrj.jus.br> Acesso em: 31 de maio de 2016.
TRIBUNAL DE JUSTIÇA DO ESTADO DO RIO DE JANEIRO. Apelação nº -0133885-59.2010.8.19.0001. 11ª Câmara Cível. Desembargador Relator: Otavio Rodrigues. J. 01/02/2012. Disponível em: <www.tjrj.jus.br> Acesso em: 31 de maio de 2016.
TRIBUNAL DE JUSTIÇA DO ESTADO DO RIO DE JANEIRO. Apelação nº -0419877-04.2010.8.19.0001. 27ª Câmara Cível. Desembargador Relator: Antonio Carlos Bitencourt. J. 17/12/2014. Disponível em: <www.tjrj.jus.br> Acesso em: 31 de maio de 2016.
TRIBUNAL DE JUSTIÇA DO ESTADO DO RIO DE JANEIRO. Apelação nº -0048106-49.2009.8.19.0203. 9ª Câmara Cível. Desembargador Relator: Rogerio De Oliveira Souza. J. 14/09/2010. Disponível em: <www.tjrj.jus.br> Acesso em: 31 de maio de 2016.
TRIBUNAL DE JUSTIÇA DO ESTADO DE MINAS GERAIS. Apelação nº 1.0313.10.002242-2/001. 12ª Câmara Cível. Desembargador Relator: Alvi-

mar de Ávila. J. 06/11/2013. Disponível em: <www.tjmg.jus.br> Acesso em: 31 de maio de 2016.

TRIBUNAL DE JUSTIÇA DO ESTADO DE MINAS GERAIS. Agravo de instrumento nº 1.0024.10.062090-5/001. 16ª Câmara Cível. Desembargadora Relatora: Aparecida Grossi. J. 24/02/2016. Disponível em: <www.tjmg.jus.br> Acesso em: 31 de maio de 2016.

TRIBUNAL DE JUSTIÇA DO ESTADO DE MINAS GERAIS. Apelação nº 1.0024.10.234528-7/002. 11ª Câmara Cível. Desembargador Relator: Wanderley Paiva. J. 04/03/2016. Disponível em: <www.tjmg.jus.br> Acesso em: 31 de maio de 2016.

TRIBUNAL DE JUSTIÇA DO ESTADO DE MINAS GERAIS. Apelação nº 1.0079.11.042625-5/001. 13ª Câmara Cível. Desembargador Relator: Alberto Henrique. J. 03/03/2016. Disponível em: <www.tjmg.jus.br> Acesso em: 31 de maio de 2016.

TRIBUNAL DE JUSTIÇA DO ESTADO DE MINAS GERAIS. Apelação nº 1.0024.11.222680-8/001. 16ª Câmara Cível. Desembargador Relator: José Marcos Vieira. J. 07/04/2016. Disponível em: <www.tjmg.jus.br> Acesso em: 31 de maio de 2016.

TRIBUNAL DE JUSTIÇA DO ESTADO DE MINAS GERAIS. Apelação nº 1.0024.12.336769-0/001. 16ª Câmara Cível. Desembargador Relator: José Marcos Vieira. J. 07/04/2016. Disponível em: <www.tjmg.jus.br> Acesso em: 31 de maio de 2016.

TRIBUNAL DE JUSTIÇA DO ESTADO DE MINAS GERAIS. Apelação nº 1.0693.13.002528-3/001. 14ª Câmara Cível. Desembargador Relator: Valdez Leite Machado. J. 14/04/2016. Disponível em: <www.tjmg.jus.br> Acesso em: 31 de maio de 2016.

TRIBUNAL DE JUSTIÇA DO ESTADO DE MINAS GERAIS. Apelação nº 1.0024.07.565828-6/001. 11ª Câmara Cível. Desembargadora Relatora: Shirley Fenzi Bertão. J. 18/05/2016. Disponível em: <www.tjmg.jus.br> Acesso em: 31 de maio de 2016.

TRIBUNAL DE JUSTIÇA DO ESTADO DE MINAS GERAIS. Apelação nº 1.0702.07.367815-4/001. 13ª Câmara Cível. Desembargador Relator: Rogério Medeiros. J. 17/12/2015. Disponível em: <www.tjmg.jus.br> Acesso em: 31 de maio de 2016.

TRIBUNAL DE JUSTIÇA DO ESTADO DE MINAS GERAIS. Apelação nº 1.0693.14.005665-8/001. 12ª Câmara Cível. Desembargador Relator: Saldanha da Fonseca. J. 26/08/2015. Disponível em: <www.tjmg.jus.br> Acesso em: 31 de maio de 2016.

TRIBUNAL DE JUSTIÇA DO ESTADO DE MINAS GERAIS. Apelação nº 1.0223.10.024516-4/001. 16ª Câmara Cível. Desembargador Relator:

Otávio Portes. J. 23/10/2013. Disponível em: <www.tjmg.jus.br> Acesso em: 31 de maio de 2016.

TRIBUNAL DE JUSTIÇA DO ESTADO DE MINAS GERAIS. Agravo de instrumento nº 1.0525.15.005794-7/001. 17ª Câmara Cível. Desembargadora Relatora: Márcia De Paoli Balbino. J. 03/09/2015. Disponível em: <www.tjmg.jus.br> Acesso em: 31 de maio de 2016.

TRIBUNAL DE JUSTIÇA DO ESTADO DE MINAS GERAIS. Apelação nº 1.0713.11.009643-3/001. 15ª Câmara Cível. Desembargador Relator: Tibúrcio Marques. J. 11/07/2013. Disponível em: <www.tjmg.jus.br> Acesso em: 31 de maio de 2016.

TRIBUNAL DE JUSTIÇA DO ESTADO DE MINAS GERAIS. Apelação nº 1.0056.09.220245-8/001. 17ª Câmara Cível. Desembargador Relator: Leite Praça. J. 10/12/2015. Disponível em: <www.tjmg.jus.br> Acesso em: 31 de maio de 2016.

TRIBUNAL DE JUSTIÇA DO ESTADO DE MINAS GERAIS. Apelação nº 1.0313.14.013565-5/001. 17ª Câmara Cível. Desembargador Relator: Leite Praça. J. 04/02/2016. Disponível em: <www.tjmg.jus.br> Acesso em: 31 de maio de 2016.

TRIBUNAL DE JUSTIÇA DO ESTADO DE MINAS GERAIS. Apelação nº 1.0701.13.043674-7/001. 17ª Câmara Cível. Desembargador Relator: Leite Praça. J. 17/09/2015. Disponível em: <www.tjmg.jus.br> Acesso em: 31 de maio de 2016.

TRIBUNAL DE JUSTIÇA DO ESTADO DE MINAS GERAIS. Apelação nº 1.0024.11.206281-5/001. 17ª Câmara Cível. Desembargador Relator: Leite Praça. J. 17/09/2015. Disponível em: <www.tjmg.jus.br> Acesso em: 31 de maio de 2016.

TRIBUNAL DE JUSTIÇA DO ESTADO DE MINAS GERAIS. Apelação nº 1.0024.12.074310-9/001. 17ª Câmara Cível. Desembargador Relator: Leite Praça. J. 30/07/2015. Disponível em: <www.tjmg.jus.br> Acesso em: 31 de maio de 2016.

TRIBUNAL DE JUSTIÇA DO ESTADO DO RIO GRANDE DO SUL. Apelação nº 589016534. 5ª Câmara Cível. Desembargador Relator: Ruy Rosado de Aguiar Júnior. J. 02/05/1989. Disponível em: <www.tjrs.jus.br> Acesso em: 31 de maio de 2016.

TRIBUNAL DE JUSTIÇA DO ESTADO DO RIO GRANDE DO SUL. Apelação nº 70067794479. 19ª Câmara Cível. Desembargadora Relatora: Mylene Maria Michel. J. 02/06/2016. Disponível em: <www.tjrs.jus.br> Acesso em: 31 de maio de 2016.

TRIBUNAL DE JUSTIÇA DO ESTADO DO RIO GRANDE DO SUL. Apelação nº 770068757863. 20ª Câmara Cível. Desembargador Relator: Carlos

Cini Marchionatti. J. 11/05/2016. Disponível em: <www.tjrs.jus.br> Acesso em: 31 de maio de 2016.

TRIBUNAL DE JUSTIÇA DO ESTADO DO RIO GRANDE DO SUL. Apelação nº 70068683879. 18ª Câmara Cível. Desembargador Relator: Pedro Celso Dal Pra. J. 28/04/2016. Disponível em: <www.tjrs.jus.br> Acesso em: 31 de maio de 2016.

TRIBUNAL DE JUSTIÇA DO ESTADO DO RIO GRANDE DO SUL. Apelação nº 70057868077. 17ª Câmara Cível. Desembargador Relator: Alex Gonzalez Custodio. J. 28/04/2016. Disponível em: <www.tjrs.jus.br> Acesso em: 31 de maio de 2016.

TRIBUNAL DE JUSTIÇA DO ESTADO DO RIO GRANDE DO SUL. Apelação nº 70067955260. 18ª Câmara Cível. Desembargador Relator: João Moreno Pomar. J. 10/03/2016. Disponível em: <www.tjrs.jus.br> Acesso em: 31 de maio de 2016.

TRIBUNAL DE JUSTIÇA DO ESTADO DO RIO GRANDE DO SUL. Apelação nº 70063322309. 19ª Câmara Cível. Desembargadora Relatora: Mylene Maria Michel. J. 10/03/2016. Disponível em: <www.tjrs.jus.br> Acesso em: 31 de maio de 2016.

TRIBUNAL DE JUSTIÇA DO ESTADO DO RIO GRANDE DO SUL. Apelação nº 70068812080. 19ª Câmara Cível. Desembargador Relator: João Lima Costa. J. 12/05/2016. Disponível em: <www.tjrs.jus.br> Acesso em: 31 de maio de 2016.

TRIBUNAL DE JUSTIÇA DO ESTADO DO RIO GRANDE DO SUL. Apelação nº 70043594951. 19ª Câmara Cível. Desembargadora Relatora: Elaine Maria Canto da Fonseca. J. 10/12/2015. Disponível em: <www.tjrs.jus.br> Acesso em: 31 de maio de 2016.

TRIBUNAL DE JUSTIÇA DO ESTADO DO RIO GRANDE DO SUL. Apelação nº 70054262555. 20ª Câmara Cível. Desembargador Relator: Glênio José Wasserstein Hekman. J. 02/12/2015. Disponível em: <www.tjrs.jus.br> Acesso em: 31 de maio de 2016.

TRIBUNAL DE JUSTIÇA DO ESTADO DO RIO GRANDE DO SUL. Apelação nº 70065844102. 17ª Câmara Cível. Desembargadora Relatora: Marta Borges Ortiz. J. 19/11/2015. Disponível em: <www.tjrs.jus.br> Acesso em: 31 de maio de 2016.

TRIBUNAL DE JUSTIÇA DO ESTADO DO RIO GRANDE DO SUL. Apelação nº 70023599699. 17ª Câmara Cível. Desembargadora Relatora: Elaine Harzheim Macedo. J. 17/04/2008. Disponível em: <www.tjrs.jus.br> Acesso em: 31 de maio de 2016.

TRIBUNAL DE JUSTIÇA DO ESTADO DO RIO GRANDE DO SUL. Agravo de instrumento nº 70060646098. 15ª Câmara Cível. Desembargadora Relatora: Ana Beatriz Iser. J. 10/12/2014. Disponível em: <www.tjrs.jus.br> Acesso em: 31 de maio de 2016.

TRIBUNAL DE JUSTIÇA DO ESTADO DO RIO GRANDE DO SUL. Apelação nº 70059097840. 5ª Câmara Cível. Desembargadora Relatora: Ana Beatriz Iser. J. 16/04/2014. Disponível em: <www.tjrs.jus.br> Acesso em: 31 de maio de 2016.

TRIBUNAL DE JUSTIÇA DO ESTADO DO RIO GRANDE DO SUL. Apelação nº 70057376519. 12 Câmara Cível. Desembargador Relator: Umberto Guaspari Sudbrack. J. 08/01/2016. Disponível em: <www.tjrs.jus.br> Acesso em: 31 de maio de 2016.

TRIBUNAL DE JUSTIÇA DO ESTADO DO RIO GRANDE DO SUL. Apelação nº 70064638422. 19ª Câmara Cível. Desembargador Relator: Marco Antonio Ângelo. J. 29/10/2015. Disponível em: <www.tjrs.jus.br> Acesso em: 31 de maio de 2016.

TRIBUNAL DE JUSTIÇA DO ESTADO DO RIO GRANDE DO SUL. Apelação nº 70044657443. 15ª Câmara Cível. Desembargador Relator: Angelo Maraninchi Giannakos. J. 28/03/2012. Disponível em: <www.tjrs.jus.br> Acesso em: 31 de maio de 2016.

TRIBUNAL DE JUSTIÇA DO ESTADO DO RIO GRANDE DO SUL. Apelação nº 70046052775. 15ª Câmara Cível. Desembargador Relator: Vicente Barrôco de Vasconcellos. J. 28/03/2012. Disponível em: <www.tjrs.jus.br> Acesso em: 31 de maio de 2016.

TRIBUNAL DE JUSTIÇA DO ESTADO DO RIO GRANDE DO SUL. Apelação nº 70035627371. 9ª Câmara Cível. Desembargadora Relatora: Iris Helena Medeiros Nogueira. J. 08/07/2010. Disponível em: <www.tjrs.jus.br> Acesso em: 31 de maio de 2016.

TRIBUNAL DE JUSTIÇA DO ESTADO DO RIO GRANDE DO SUL. Apelação nº 70001880707. 2ª Câmara Cível. Desembargadora Relatora: Teresinha de Oliveira Silva. J. 04/12/2002. Disponível em: <www.tjrs.jus.br> Acesso em: 31 de maio de 2016.

TRIBUNAL DE JUSTIÇA DO ESTADO DO RIO GRANDE DO SUL. Apelação nº 70008530966. 9ª Câmara Cível. Desembargador Relator: Adão Sérgio do Nascimento Cassiano. J. 26/04/2006. Disponível em: <www.tjrs.jus.br> Acesso em: 31 de maio de 2016.

A Responsabilidade Civil pela Perda de Chances e seu Enfrentamento pelo Superior Tribunal de Justiça

Guilherme Tadeu de Medeiros Moura

Introdução

O dinamismo social e os estudos de direito civil na Europa do século XIX mostraram que o estudioso da responsabilidade civil deveria afastar-se da análise sobre o causador do dano e dos fatores que constituem a análise da culpa, para ajustar seu foco na análise objetiva de reparação da vítima.

Classicamente, os sistemas de responsabilidade civil têm por premissa colocar a vítima na situação em que se encontraria se o fato imputável ao causador do dano não tivesse ocorrido (*status quo ante*), protegendo, igualmente, a reparação de danos certos e palpáveis.

No entanto, adotadas as premissas clássicas, é de se notar a possibilidade de que haja situações em que um interesse aleatório da vítima é violado e, por falta de amparo legal expresso, esta deixe de ser indenizada, restando desamparada pelo sistema jurídico, a despeito de ter sofrido violação de seus interesses.

Eis que, então, surge a teoria da perda de uma chance no ordenamento jurídico francês como uma tentativa de possibilitar a reparação pela expectativa de um benefício ou um direito frustrada em decorrência do ato ilícito de alguém.

Hoje, a teoria da perda de uma chance já está altamente desenvolvida na França e, paulatinamente, vem sendo assimilada pelos tribunais brasileiros.

Diante da importância do instituto, pretende-se com este trabalho, apontar os principais elementos caracterizadores da perda de uma chance, seus critérios de aplicação e exemplos bem ou malsucedidos de seu enfrentamento pelo Superior Tribunal de Justiça no processo de assimilação da teoria ao ordenamento jurídico brasileiro.

1. A noção clássica de responsabilidade civil e seus elementos
A palavra "responsabilidade" origina-se do latim *re-spondere*, e denota a o conceito de assegurar, garantir ou compensar um interesse atingido. Teria assim, o significado de recomposição, de obrigação de restituir ou ressarcir"[1].

Segundo Sérgio Cavalieri Filho, a responsabilidade tem como elemento central uma conduta, que seja voluntária, violadora de um dever jurídico: ela nasce de uma ilicitude[2].

A vida em sociedade traz, por natureza, diversas situações em que se verifica a lesão a interesses e deveres jurídicos, ocasionando conflitos entre seus componentes. Como uma alternativa à primitiva noção classicamente concebida segundo a Lei de Talião, de vingança como forma de compensação ao mal sofrido[3], desenvolveu-se o Sistema de Responsabilidade Civil,

---

[1] GONÇALVES, Carlos Roberto. **Responsabilidade civil**: de acordo com o novo Código Civil. 8ª ed. São Paulo, 2003, p. 17-18.
[2] CAVALIERI FILHO, Sergio. **Programa de responsabilidade civil**. 10ª ed. São Paulo: Atlas, 2012, p. 15.
[3] DINIZ, Maria Helena. **Curso de Direito Civil Brasileiro**: responsabilidade civil. v.7. 20ª ed. São Paulo: Saraiva, 2006, p. 3.

ensejando-se o dever de indenizar daquele que provocou um dano a outrem.

A situação em que se verifica um dano ou interesse não reparado é um fator de inquietação social, e por isso os ordenamentos jurídicos contemporâneos buscam alargar cada vez mais o dever de indenizar, alcançando novos horizontes, a fim de que cada vez menos restem danos não ressarcidos[4].

Por isso, segundo José de Aguiar Dias, a responsabilidade civil relaciona-se com toda manifestação da atividade humana, destacando-se cada vez mais com a evolução das relações sociais[5].

A motivação da sociedade em estudar e desenvolver as técnicas de reparação civil é a de buscar, de alguma forma, o estabelecimento de um equilíbrio entre as relações, uma vez quebrado em decorrência do ato de alguém, que deixou o outro em situação de desvantagem indevida. O sentimento que alavanca o estudo e aplicação do Sistema de Responsabilidade Civil é, pois, o de justiça, como expõe Sergio Cavalieri Filho:

> "O anseio de obrigar o agente, causador do dano, a repará-lo inspira-se no mais elementar sentimento de justiça. O dano causado pelo ato ilícito rompe o equilíbrio jurídico-econômico anteriormente existente entre o agente e a vítima. Há uma necessidade fundamental de se restabelecer esse equilíbrio, o que se procura fazer recolocando o prejudicado no *statu quo ante*. Impera neste campo o princípio da *restitutio in integrum*, isto é, tanto quanto possível, repõe-se a vítima à situação anterior à lesão"[6].

---

[4] VENOSA, Silvio de Salvo. **Direito civil**: responsabilidade civil. 7. ed. São Paulo: Atlas, 2007. vol. 4, p. 1.
[5] Aguiar Dias, José de. **Da responsabilidade civil**. 10. ed. Rio de Janeiro: Forense, 1997. vol. 2, p. 13.
[6] CAVALIERI FILHO, Sergio. Op. cit., p. 14.

Nelson Nery Jr. e Rosa Maria de Andrade Nery descrevem com propriedade o mecanismo do Sistema de Responsabilidade Civil:

> "Denomina-se 'sistema de responsabilidade civil' o mecanismo lógico-jurídico por cujas regras se buscam apurar as causas de eventos danosos e, consequentemente, apontar o responsável por sua ocorrência e/ou reparação (imputação civil), para fazê-lo responder pela indenização, ou pela reparação correspondente, nos termos da lei, ou do contrato, em favor de quem sofreu prejuízo"[7].

De forma didática, Flávio Tartuce ensina que:

> "A responsabilidade civil surge em face do descumprimento obrigacional, pela desobediência de uma regra estabelecida em um contrato, ou por deixar determinada pessoa de observar um preceito normativo que regula a vida. Neste sentido, fala-se, respectivamente, em responsabilidade civil contratual ou negocial e em responsabilidade civil extracontratual, também denominada responsabilidade civil aquiliana, diante da Lex Aquilia de Damno, aprovada no final do século III a.C., e que fixou os parâmetros da responsabilidade civil extracontratual"[8].

Ou seja, a obrigação de indenizar (a responsabilização civil) pode nascer tanto da lei, quanto do fato jurídico (atos jurídicos e contratos, por exemplo), e até mesmo, de ato lícito[9], e

---

[7] NERY, Rosa Maria de Andrade. **Manual de direito civil**: obrigações / Rosa Maria de Andrade Nery; Nelson Nery Junior, Rosa Maria de Andrade Nery, coordenação. São Paulo: Editora Revista dos Tribunais, 2013, p. 253.

[8] TARTUCE, Flavio. **Manual de direito civil**: volume único / Flávio Tartuce. 4. ed. rev., atual. e ampl. – Rio de Janeiro: Forense; São Paulo: Método, 2014, p. 349.

[9] NERY, Rosa Maria de Andrade. Op. cit., p. 253.

podem prescindir ou não da existência e/ou comprovação de culpa daquele que tem o dever de reparar o dano.

Embora exista divergência doutrinária acerca da culpa ser um pressuposto do dever de indenizar – Pablo Stolze Gagliano e Rodolfo Pamplona Filho, por exemplo, entendem que a culpa seria um elemento acidental da responsabilidade civil[10] – segundo Flávio Tartuce ainda prevalece o entendimento de que a culpa em sentido amplo ou genérico é sim elemento essencial da responsabilidade civil, assim como outros três pressupostos: (i) conduta humana; (ii) nexo de causalidade; e (iii) dano ou prejuízo[11].

1.1. Ação ou omissão do agente

Para fins de responsabilidade civil, é essencial que se verifique a existência de uma conduta do agente, que pode ser positiva (uma ação) ou negativa (omissão).

O pressuposto 'ação' diz respeito a uma conduta positiva que gera um dano a outrem. Trata-se de aspecto físico da conduta do agente. Segundo Sérgio Cavalieri Filho, *"consiste, pois, a ação em um movimento corpóreo comissivo, um comportamento positivo, como a destruição de uma coisa alheia, a morte ou lesão corporal causada em alguém, e assim por diante"*[12]. A conduta positiva do agente, neste caso, deve ser voluntária, um ato espontâneo do sujeito que acaba por gerar um dano a terceiro.

Por sua vez, a omissão também pode ser considerada uma conduta relevante para a configuração do dever de indenizar, quando se estiver diante de situação na qual o sujeito tinha o dever jurídico de agir, praticando determinado ato para buscar impedir um resultado de se concretizar. Neste tocante, Sergio

---

[10] GAGLIANO, Pablo Stolze; PAMPLONA FILHO, Rodolfo. **Novo curso de direito civil**. São Paulo: Saraiva, 2003. v. II, p. 28.
[11] TARTUCE, Flavio. Op. cit., p. 362.
[12] CAVALIERI FILHO, Sergio. Op. cit., p. 25.

Cavalieri Filho observa: "Em casos tais, não impedir o resultado significa permitir que a causa opere. O omitente coopera na realização do evento com uma condição negativa, ou deixando de movimentar-se, ou não impedindo que o resultado se concretize"[13].

1.2. Culpa ou dolo do agente

O elemento volitivo que enseja responsabilidade civil pode decorrer de dolo ou culpa do agente. Sobre o conceito de culpa, José de Aguiar Dias ensina que:

> "A culpa é falta de diligência na observância da norma de conduta, isto é, o desprezo, por parte do agente, do esforço necessário para observá-la, com resultado não objetivado, mas previsível, desde que o agente se detivesse na consideração das conseqüências eventuais de sua atitude.
>
> (...)
>
> A culpa, sob os princípios consagrados da negligência, imprudência e imperícia, contém uma conduta voluntária, mas com um resultado involuntário"[14].

Por sua vez, o dolo constitui uma violação intencional do dever jurídico com o objetivo de prejudicar outrem[15].

Acerca do tema, pertinentes e precisas são as observações de Nelson Nery Jr. e Rosa Maria de Andrade Nery:

> "A volição deliberada, por ação ou omissão, destinada à violação de direito e à causação de dano a outrem, constitui o ato ilícito doloso. Distingue-se do ato ilícito culposo que se dá em decorrên-

---

[13] CAVALIERI FILHO, Sergio. Op. cit., p. 25.
[14] AGUIAR DIAS, José de. Op. cit., p. 37.
[15] TARTUCE, Flavio. Op. cit., p. 364.

cia de imprudência, negligência ou imperícia do agente, que, nesses casos de culpa, tem intenção do ato, mas não do resultado"[16].

A distinção entre culpa e dolo não reside no fato de a conduta do agente ser voluntária, na medida em que o elemento volitivo ocorre para ambos os casos, como destaca Sergio Cavalieri Filho:

"Tanto no dolo como na culpa há conduta voluntária do agente, só que no primeiro caso a conduta já nasce ilícita, porquanto a vontade se dirige à concretização de um resultado antijurídico – o dolo abrange a conduta e o efeito lesivo dele resultante -, enquanto que no segundo a conduta nasce lícita, tornando-se ilícita na medida em que se desvia dos padrões socialmente adequados"[17].

Observa-se a distinção entre culpa e dolo no tocante à intenção de obtenção do resultado final. No caso da conduta praticada com dolo, o agente previu o acontecimento do dano, que era o que buscava obter. No caso da conduta culposa, por outro lado, observa-se que a intenção do agente não era propriamente a de obter um resultado danoso mas, no entanto, por ser imprudente, negligente ou imperito na prática de determinado ato, o dano se concretizou.

1.3. Dano

A responsabilidade civil está diretamente relacionada à existência de um dano, que é justamente o prejuízo a ser indenizado. Não há que se falar em ressarcimento onde não existe dano a ser indenizado.

[16] NERY JUNIOR, Nelson; NERY, Rosa Maria de Andrade. **Código Civil Comentado**. 1ª edição em e-book baseada na 11 edição impressa. São Paulo: Revista dos Tribunais, 2014, p. 778.
[17] CAVALIERI FILHO, Sergio. Op. cit., p. 32.

É esse conceito que leva Maria Helena Diniz a classificar a responsabilização civil como: "a aplicação de medidas que obriguem uma pessoa a reparar dano moral ou patrimonial causado a terceiros, em razão de ato por ela mesmo praticado, por pessoa por quem ela responde, por alguma coisa a ela pertencente ou de simples imposição legal"[18]

Na mesma linha de pensamento se inserem os seguintes dizeres de Cavalieri Filho: "Daí a afirmação, comum praticamente a todos os autores, de que o dano é não somente o fato constitutivo mas, também, determinante do dever de indenizar"[19].

Conceitua-se, pois, o dano, como sendo "a subtração ou diminuição de um bem jurídico, qualquer que seja a sua natureza, quer se trate de um bem patrimonial, quer se trate de um bem integrante da própria personalidade da vítima (...)"[20].

Consideração importante diz respeito à previsão do artigo 403 do Código Civil brasileiro, que diz:

"Art. 403. Ainda que a inexecução resulte de dolo do devedor, as perdas e danos só incluem os prejuízos efetivos e os lucros cessantes por efeito dela direto e imediato, sem prejuízo do disposto na lei processual".

A lei é clara ao mencionar a expressão "prejuízos efetivos", querendo dizer que não basta à vítima – que vier a pleitear a responsabilização civil de alguém – que alegue a existência de danos hipotéticos ou de incerta ocorrência.

Sobre a prova do dano e da impossibilidade de alegá-lo aleatoriamente ensina José de Aguiar Dias:

---

[18] DINIZ, Maria Helena. **Responsabilidade civil**: de acordo com a reforma do CPC. 21ª ed. São Paulo, 2008, p. 34.
[19] CAVALIERI FILHO, Sergio. Op. cit., p. 77.
[20] Ibidi. p. 77.

"O dano que interessa à ação de responsabilidade civil é o dano certo. Se tal ação é chamada de reparação de dano, isso ocorre precisamente porque este último elemento constitui a própria condição de admissão. A unanimidade dos autores convém em que não pode haver responsabilidade civil (ressarcimento ou reparação de danos são sinônimos, em caráter de ação) sem a existência de um dano, sendo verdadeiro truísmo sustentar esse princípio, porque, resultando ela em obrigação de indenizar, logicamente não pode esta concretizar-se onde e quando nada há que repor, restituir ou reparar.

(...)

Quem propõe ação de ressarcimento tem que demonstrar o prejuízo. Não basta, porém, que o fato de que se queixa seja capaz de produzir dano, revista natureza prejudicial. É preciso que prove o dano concreto, a realidade do dano que experimentou, o que importa concluir que não há maneira de admitir ação de reparação mediante a invocação da simples hipótese ou eventualidade de sua verificação. Com a inicial deve vir indicado o dano concreto, assim entendida a realidade do dano experimentado"[21].

Ou seja, é pressuposto da responsabilidade civil a existência de dano certo e determinado, ainda que existam doutrinadores que entendem que, na responsabilidade civil pela perda de uma chance o que se verifica é a ocorrência de um *deslocamento* dos elementos "dano" e "nexo de causalidade", quando se compara com a responsabilidade civil clássica em decorrência de ato ou fato antijurídico.

1.4. Relação de causalidade

A relação de causalidade – ou nexo de causalidade – é o pressuposto da responsabilidade civil subjetiva referente ao elo entre

---

[21] AGUIAR DIAS, José de. **Responsabilidade Civil em Debate**, Rio de Janeiro: Forense, 1983, p. 211-212.

os demais pressupostos, sem o qual é impossível imputar responsabilidade a alguém.

Nos dizeres de Anderson Schreiber, "o nexo causal, ou relação de causalidade, vem usualmente definido como o vínculo que se estabelece entre dois eventos, de modo que um represente consequência do outro"[22].

A relação de causalidade, portanto, é a "relação de causa e efeito". Caso seja observado que há relação entre a conduta do agente e o dano, nasce o dever jurídico de indenizar.

Destaque-se, no entanto, que o dano não precisa ser o resultado imediato da conduta que o produziu: basta se constatar que, caso o evento provocado pelo sujeito não tivesse ocorrido, de igual modo o resultado final prejudicial também não aconteceria, para que seja verificada a efetiva existência do nexo causal.

Como se verá adiante, a análise do nexo causal tem papel de destaque no estudo da teoria da responsabilidade civil pela perda de uma chance, na qual também é elemento chave para que possa ser configurado o dever de indenizar

2. A teoria da perda de chance e suas origens

Conforme exposto no início deste trabalho, a existência de um prejuízo ou interesse não reparado é um fator de inquietação social, de modo que os ordenamentos jurídicos contemporâneos buscam alargar cada vez mais o dever de indenizar[23].

No estudo da responsabilidade civil, a doutrina civilista destaca que o grande avanço da matéria foi o advento da responsabilidade civil objetiva ocorrido nas últimas décadas do século XIX. Segundo Rafael Peteffi de Oliveira:

---

[22] SCHREIBER, Anderson. **Novos paradigmas da responsabilidade civil**: da erosão dos filtros da reparação à diluição dos danos. 2ª ed. São Paulo: Atlas, 2009, p. 53.
[23] VENOSA, Silvio de Salvo. Op. cit. p. 1.

"A objetivação da responsabilidade civil representa o rompimento com a sociedade individualista e voluntarista que criou os códigos liberais do século XIX e do começo do século XX. Dessa forma, assim como o dogma da vontade teve de ser relativizado na nova sociedade massificada, rumando para uma objetivação da relação contratual, também o caráter subjetivo da responsabilidade civil observou as suas primeiras contestações".

A responsabilidade civil baseada nos códigos liberais também estava intimamente relacionada com a questão moral. A conduta do agente que comete ação ou omissão deveria ter caráter moralmente repreensível, o que resvalava obrigatoriamente na noção de culpa.

Assim, somente o indivíduo que obrasse com negligência, imprudência ou imperícia poderia ser censurado moral e civilmente Ocorre que, segundo narra Rafael Peteffi, todas as características do sistema liberal e individualista da responsabilidade civil foram fortemente relativizadas, tendo como consequência o aparecimento da supracitada responsabilidade civil objetiva[24].

Diante desse panorama ficou evidente que o estudioso da responsabilidade civil deveria afastar-se da análise da capacidade de previdência e da diligência do causador do dano, fatores que constituem a análise da culpa, para ajustar seu foco na análise objetiva de reparação da vítima.

Considerando essa relativização do conceito de culpa, a massificação social vem embasando utilizações alternativas do nexo de causalidade. Em alguns casos os danos são produzidos de maneira tão rápida ou obscura que não se sabe precisar o seu real causador, ou os autores do dano são conhecidos, mas não se pode precisar a participação de cada um no prejuízo final.

[24] PETEFFI DA SILVA, Rafael. **Responsabilidade civil pela perda de uma chance**: uma análise do direito comparado e brasileiro. São Paulo: Atlas, 2007, p. 3.

Em todo o caso, tradicionalmente a regra de reparação civil tem por premissa colocar a vítima na situação em que se encontraria se o fato imputável ao causador do dano não tivesse ocorrido (*status quo ante*). Da mesma forma, os sistemas jurídicos prestigiam a indenização de danos certos e palpáveis.

Ocorre que, de acordo com essas regras comuns, pode haver situações em que um interesse aleatório da vítima é violado e, por falta de amparo legal expresso, a vítima pode deixar de ser indenizada, restando desemparada pelo sistema jurídico, a despeito de ter sofrido violação de seus interesses.

Eis que, então, surge a teoria da perda de uma chance no ordenamento jurídico francês como uma tentativa de possibilitar a reparação pela expectativa, de um benefício ou um direito, frustrada em decorrência do ato ilícito de alguém. A teoria é bem esclarecida por Rafael Peteffi de Oliveira:

> "A teoria clássica desse instituto confere um caráter autônomo às chances perdidas. Essa referida autonomia serviria para separar definitivamente o dano representado pela paralisação do processo aleatório no qual se encontra a vítima (chance perdida) do prejuízo representado pela perda da vantagem esperada, que também se denominou dano final. A vantagem esperada seria o benefício que a vítima poderia auferir se o processo aleatório fosse até o seu final e resultasse em algo positivo. Desse modo, a paralisação do processo aleatório seria suficiente para respaldar a ação de indenização, pois as chances que a vítima detinha nesse momento poderiam ter aferição pecuniária, exatamente como ocorre com o bilhete de loteria roubado antes do resultado do sorteio"[25].

E o mesmo autor arremata concluindo que "a simples interrupção do processo aleatório no qual se encontrava a vítima é

---

[25] PETEFFI DA SILVA, Rafael. Op. cit., p. 19.

suficiente para caracterizar um dano reparável: a perda de uma chance".

No âmbito do Poder Judiciário, como adiante será demonstrado, uma das reflexões mais precisas de que se tem notícia advém da Ministra Nancy Andrighi, do Superior Tribunal de Justiça, em seu voto condutor no julgamento do Recurso Especial nº 1.079.185/MG, em 11.11.2008, que diz:

> "Diante deste panorama, a doutrina tradicional sempre teve alguma dificuldade para implementar, em termos práticos, a responsabilidade do advogado. Com efeito, mesmo que comprovada sua culpa grosseira, é difícil antever um vínculo claro entre esta negligência e a diminuição patrimonial do cliente, pois o que está em jogo, no processo judicial de conhecimento, são apenas chances e incertezas que devem ser aclaradas em um juízo de cognição. Em outras palavras, ainda que o advogado atue diligentemente, o sucesso no processo judicial depende de outros favores não sujeitos ao seu controle. Daí a dificuldade de estabelecer, para a hipótese, um nexo causal entre a negligência e o dano"[26].

Ou seja, é justamente em razão dos impasses relacionados ao nexo de causalidade entre uma conduta e um dano que a jurisprudência – primeiro a francesa – passou a cogitar da teoria da perda da chance.

Em tais situações de impasse, mesmo não verificada a existência de um dano certo e determinado, é inequívoca a existência de um prejuízo ou violação de interesses da vítima, decorrentes da frustração da expectativa que a vítima possuía em obter uma vantagem ou evitar uma perda.

[26] Superior Tribunal de Justiça, 3ª Turma, Recurso Especial nº 1.079.185/MG, Rel. Ministra Nancy Andrighi, j. 11.11.2008, disponível em <http://www.stj.jus.br/SCON/jurisprudencia/toc.jsp?processo=1079185&&b=ACOR&thesaurus=JURIDICO>. Acesso em: 21.jun.2016.

A respeito disso, é precisa a lição de Daniel Amaral Carnaúba:

> "(...) em vez de constituir uma espécie de prejuízo, a perda de uma chance seria mais bem definida como uma técnica decisória, que, por meio do deslocamento da reparação, visa superar as insuficiências da responsabilidade civil diante dos conflitos envolvendo a lesão a interesses aleatórios. Por meio da técnica, a responsabilidade cessa de se preocupar com a intangível vantagem aleatória desejada e passa a considerar a chance perdida objeto a ser reparado. Evidentemente, esse deslocamento pressupõe que a privação de uma chance representa, em si, um prejuízo sofrido pela vítima"[27].

A teoria, portanto, tem como objetivo servir de alternativa (ou de técnica de julgamento, como entende Daniel Carnaúba) para o problema das probabilidades, trazendo para o campo do ilícito condutas que tolhem, de forma culpa *lato sensu*, as chances, sérias e reais, de sucesso às quais a vítima fazia jus.

3. A operabilidade da responsabilidade civil pela perda de chance

A responsabilidade civil em decorrência da perda de uma chance é verificada pela interrupção – decorrente de ato culposo *lato sensu* – de um processo que propiciaria à vítima a oportunidade de vir a obter algo benéfico.

A chance que foi perdida pode ser traduzida na frustração da oportunidade de obter uma vantagem, que por isso nunca mais poderá acontecer, como na frustração da oportunidade de evitar um dano, que por isso depois se verificou[28].

---

[27] CARNAÚBA, Daniel Amaral. **Responsabilidade civil pela perda de uma chance:** a álea e a técnica. São Paulo: Método, 2013, p. 21.
[28] NORONHA, Fernando. Op. cit., p. 1.

Ao sintetizar o instituto, Fernando Noronha é esclarecedor:

> Como se vê, nos casos em que se fala em perda de chances parte-se de uma situação real, em que havia a possibilidade de fazer algo para obter uma vantagem, ou para evitar um prejuízo, isto é, parte-se de uma situação em que existia uma chance real, que foi frustrada. Já a situação vantajosa que o lesado podia almejar, se tivesse aproveitado a chance, é sempre de natureza mais ou menos aleatória. Todavia, apesar de ser aleatória a possibilidade de obter o benefício em expectativa, nestes casos existe um dano real, que é constituído pela própria chance perdida, isto é, pela oportunidade, que se dissipou, de obter no futuro a vantagem, ou de evitar o prejuízo que veio a acontecer. A diferença em relação aos demais danos está em que esse dano será reparável quando for possível calcular o grau de probabilidade, que havia de ser alcançada a vantagem que era esperada, ou inversamente, o grau de probabilidade de o prejuízo ser evitado. O grau de probabilidade é que determinará o *valor da reparação*"[29].

Ao conceber a diminuição da chance como um prejuízo, o direito propicia uma reparação especificamente sobre um evento que, por si, é incerto – e que nunca haverá de ser certo, por definição – retirando-se do julgador (i) a impossível tarefa de desvendar qual rumo determinado evento aleatório haveria de tomar; (ii) a desagradável incumbência de trabalhar com presunções em casos nos quais nunca se poderia dizer estarem mais ou menos próximas da realidade, bem como; (iii) a injusta decisão de simplesmente afastar qualquer indenização apenas em razão da incerteza do resultado final do evento.

A incerteza é elemento caracterizador do instituto. Além dela, como se passa a demonstrar, os elementos fáticos que

---

[29] Ibidi. p. 1.

compõem a perda de uma chance são: (i) um interesse sobre um resultado aleatório; (ii) a redução das chances de obtenção do resultado aleatório desejado em decorrência de um ato de alguém; (iii) a efetiva e conhecida não obtenção do resultado aleatório inicialmente desejado; e (iv) a incerteza sobre qual seria o resultado no evento da não intervenção daquele que reduziu as chances.

3.1. Os elementos fáticos constantes nos casos de perda de uma chance

As situações que conduziram os tribunais a desenvolverem a teoria da perda de uma chance contém elementos fáticos comuns.

O primeiro elemento constante nos casos de responsabilidade civil por perda de uma chance é que a vítima sempre almeja a obtenção de um resultado aleatório.

Segundo definição de De Plácido e Silva, "o termo 'aleatório', do latim *aleatorius*, foi incorporado à linguagem jurídica no mesmo sentido do vocabulário latino: designa tudo o que se prende ao acaso ou ao jogo da sorte"[30].

O resultado aleatório significa aquele cuja ocorrência – ou não ocorrência – não era, até o momento em que se verifica o ato culposo, um elemento que fazia parte dos conhecimentos da vítima. A realização de seu desejo era uma simples possibilidade, e nada mais[31].

A existência de um resultado aleatório é imprescindível na discussão sobre a aplicação da teoria da perda de uma chance a determinado caso concreto. Afinal, existindo certeza acerca do resultado que se obteria não fosse a intervenção de terceiro,

---

[30] SILVA, De Plácido e. Vocabulário Jurídico Conciso. 2ª edição. Rio de Janeiro: Forense, 2010, p. 43.
[31] CARNAÚBA, Daniel Amaral. Op. Cit., p. 26.

as mais tradicionais modalidades de responsabilização civil são aplicáveis e mais que suficientes e adequadas para a solução do dilema.

O segundo elemento constante na responsabilidade civil pela perda de uma chance é a existência de um fato imputável ao agente (o réu), como causa suficiente para a perda do resultado aleatório desejado.

Neste ponto, analisa-se, à luz da teoria em estudo, a participação do agente no evento, e a conclusão inevitavelmente alcançada é de que o causador do dano pode deflagrar participação de duas formas: (i) limitando a chance de outrem de obtenção do resultado final desejado; ou (ii) efetivamente excluindo qualquer possibilidade de que o outro obtenha o resultado pretendido.

Seja qual for a extensão da participação do agente, no entanto, é aplicável a teoria de reparação de chances perdidas. Afinal, ainda que o agente não tenha tolhido completamente as possibilidades ou tenham seus atos sido suficientes para que o resultado não possa ser alcançado, há existência real do dano – que, neste caso é entendido como a chance perdida.

O terceiro elemento, ou cenário fático constante é que a reparação da chance só ocorre se o processo aleatório já estiver terminado e se a realidade se revelar, de maneira definitiva, contrárias aos desejos da vítima[32].

É necessário que se tenha certeza de que aquele que pleiteia indenização tenha, efetivamente, sofrido o dano pela não obtenção do resultado final pretendido. Caso contrário, além de lidarmos com resultado aleatório, estaríamos lidando com danos eventuais, e se distanciando substancialmente dos elementos necessários para a caracterização da responsabilidade civil e do dever de indenizar, colocando a segurança jurídica do ordenamento em risco.

---

[32] CARNAÚBA, Daniel Amaral. Op. Cit., p. 29.

A respeito disso, Fernando Noronha esclarece:

> "A distinção entre danos certos e eventuais é necessária para evitar o risco de confusão de chances perdidas com danos eventuais. O dano da perda de chance, para ser reparável, ainda terá de ser certo, embora consistindo somente na possibilidade que havia, por ocasião da oportunidade que ficou perdida, de obter o benefício, ou de evitar o prejuízo; mais ou menos incerto será apenas saber se essa oportunidade, se não tivesse sido perdida, traria o benefício esperado (...)"[33].

O quanto elemento fático para a aplicação da teoria da perda de uma chance envolve um elemento desconhecido, que é justamente a efetiva obtenção do resultado pretendido pela vítima, caso não houvesse existido a conduta culposa do agente.

Cotidianamente, até mesmo em situações nas quais a probabilidade de determinado acontecimento se demonstra elevada, é impossível se afirmar com certeza que referido resultado se concretizaria.

Como exemplo, imagine-se um caso em que um advogado representa os interesses de um cliente em processo judicial, e que a questão de direito controvertida possui entendimento majoritário na jurisprudência em favor do cliente. Então, uma sentença de primeiro grau decide de forma contrária ao cliente e ao entendimento dos tribunais, dando ensejo à interposição de recurso com grandes chances de provimento pelo tribunal respectivo. Eis que o advogado, por negligência, perde o prazo processual e deixa de interpor o recurso, fazendo com que transitasse em julgado a sentença desfavorável ao cliente.

A situação que se desenha, obviamente, é de alta probabilidade de provimento do recurso, mas não de certeza. É impos-

---

[33] NORONHA, Fernando. Op. Cit., p. 2.

sível afirmar qual teria sido o resultado e o veredito do tribunal caso o advogado tivesse interposto o recurso a tempo. Daniel Amaral Carnaúba conceitua esse elemento como "incerteza contrafatual":

"Em outras palavras, sabe-se o que passou; não há efetivamente qualquer dúvida sobre a realidade. Mas, em razão da álea que acometia o interesse da vítima, não se sabe ao certo o que teria ocorrido caso o réu não tivesse intervindo. Trata-se de uma incerteza contrafatual"[34].

Assim, vê-se que o cenário fático da aplicação da teoria da perda de uma chance envolve três elementos conhecidos (o interesse sobre o resultado, a redução das chances de sua obtenção e a efetiva não obtenção do resultado final pretendido) e apenas um elemento desconhecido (a incerteza contrafatual), porque o desdobramento normal da realidade sofreu intervenção de terceiro, que ocasionou uma sublimação da álea que inicialmente atingia os interesses da vítima e perpetuou o desconhecimento sobre a obtenção do resultado pretendido não fosse dita intervenção.

Portanto, podemos resumir os elementos fáticos e a ocorrência da perda de uma chance na seguinte maneira: "em razão de um ato imputável ao réu, a vítima foi privada, total ou parcialmente, das chances de obter um resultado desejado, e sob a condição de que essa antiga expectativa aleatória tenha se tornado definitivamente impossível"[35].

---

[34] CARNAÚBA, Daniel Amaral. Op. Cit., p. 31.
[35] Ibidi. p. 30.

3.2. Os critérios de aplicação da teoria e da quantificação da indenização

Como já mencionado neste trabalho, para a aplicação da teoria da perda de uma chance, desloca-se a concepção de dano para a própria chance perdida – em vez de se considerar o resultado final pretendido como dano.

Isto porque, o dano não pode consistir na vantagem final que era esperada, porque esta não passava de mera expectativa (ainda que tivesse grande probabilidade de acontecer), que não há mais condições de saber se viria a concretizar-se, caso não tivesse ocorrido a conduta do agente[36]. Tal vantagem agora não passará de um dano incerto e, por isso, insuscetível de reparação, na forma do artigo 403 do Código Civil. Assim, o dano só pode mesmo consistir na perda da própria chance.

Nesse sentido, a chance não tem dimensão material, como lembra Daniel Carnaúba. A linha entre a chance e a mera aspiração é muito tênue e, naturalmente, é comum que as pessoas tenham expectativas mais ou menos realistas depositadas sobre referidas aspirações[37].

Considerando-se que a chance perdida, ou seja, o prejuízo sofrido a ser indenizado é algo abstrato, é importante a definição de critérios claros para a aplicação da teoria, evitando-se a tutela judiciária a demandas meramente aventureiras.

Mais do que isso, conforme adverte Rafael Pettefi da Silva, a verificação da seriedade e da realidade das chances perdidas "é o critério mais utilizado pelos tribunais franceses para separar os danos potenciais e prováveis e, portanto, indenizáveis, dos danos puramente eventuais e hipotéticos, cuja reparação deve ser rechaçada"[38].

---

[36] NORONHA, Fernando. Op. Cit., p. 6.
[37] CARNAÚBA, Daniel Amaral. Op. Cit., p. 123.
[38] PETEFFI DA SILVA, Rafael. Op. Cit., p. 138.

Nessa linha, uma das grandes preocupações da doutrina é averiguar se a chance perdida era real e séria: se for, haverá obrigação de indenizar; se ela tiver caráter meramente hipotético, não[39]. E para se saber a oportunidade perdida era real e séria, haverá que recorrer às "regras de experiência comum subministradas pela observação do que ordinariamente acontece", como se dispõe no art. 375 do Novo Código de Processo Civil. Sobre a seriedade da chance, também se posiciona Daniel Carnaúba:

"Mas o que significa exatamente uma chance 'real e séria'? A análise dos julgados proferidos pela Corte de Cassação revela que dois elementos são levados em consideração. De um lado, as probabilidades envolvidas no caso. De outro, a prova de que a chance em questão interessava concretamente ao seu beneficiário"[40].

De fato, a identificação da seriedade não se dá com base em critérios percentuais ou matemáticos, mas de acordo com as regras de experiência e a discricionariedade do julgador. Daniel Carnaúba, por meio de vasto conhecido da jurisprudência internacional, especialmente a francesa, esclarece que para a identificação da seriedade da chance dois elementos são levados em consideração: "de um lado, as probabilidades envolvidas no caso. De outro, a prova de que a chance em questão interessava concretamente ao seu beneficiário"[41].

Para referencial sobre o assunto, a V Jornada de Direito Civil promovida pelo Conselho da Justiça Federal no Brasil consolidou enunciado nº 444, bastante esclarecedor sobre o tema, fundado em uma das possíveis aplicações do artigo 927 do Código Civil brasileiro:

---
[39] NORONHA, Fernando. Op. Cit., p. 6.
[40] CARNAÚBA, Daniel Amaral. Op. Cit., p. 126.
[41] Ibidi. p. 123.

"A responsabilidade civil pela perda de chance não se limita à categoria de danos extrapatrimoniais, pois, conforme as circunstâncias do caso concreto, a chance perdida pode apresentar também a natureza jurídica de dano patrimonial. A chance deve ser séria e real, não ficando adstrita a percentuais apriorísticos".

Superada a questão da realidade e seriedade da chance perdida, surge, então, a questão da quantificação da indenização que se destinará a reparar o ilícito, que acarretou na perda da chance.

Em termos gerais, o artigo 944 do Código Civil brasileiro determina, expressamente, que a indenização se medirá de acordo com a extensão do dano e com a gravidade da conduta.

A baliza legal não gera unanimidade na doutrina com relação aos critérios de fixação da indenização, mas, em termos gerais, entende-se ser preciso considerar a álea presente no caso concreto, de modo que o valor da indenização pela chance perdida deve ser aferido através do cômputo do grau de probabilidade que havia de se concretizar o resultado que a vítima esperava.

Fernando Noronha e Daniel Carnaúba apontam para essa técnica de quantificação de chances mediante o uso da probabilidade:

> "A diferença em relação aos demais danos está em que esse dano será reparável quando for possível calcular o grau de probabilidade, que havia de ser alcançada a vantagem que era esperada, ou inversamente, o grau de probabilidade de o prejuízo ser evitado. O grau de probabilidade é que determinará o valor da reparação"[42].
>
> "(...) a perda da chance, qualquer que seja a modalidade em que se apresente, traduz-se sempre num dano específico, o dano

---

[42] Noronha, Fernando. Op. Cit., p. 1/2.

da perda da própria chance, o qual é distinto dos eventuais benefícios que eram esperados, mas tal dano há de ser sempre consequência adequada do fato antijurídico que estiver em questão. (...) o valor da chance perdida é aferido através de um cálculo das probabilidades, que houvesse, de se concretizar o resultado em expectativa"[43].

No mesmo sentido entende Rafael Peteffi, exemplificando a questão:

> "Mesmo que se concorde com a corrente doutrinária que defende a independência das chances perdidas em relação ao dano final, é inegável que este será o grande referencial para a quantificação das chances perdidas. Como bom exemplo desta afirmação tem-se aquele do proprietário de um cavalo de corrida que esperava ganhar a importância de R$ 20.000,00 (vantagem esperada), proveniente do primeiro prêmio da corrida que seu cavalo participaria não fosse a falha do advogado, o qual efetuou a inscrição do animal de forma equivocada. Se as bolsas de apostas mostravam que o aludido cavalo possuía vinte por cento (20%) de chances de ganhar o primeiro prêmio da corrida, a reparação pelas chances perdidas seria de R$ 4.000,00"[44].

Exemplo semelhante a esse foi dado por Agostinho Alvim, em estudo sobre a responsabilidade civil datado de 1955, que dedicou algumas reflexões à teoria da perda de uma chance:

> "A possibilidade e talvez a probabilidade de ganhar a causa em segunda instância constituía uma chance, uma oportunidade, um elemento ativo a repercutir, favoravelmente, no seu patrimô-

---

[43] Ibidi, p.. 4.
[44] PETEFFI DA SILVA, Rafael. Op. cit., p. 144.

nio, podendo o grau dessa probabilidade ser apreciado por peritos técnicos.

Tanto isto é verdade, que o autor de uma demanda pode, mesmo perdida a causa em primeira instância, obter uma quantia determinada, pela cessão de seus direitos, a um terceiro que queira apelar.

No exemplo figurado, os peritos técnicos, forçosamente advogados, fixariam o valor a que ficara reduzido o crédito após a sentença da primeira instância, tendo em vista, para isso, o grau de probabilidade de reforma da mesma, de modo a estabelecer-se a base negociável desse crédito.

O crédito valia dez. Suposta a sentença absolutória, que mal apreciou a prova, seu valor passou a ser cinco. Dado, porém, que a mesma haja transitado em julgado, tal valor desceu a zero. O prejuízo que o advogado ocasionou ao cliente, deixando de apelar, foi de cinco.

Se este cálculo não traduz exatamente o prejuízo, representa, em todo o caso, o dano que p.de ser provado, e cujo ressarcimento é devido"[45].

Por não haver prejuízo mensurável de forma simples e imediata, a quantificação da chance perdida aproxima-se da técnica adotada para o dano moral, com a diferença de que nesses casos, é possível lidar com questões menos subjetivas, vez que a chance sempre está vinculada a um resultado final concreto. Observa-se, portanto, qual seria a indenização aplicável para o caso de responsabilização pelo resultado concreto e aplica-se operação matemática para reduzir o valor proporcionalmente ao significado da chance perdida.

---

[45] ALVIM, Agostinho. **Da Inexecução das Obrigações e suas consequências.** 5.ed. São Paulo: Saraiva, 1980, p. 207-208.

Rafael Peteffi da Silva observa, sobre o assunto, a utilidade da análise estatística no reconhecimento da extensão do dano adstrito à teoria da perda de uma chance:

> "A propósito, o crescente refinamento e sofisticação na análise das estatísticas auxiliaram na quantificação precisa das probabilidades em questão e, por conseguinte, no seu reconhecimento como dano reparável. Apesar das críticas ao baixo caráter de certeza que ainda envolvem algumas estatísticas – responsáveis pelo dito popular que estas se constituiriam em mais uma forma de mentira – acredita-se que, de acordo com o paradigma solidarista, a mesma argumentação utilizada para respaldar a reparação dos danos morais poderia ser aqui utilizada: 'a condição de impossibilidade matematicamente exata da avaliação só pode ser tomada em benefício da vítima e não em seu prejuízo'"[46].

Vale observar, no entanto, que o fato de o valor da indenização ser necessariamente inferior ao da vantagem final esperada não significa, de forma alguma, que a indenização é parcial. Àquele que couber a definição do valor da reparação das chances recai o dever de buscar sempre aplicar a indenização integral das chances perdidas.

De todo modo, deve-se ter em mente que é primordial que o valor da reparação da chance perdida seja sempre menor que o valor atribuído à vantagem final esperada.

4. A teoria da responsabilidade civil por perda de chances à luz da jurisprudência

Ao longo desse breve estudo viu-se que a teoria da responsabilidade civil pela perda de uma chance é aplicável em incontáveis situações da vida cotidiana, justamente porque essa técnica

---

[46] PETEFFI DA SILVA, Rafael. Op. cit., p. 76.

de julgamento propicia a concessão de indenização para danos gerados à vítima que se viu impedida de obter uma vantagem ou evitar um prejuízo.

Embora a teoria da perda de chances tenha se desenvolvido em tribunais europeus, especialmente da França, no Brasil a Jurisprudência ainda é incipiente.

A própria discussão acadêmica acerca da responsabilidade civil pela perda de uma chance não é exaustiva e não está refletida em tantos estudos como, por exemplo, aqueles que tratam da responsabilidade objetiva.

A literatura civilista é uníssona em exaltar o Professor Ruy Rosado de Aguiar Júnior, então desembargador do Tribunal de Justiça do Estado do Rio Grande do Sul, como um dos precursores da aplicação da teoria da responsabilidade civil pela perda de uma chance em nossos tribunais.

Essa iniciativa de Ruy Rosado de Aguiar Junior provavelmente foi fruto de uma palestra do professor francês François Chabas, em 23 de maio de 1990, na Universidade Federal do Rio Grande do Sul, intitulada "La perte dúne chance em Droit français", que expôs o tema com ares de novidade no Brasil[47].

Desde então, algumas discussões envolvendo o tema desaguaram no Judiciário e, por vezes, os julgamentos ignoram algumas reflexões da doutrina e deixam de aplicar corretamente o tema, muitas vezes implicando em sentenças e acórdãos atécnicos, ou não concedendo indenizações, ou as concedendo de modo insuficiente, justamente por má compreensão do instituto.

De toda forma, segundo Daniel Amaral Carnaúba, "a jurisprudência brasileira tem reconhecido que a reparação de chances é um método eficaz para superar a incompatibilidade entre a responsabilidade civil e a incerteza"[48].

---

[47] PETEFFI DA SILVA, Rafael. Op. Cit., p. 196.
[48] CARNAÚBA, Daniel Amaral. Op. Cit., p. 171.

O tema ganha especial relevância no âmbito do Superior Tribunal de Justiça, que, muito embora não tenha julgado, no mérito, mais do que uma ou duas dezenas de casos envolvendo a responsabilidade civil pela perda de uma chance, produziu material jurídico suficiente para uma análise crítica a seguir, seja para realçar acertos, seja para apontar aparentes equívocos.

Analisaremos, a seguir, quatro importantes julgados obre o tema, observando a situação fática na qual o pleito de reparação da chance perdida se inseria, bem como a forma de aplicação da técnica pelo Superior Tribunal de Justiça. O primeiro julgado a se analisar, na sequência, é justamente o primeiro julgado do tema que se tem notícias no âmbito do Superior Tribunal de Justiça.

4.1. O julgamento do Agravo Regimental nº 4364 / SP – As primeiras reflexões sobre o tema

Um dos primeiros julgados que analisou pretensão indenizatória com base em perda de chances, ainda que de forma pouco profunda, foi realizado no âmbito do Superior Tribunal de Justiça, em 1990, 2 anos após sua criação pela Constituição Federal de 1988.

Naquele recurso, decorrente de ação indenizatória, uma empresa que distribuía combustíveis requeria a indenização pela chance perdida de vencer licitação pública. A vantagem esperada ao final do processo licitatório era a possibilidade de instalar postos de abastecimento de combustível ao longo de uma rodovia pública. A distribuidora de combustíveis argumentava que a chance perdida estava revestida de valor econômico, respaldada por perícia técnica.

O relator do recurso, Ministro Ilmar Galvão, votou pelo não provimento do recurso da distribuidora de combustíveis, fundamentando sua decisão no seguinte:

"Com efeito, como se viu, sustenta a agravante que a autorização da implantação de postos de abastecimento ao longo da rodovia haveria de ser precedida de licitação. Admitido, entretanto, que tivesse condi..es de participar do certame, possuía ela, então, mera expectativa de fato em rela..o ao lucro produzido pelos postos de serviço em referência, isto., mera esperança de vir a adquirir um direito, que não rende direito à indenização. O prejuízo indenizável deve ser certo, como o que seria sofrido pela agravante se já houvesse vencido a licitação.

Nas condições descritas nos autos, o alegado prejuízo é meramente hipotético, imaginário, suposto, não se compreendendo no comando da norma do art. 1.059 do Código Civil.

(...)

Por fim, esclareça-se, para melhor entendimento, que, ao aventar o despacho agravado a possibilidade de indenização de mera chance, quis referir hipótese em que essa chance, por si só, apresenta valor econômico, como é o caso do exercício do direito de ação. Como se sabe, não são raras as cessões de direito de ação, o que demonstra que se trata de mera chance com valor econômico.

Frustrada a chance de vencer, por culpa do advogado, é inegável que remanesce um direito de ressarcimento, que se restringe, entretanto, ao simples valor pago pela cessão, e não pelo resultado da causa. No caso dos autos, conforme se afirmou no despacho em referência, não ficou demonstrado que a mera possibilidade de concorrer na licitação dos postos, caso houvesse sido aberta, possuía algum valor econômico, razão pela qual não se pode sequer falar em indenização do direito de concorrer, o que é o mesmo dizer, em indenização de mera chance".

Embora a parte inicial do voto possa indicar que o Superior Tribunal de Justiça não acolheria a teoria da perda de uma chance, o Ministro Ilmar Galvão, na parte final do voto, indica um exemplo de chance com valor econômico, indicando a possibilidade de reparação de uma chance perdida.

A despeito disso, Rafael Peteffi de Oliveira faz importante crítica sobre os fundamentos daquela decisão:

> "Entretanto, parece carecedora de fundamentação a diferenciação entre a chance de vencer uma demanda judicial e a chance de vencer uma licitação, sendo o valor econômico da segunda tão evidente como o da primeira. Aliás, a licitação pública guarda características semelhantes aos concursos públicos, sendo ambos exemplos de processos aleatórios"[49].

De toda forma, começava a ganhar corpo a reflexão sobre a reparabilidade de chances perdidas, que viria a se manifestar, de forma contundente, em 2005, por meio de caso paradigmático.

4.2. O julgamento do Recurso Especial nº 788.459 – O caso "Show do Milhão"

O Recurso Especial nº 788.459/BA tornou-se *leading case* na matéria da responsabilização civil por perda de uma chance.

Ele foi o primeiro caso julgado no Superior Tribunal de Justiça a considerar a teoria da perda de uma chance para embasar o dever de indenizar e, por referir-se diretamente a um programa de televisão de elevada audiência, apresentado por Silvio Santos, que marcou época no país, chamado "Show do Milhão", tornou-se o caso mais popular de perda de uma chance julgado no Brasil.

O relatório do acórdão do caso sintetiza o caso, em termos gerais:

> "Cuida-se de ação de indenização proposta por ANA LÚCIA SERBETO DE FREITAS MATOS, perante a 1ª Vara Especiali-

---
[49] PETEFFI DA SILVA, Rafael. Op. Cit., p. 199.

zada de Defesa do Consumidor de Salvador – Bahia – contra BF UTILIDADES DOMÉSTICAS LTDA, empresa do grupo econômico "Sílvio Santos", pleiteando o ressarcimento por danos materiais e morais, em decorrência de incidente havido quando de sua participação no programa "Show do Milhão", consistente em concurso de perguntas e respostas, cujo prêmio máximo de R$ 1.000.000,00 (hum milhão de reais) em barras de ouro, é oferecido àquele participante que responder corretamente a uma série de questões versando conhecimentos gerais.

Expõe a petição inicial, em resumo, haver a autora participado da edição daquele programa, na data de 15 de junho de 2000, logrando êxito nas respostas às questões formuladas, salvo quanto à última indagação, conhecida como "pergunta do milhão", não respondida por preferir salvaguardar a premiação já acumulada de R$ 500.000,00 (quinhentos mil reais), posto que, caso apontado item diverso daquele reputado como correto, perderia o valor em referência. No entanto, pondera haver a empresa BF Utilidades Domésticas Ltda, em procedimento de má-fé, elaborado pergunta deliberadamente sem resposta, razão do pleito de pagamento, por danos materiais, do quantitativo equivalente ao valor correspondente ao prêmio máximo, não recebido, e danos morais pela frustração de sonho acalentado por longo tempo".

Basicamente, a autora da ação alcançou a última fase da competição televisiva e o direito de responder a última pergunta do programa, que poderia lhe conferir o prêmio de R$ 1.000.000,00. Então, se deparou com pergunta mal formulada e irrespondível, a saber: "A Constituição reconhece direitos aos índios de quanto do território brasileiro? Alternativas: 1- 22%; 2 – 2%; 3 – 4%; 4 – 10%".

Ora, nenhuma das alternativas proposta pela emissora está correta, uma vez que a Constituição Federal não estipula porcentagem de território destinada exclusivamente aos índios.

A autora da ação optou por não responder à pergunta e deixou o programa com o prêmio de R$ 500.000,00 que havia acumulado até então. Em sua ação, pleiteava indenização dos restantes R$ 500.000,00. As instâncias ordinárias julgaram procedente os pedidos da vítima, e condenaram o réu a indenizar a autora nos R$ 500.000,00 pleiteados.

O caso, então, foi submetido a julgamento pelo Superior Tribunal de Justiça, em 8 de novembro de 2005, que apreciou recurso especial interposto pelo réu da ação indenizatória, sob a relatoria do Ministro Fernando Gonçalves, e recebeu a seguinte ementa:

"RECURSO ESPECIAL. INDENIZAÇÃO. IMPROPRIEDADE DE PERGUNTA FORMULADA EM PROGRAMA DE TELEVISÃO. PERDA DA OPORTUNIDADE.
1. O questionamento, em programa de perguntas e respostas, pela televisão, sem viabilidade lógica, uma vez que a Constituição Federal não indica percentual relativo às terras reservadas aos índios, acarreta, como decidido pelas instâncias ordinárias, a impossibilidade da prestação por culpa do devedor, impondo o dever de ressarcir o participante pelo que razoavelmente haja deixado de lucrar, pela perda da oportunidade.
2. Recurso conhecido e, em parte, provido".

Pelo próprio relato do caso, vê-se um caso exemplar de perda de uma chance, especialmente pela presença dos elementos fáticos que são constante nesses casos, a saber: (i) existência de interesse sobre um resultado aleatório (responder corretamente à última pergunta); (ii) a diminuição das chances de obtenção de dito resultado por culpa ou dolo de alguém (a organização do programa impossibilitou o resultado pretendido por ter incluído pergunta irrespondível); (iii) não obtenção do resultado pretendido (a autora teve de desistir da competição do programa e do prêmio de um milhão de reais); e (iv) a incerteza de qual seria o resultado caso não houvesse a intervenção negativa do terceiro (não se sabe se a autora da ação responderia corretamente à pergunta, ainda que as alternativas de resposta estivessem corretas).

De fato, essa foi a conclusão do Superior Tribunal de Justiça que, no entanto, proveu em parte o recurso especial por aplicar corretamente o entendimento sobre a mensuração da indenização:

> "Destarte, não há como concluir, mesmo na esfera da probabilidade, que o normal andamento dos fatos conduziria ao acerto da questão. Falta, assim, pressuposto essencial à condenação da recorrente no pagamento da integralidade do valor que ganharia a recorrida caso obtivesse êxito na pergunta final, qual seja, a certeza – ou a probabilidade objetiva – do acréscimo patrimonial apto a qualificar o lucro cessante.
>
> A quantia sugerida pela recorrente (R$ 125.000,00 cento e vinte e cinco mil reais) – equivalente a um quarto do valor em comento, por ser uma "probabilidade matemática" de acerto de uma questão de múltipla escolha com quatro itens) reflete as reais possibilidades de êxito da recorrida".

Como se vê, o Superior Tribunal de Justiça diminuiu o valor da condenação, ajustando corretamente o acórdão do Tribunal de Justiça da Bahia para o entendimento consagrado da doutrina sobre a quantificação da indenização.

Isto porque, como se viu, o *quantum* da indenização deve, obrigatoriamente, ser inferior ao valor do resultado final pretendido, pelo fato de que a indenização, apesar de ser integral, deve corresponder justamente ao dano posto sob análise. Neste caso, o dano deve ser deslocado para a chance perdida, uma vez que é impossível se afirmar que o resultado seria concretizado caso não fosse a intervenção da produção da emissora. A indenização pela chance não pode corresponder à integralidade do que se esperava obter – os R$ 500.000,00 adicionais. Ao comentar esse caso paradigmático, Daniel Carnaúba também reforça a necessidade de que a chance indenizável deve ser real e séria:

> "Ainda que as chances de vitória da competidora fossem de apenas 25%, a oportunidade era raríssima, tendo em vista que poucas pessoas chegaram à "pergunta do milhão", fato que, somado à importância do prêmio em disputa, induziu os juízes a concluir pela seriedade da chance perdida"[50].

O Superior Tribunal de Justiça também frisou que o valor conferido à título de indenização correspondia à probabilidade matemática de acerto da questão final, caso fosse posta uma questão respondível à participante.

4.3. O julgamento do Recurso Especial nº 1.291.247

Passados cerca de 10 anos após o primeiro enfrentamento da responsabilidade civil pela perda de uma chance, o Superior Tribunal de Justiça foi palco de interessante e recente discussão acerca do tema.

Em sede de recurso especial, o Ministro Relator Paulo de Tarso Sanseverino acolheu pretensão indenizatória de recém-nascido – representado por seus genitores – considerando a ocorrência de perda de uma chance. Por sua vez, a Ministra Nancy Andrighi abriu interessantíssima divergência para negar a pretensão reparatória, no que foi seguida pelo Ministro Sidnei Benetti, ambos entendendo que a chance perdida não era real e não refletia uma efetiva probabilidade de obter vantagem ou evitar prejuízos.

[50] CARNAÚBA, Daniel Amaral. Op. Cit., p. 185.

A discussão travada resvala, portanto, na aplicabilidade da teoria pela perda de uma chance e sua comparação com danos hipotéticos, não indenizáveis, portanto.

Segundo relatório do acórdão, o caso trata de ação de compensação por danos morais, ajuizada por pais e filho menor em face de Cryopraxis Criobiologia Ltda, sustentando que a empresa, por negligência, deixou de coletar as células embrionárias do cordão umbilical do recém-nascido, no momento do parto, frustrando a expectativa dos pais de prover medida preventiva, em favor do filho, que lhe assegura o tratamento futuro de várias doenças, e subtraindo deste tal oportunidade (perda de uma chance).

Nas instâncias ordinárias, os pedidos foram julgados parcialmente procedentes. Os pais do menor foram indenizados pelos danos morais sofridos em decorrência da falha na prestação de serviços pela empresa, que teria acarretado sofrimento e angústia. A indenização ao menor, em decorrência da perda de uma chance, foi negada. O Tribunal de Justiça do Rio de Janeiro entendeu que não ocorreu a perda de uma chance, mas mera suposição de dano hipotético.

O caso chegou ao Superior Tribunal de Justiça por meio de recurso especial, relatado pelo Ministro Paulo de Tarso Sanseverino, que votou no sentido de que:

> No caso, a responsabilidade é por perda de uma chance por serem *"as células-tronco o grande trunfo da medicina moderna para o tratamento de inúmeras patologias consideradas incuráveis "*, cuja retirada do cordão umbilical deve ocorrer no momento do parto.
>
> É possível que o dano final nunca venha a se implementar, bastando que a pessoa recém-nascida seja plenamente saudável, nunca desenvolvendo qualquer doença tratável com a utilização das células-tronco retiradas do seu cordão umbilical.

O certo, porém, é que perdeu definitivamente a chance de prevenir o tratamento dessas patologias, sendo essa chance perdida o objeto da indenização.

Portanto, não há falar em dano hipotético, conforme constou na sentença, mas de dano certo consistente na perda definitiva da chance de prevenir o tratamento de patologias grave, sendo essa chance perdida o objeto da indenização.

Destarte, aplicando-se a teoria da perda de uma chance, entendo presente a obrigação de indenizar por parte da empresa ré que não realizou a coleta das células-tronco do cordão umbilical do terceiro autor, lhe retirando assim, definitivamente, a chance de se prevenir com tratamento de patologias graves com o uso delas, sendo essa chance perdida o objeto da indenização.

Abrindo divergência, a Ministra Nancy Andrighi consignou o seguinte:

> Não é, porém, toda e qualquer circunstância de frustração de uma perspectiva que gera o dever de indenizar; exige-se, para tanto, que a chance perdida se mostre séria e real.
> (...)
> Noutra toada, insta ressaltar, por oportuno, que à perda de uma chance contrapõe-se o mero dano hipotético, baseado em simples expectativa de ganho, dependente da concorrência de circunstâncias eventuais e futuras, sem suporte na realidade atual, fruto de um juízo conjectural. Nesse caso, não há, *a priori*, certeza do dano, que é suposto, condicional, e, por isso, impassível de reparação.
> (...)
> A meu sentir, a análise do contexto fático, tal e qual descrito no acórdão impugnado, embora evidencie o inadimplemento contratual da recorrida – pelo qual, repita-se, foi condenada a indenizar os pais – não revela a certeza da probabilidade necessária à confi-

guração do dano moral sofrido pelo recém-nascido, senão apenas a perda de uma possibilidade de tratamento se e somente se ele vier a contrair uma patologia ou correr tal risco e se essa patologia puder ser prevenida ou curada pelo uso das células-tronco, que deveriam ter sido coletadas e não o foram.

A conclusão, portanto, de que a recorrida, por negligência, interrompeu, definitivamente, a chance de o recorrente prevenir o tratamento de patologia grave, baseia-se, no meu entender, em premissas supostas, as quais, vale frisar, não refletem a realidade atual do menor, já que a probabilidade não se fazia presente no momento do fato lesivo.

(...)

Volto, então, às palavras de Geneviève Viney, citadas alhures, agora adaptadas ao particular: a chance de obter uma certa situação futura não é uma realidade concreta nos autos; o recém-nascido não está, efetivamente, em condições pessoais de concorrer à situação futura esperada; não há proximidade de tempo entre a ação do agente e o momento em que seria realizado o ato futuro. E tudo isso porque a perspectiva mais favorável, querida pelos recorrentes, mas interrompida pela recorrida, é ainda incerta, na medida em que, sendo o menor atualmente saudável, não se pode, hoje, visualizar, no plano concreto, a vantagem que não foi obtida, ou o prejuízo que não foi evitado.

Em verdade, a probabilidade, na espécie, só será certa quando preenchidas as diversas condições já relacionadas; até então, é mera conjectura, que não revela, por sua vez, a certeza do dano e, portanto, não implica, efetivamente, a perda de uma chance a ser reparada".

Ousamos concordar com a divergência instaurada pela Ministra Nancy Andrighi que, embora não tenha sido suficiente para prevalecer no julgamento do caso concreto, nos parece ter sido mais acertada, refletindo os ensinamentos da doutrina e os estudos mencionados ao longo deste trabalho.

Ao que parece, o recém-nascido estaria pleiteando indenização com base em meras suposições, no sentido de que o ato culposo da empresa ré teria a potencialidade de violar sua expectativa de ganho que, no atual cenário, não é sequer palpável.

Dito em outras palavras, pode ser que, algum dia, a criança pudesse fazer uso das células tronco que deveriam ter sido coletadas pela empresa ré e, então, amargasse a angústia de ter sido privada da chance de utilizar tais células em eventual tratamento. No entanto, essa não é uma realidade concreta, é uma mera conjectura.

De fato, a probabilidade se verificaria caso o recém-nascido, por exemplo, fosse diagnosticado com uma doença com chances concretas de prevenção ou cura por meio das células embrionárias não coletadas, o que não se verificou no caso concreto.

Daniel Carnaúba faz importante reflexão sobre essa questão:

"Outro elemento a ser considerado é a proximidade temporal entre o evento danoso e o momento em que a chance seria efetivamente usufruída. É mais plausível que a chance perdida constitua um interesse relevante para a vítima séria se, no momento do acidente, ela estava gozando da oportunidade em questão. Ou, ainda, se essa oportunidade seria usufruída em breve"[51].

Ao que parece, a situação concreta da falta de coleta das células tronco do menor não significa a perda de uma chance (indenizável, portanto), mas a mera criação de um risco (situação não indenizável por si só).

A diferenciação das situações jurídicas é feita com maestria por Rafael Peteffi de Oliveira:

---

[51] CARNAÚBA, Daniel Amaral. Op. Cit., p. 185.

> "O ponto nevrálgico para a diferenciação da perda de uma chance da simples criação de um risco é a perda definitiva da vantagem esperada pela vítima, ou seja, a existência do dano final. De fato, em todos os casos de perda de uma chance, a vítima encontra-se em um processo aleatório que, ao final, pode gerar uma vantagem. Entretanto, no momento em que as demandas envolvendo a perda de uma chance são apreciadas, o processo chegou ao seu final, reservando um resultado negativo para a vítima.
> (...) Nos casos de simples aumento de riscos, a vítima também se encontra em um processo aleatório que visa alcan.ar uma vantagem ou evitar um dano. Entretanto, a vítima ainda não sofreu o prejuízo derradeiro, tampouco perdeu a vantagem esperada de forma definitiva, mas, devido à conduta do réu, aumentaram os riscos de ocorrência de uma situação negativa. É impossível saber se em momento futuro a perda definitiva da vantagem esperada pela vítima será efetivamente observada"[52].

Ou seja, a teoria da perda de uma chance não pode servir de bastião para toda e qualquer suposição de potencial perda, muito menos como subterfúgio para ultrapassar o requisito de existência de um dano certo, para que só então possa ser objeto de reparação civil.

Conclusão

Este trabalho teve como principal objetivo apontar as diretrizes clássicas da responsabilidade civil, a problemática que surge de algumas situações novas trazidas vividas pela sociedade e a solução que o direito comparado – notadamente o francês – deu para essa problemática, com a criação da teoria da responsabilidade civil pela perda de chances.

---

[52] PETEFFI DA SILVA, Rafael. Op. Cit., p. 116-117.

A responsabilidade civil pela perda de chances tem aplicação nos casos em que um processo aleatório (ou seja, com final incerto) é interrompido pelo agente (réu), acabando com as chances da vítima obter uma vantagem ou evitar um prejuízo.

Na responsabilidade civil pela perda de chances são elementos fáticos constantes (i) um interesse sobre um resultado aleatório; (ii) a redução das chances de obtenção do resultado aleatório desejado em decorrência de um ato de alguém; (iii) a efetiva e conhecida não obtenção do resultado aleatório inicialmente desejado; e (iv) a incerteza sobre qual seria o resultado no evento da não intervenção daquele que reduziu as chances.

O dano não consiste na vantagem final que era esperada, porque esta não passava de mera expectativa (ainda que tivesse grande probabilidade de acontecer), mas, sim na perda da própria chance, que deve ser real e séria.

Ou seja, ao conceber a teoria da responsabilidade civil por perda de chances, o sistema jurídico desconstrói a noção de dano classicamente entendida como sendo única e simplesmente o prejuízo final palpável e concretamente comprovável, e insere a perda de uma chance pelo ato ilícito de alguém no rol de danos reparáveis, deslocando os conceitos de "dano" e de "nexo de causalidade".

Não se sabe se o objetivo final da vítima seria efetivamente alcançado caso não houvesse ocorrido a intervenção negativa do agente do dano, mas ao sistema jurídico parece injusto que alguém sofra uma intervenção negativa em determinado processo aleatório, sofra prejuízo, e fique sem reparação.

Para isso, é importante que todos os elementos fáticos que definem e determinam as hipóteses abarcadas pela técnica sejam minuciosamente avaliados em cada caso concreto. Terminada essa primeira análise, o último desafio a ser enfrentado pelo magistrado na aplicação da teoria a casos concretos é o da quantificação do dano. Como se viu ao longo do trabalho, a indenização nessas situações deve ser inferior à indenização que seria aplicada caso comprovado que o réu fosse considerado culpado pelo prejuízo final, preferencialmente aplicável por métodos matemáticos de acordo com a chance perdida e probabilidade de alcançar o resultado final.

Por fim, viu-se que, aos poucos, o Superior Tribunal de Justiça tem assimilado a teoria da responsabilidade civil pela perda de chances, debruçando-se no estudo de seus requisitos formais de aplicação e aplicando condenações compatíveis com critérios de quantificação da perda de chances – a despeito de deslizes pontuais no que se refere ao requisito da seriedade da chance perdida.

Referências

BRASIL. Superior Tribunal de Justiça. Recurso Especial nº 788.459/BA. Quarta Turma. Relator: Fernando Gonçalves, 8 de novembro de 2005.

BRASIL. Superior Tribunal de Justiça. Agravo Regimental nº 4.364/SP. Segunda Turma. Relator: Ilmar Galvão, 10 de outubro de 1990.

BRASIL. Superior Tribunal de Justiça. Recurso Especial nº 1.291.247/RS. Terceira Turma. Relator: Paulo de Tarso Sanseverino,19 de agosto de 2014.

AGUIAR DIAS, José de. **Da responsabilidade civil**. 10. ed. Rio de Janeiro: Forense, 1997. vol. 2, p. 13.

AGUIAR DIAS, José de. **Responsabilidade Civil em Debate**, Rio de Janeiro: Forense, 1983, p. 211-212.

ALVIM, Agostinho. **Da Inexecução das Obrigações e suas consequências**. 5.ed. São Paulo: Saraiva, 1980, p. 207-208.

CARNAÚBA, Daniel Amaral. **Responsabilidade civil pela perda de uma chance**: a álea e a técnica. São Paulo: Método, 2013.

CAVALIERI FILHO, Sergio. **Programa de responsabilidade civil**. 10ª ed. São Paulo: Atlas, 2012.

DINIZ, Maria Helena. **Curso de Direito Civil Brasileiro**: responsabilidade civil. v.7. 20ª ed. São Paulo: Saraiva, 2006.

_____. **Responsabilidade civil**: de acordo com a reforma do CPC. 21ª ed. São Paulo: Saraiva, 2008.

GAGLIANO, Pablo Stolze; PAMPLONA FILHO, Rodolfo. **Novo curso de direito civil**. São Paulo: Saraiva, 2003. v. II, p. 28.

GONÇALVES, Carlos Roberto. **Responsabilidade civil**: de acordo com o novo Código Civil. 8ª ed. São Paulo: Saraiva, 2003.

NERY, Rosa Maria de Andrade. **Manual de direito civil**: obrigações / Rosa Maria de Andrade Nery; Nelson Nery Junior, Rosa Maria de Andrade Nery, coordenação. São Paulo: Editora Revista dos Tribunais, 2013.

NERY JUNIOR, Nelson; NERY, Rosa Maria de Andrade. **Código Civil Comentado**. 1ª edição em e-book baseada na 11 edição impressa. São Paulo: Revista dos Tribunais, 2014.

NORONHA, Fernando. **Responsabilidade por perda de chances**. RDPRIV 23/28.

PEREIRA, Caio Mário da Silva. **Instituições de direito civil**. 18ª ed. Rio de Janeiro: Forense, 2014.

PETEFFI DA SILVA, Rafael. **Responsabilidade civil pela perda de uma chance**: uma análise do direito comparado e brasileiro. São Paulo: Atlas, 2007. 47

SAMPAIO DA CRUZ, Gisela. **A reparação dos lucros cessantes no direito brasileiro**: do bom senso à incidência do postulado normativo da razoabilidade. Tese (Doutorado em Direito) – Universidade do Estado do Rio de Janeiro, Rio de Janeiro, 2008.

SAVI, Sérgio. **Responsabilidade Civil por perda de uma chance**. 3ª ed. São Paulo: Atlas, 2012.

SCHREIBER, Anderson. **Novos paradigmas da responsabilidade civil**: da erosão dos filtros da reparação à diluição dos danos. 2ª ed. São Paulo: Atlas, 2009.

SILVA, De Plácido e. **Vocabulário Jurídico Conciso**. 2ª. Rio de Janeiro: Forense, 2010.

TARTUCE, Flavio. **Manual de direito civil**: volume único / Flávio Tartuce. 4. ed. rev., atual. e ampl. – Rio de Janeiro: Forense; São Paulo: Método, 2014.

VENOSA, Silvio de Salvo. **Direito civil**: responsabilidade civil. 7. ed. São Paulo: Atlas, 2007. vol. 4.

A Prática Contratual na Aquisição de Terrenos à Luz do Artigo 39 da Lei de Incorporação Imobiliária (Lei nº 4.591/1964)

Gustavo Andrade Oliveira Fontana

Introdução
O mercado imobiliário teve um aquecimento sem precedentes no país nos últimos anos.

O movimento trouxe natural ascensão às mais diversas práticas negociais imobiliárias, dentre elas aquelas baseadas no artigo 39 da Lei de Incorporação Imobiliária (Lei nº 4.591/1964).

Atualmente, vive-se uma drástica desaceleração do mercado imobiliário em decorrência da crise política, econômica e financeira que assola o país.

Entretanto, mesmo em um período de arrefecimento da anterior excitação do mercado e ingresso em tempos de recessão, a negociação prevista no artigo 39 da Lei de Incorporação parece ser um dos modelos que permanecerá como propulsor da atividade imobiliária.

Isto porque, o artigo 39 da Lei de Incorporações Imobiliárias prevê mecanismo de aquisição de terreno por parte do empreendedor com a possibilidade de pagamento em unidades ou áreas construídas futuras.

Este mecanismo sempre foi muito utilizado diante de suas conveniências práticas e econômicas a todas as pontas do negócio.

É conveniente ao investidor/incorporador, que não necessitará aportar, de início, quantia vultosa de capital para a aquisição de imóvel em que se desenvolverá o empreendimento imobiliário.

De outro lado, é conveniente também ao dono do terreno, que, justamente por não receber no ato e ingressar no risco do negócio do investidor, conseguirá um sobrepreço na alienação do terreno.

No terceiro vértice, o consumidor é beneficiado, pois terá na composição do preço da unidade basicamente os custos com insumos e mão de obra, além do natural lucro projetado pelo incorporador, sem incidir, imediatamente, o valor de aquisição do terreno, que será pago com unidades futuras.

O tema, portanto, mostra-se compatível a todas as situações de mercado (mais aquecido, menos aquecido,...) e, assim sendo, terá sempre aplicabilidade jurídica e espaço ao debate.

Para se atribuir forma jurídica à prática, diversos tipos contratuais passaram a ser utilizados, como, por exemplo, a "permuta de terreno por área futura", a "dupla compra e venda", a "compra e venda com dação em pagamento de unidades futuras", dentre outros, pois o artigo em alusão não especifica a forma como, de fato, deverá se operacionalizar a aquisição de terreno com pagamento em área futura.

Algumas das práticas contratuais utilizadas, contudo, carecem de adequação jurídica.

Além disto, em algumas delas se verificará diferentes consequências no caso de inadimplemento contratual e riscos diversos ao alienante do terreno e ao incorporador.

O tema a ser abordado, portanto, em resumo, é: a melhor prática contratual na aquisição de terrenos com pagamento em unidades ou áreas futuras à luz do artigo 39 da Lei de Incorporação Imobiliária (Lei nº 4.591/1964) e as consequências do inadimplemento contratual.

A intenção é se aprofundar nos principais tipos contratuais (permuta e compra e venda, principalmente) e institutos de direitos obrigacionais correlacionados (dação em pagamento, por exemplo), todos entrelaçados, ainda, com questões imobiliárias e registrais.

O estudo e elaboração do trabalho foram executados por meio da pesquisa de doutrinas sobre Teoria Geral do Negócio Jurídico, dos Contratos e das Obrigações, Direito Registral e Imobiliário, Código Civil, Lei de Registros Públicos, Lei de Incorporações e Condomínio, artigos publicados e dissertações sobre temas correlatos.

A pesquisa conta também com a consulta de jurisprudências do Conselho Superior da Magistratura do Tribunal de Justiça do Estado de São Paulo e outros órgãos das outras entidades federativas que tenham competência para análise da questão.

A proposta é, a partir do estudo dos pontos acima descritos, delimitar-se o modelo contratual mais adequado à previsão do artigo 39 da Lei de Incorporação Imobiliária, que viabilize o registro da incorporação e consecução do empreendimento, afastando-se aplicações práticas conceitualmente equivocadas que, por exemplo, atribuem contemporaneidade a institutos que não a admitem, dentre outros aspectos.

1. A Lei de Incorporações e Condomínios
1.1. Histórico

O estudo proposto tratará de um mecanismo estipulado pela própria lei para viabilização da incorporação imobiliária.

A fim de subsidiar o estudo, pertinente contextualizar não só o que diz a letra fria da lei, mas também o histórico das relações em estudo no Brasil, a fim de se compreender a perfeita teleologia da legislação e os consectários de sua aplicação.

Não há ponto de partida melhor a tal desiderato que as linhas do prefácio da 2ª Edição da obra "Condomínios e Incorporações", de lavra do próprio concebedor da lei e do instituto em estudo, em que esclarece as agruras do momento que a atividade vivia por precedência e ocasião da promulgação da Lei 4.591/64[1].

No início do século passado, o convívio em regime condominial era regrado pelo Decreto 5.481/28, com alterações pouco expressivas dos Dec.-Lei n. 5.23481943 e da Lei n. 285/1948.

Da leitura de tais dispositivos, denota-se que tal Decreto visava regulamentar a alienação, como unidades isoladas, de pavimentos de propriedades/edifícios que continham mais de 5 (cinco) andares.

Já dispunha a norma sobre a "averbação" no Ofício Imobiliário competente da individualização da unidade, com a identificação e discriminação das propriedades superpostas.

Aproximando-se da figura hoje vigente, ainda, continha dispositivos que tratavam sobre a inalienabilidade e indivisibilidade da área comum, bem como que impunham a limitação ao uso e modificação das áreas comuns, além de fixar o lançamento de taxas e tributos sobre as unidades como propriedades isoladas, dentre outras previsões.

Tal legislação, contudo, era deficitária e não tratava da regulamentação da atividade hoje concebida como incorporação imobiliária, o que permitia a atuação abusiva de maus empreendedores e o aumento dos conflitos, à medida em que se adensavam as cidades e aumentava a implementação de edifícios em regime condominial.

Neste cenário, após a promoção de diversos estudos, elaboração de monografia, anteprojetos e obstinada atuação em prol

---

[1] PEREIRA, Caio Mário da Silva. Condomínio e Incorporações. Rio de Janeiro: Forense, 2014. Prefácio da 2ª Edição.

da regulamentação da questão, adveio a Lei 4.591/1964, fruto do anteprojeto de Caio Mário da Silva Pereira, que revogou a legislação anteriormente vigente e passou a tratar sobre os condomínios edilícios, bem como sobre a incorporação, ante a conformação *"orgânica dos dois fenômenos: a criação do edifício coletivo e o regime condominial"*.[2]

A então novel legislação visou, desta forma, não só regulamentar a vida nos edifícios em regime condominial, mas também, e principalmente, atribuir segurança jurídica à atividade de incorporação.

Já no início deste século, em 2003, passou a vigorar o novo Código Civil (Lei 10.406/2002), que trouxe em seu corpo, no Capítulo VII, disposições sobre o condomínio edilício, mas não tratou da incorporação imobiliária.

Mencionado diploma trata da matéria atinente ao Condomínio Edilício de forma exauriente, motivo pelo qual, em conformidade com o §1°, do artigo 2°, da Lei de Introdução às Normas do Direito Brasileiro, revogou a Lei 4.591/1964 na parte que versa sobre o condomínio edilício.

Entretanto, ressalte-se, manteve íntegra a matéria relativa à atividade de incorporar que ainda é regida pela aludida lei Lei 4.591/1964, que, inclusive, posteriormente veio a receber importantes acréscimos ao seu texto no que toca ao patrimônio de afetação, dentre outras questões.

1.2. A Incorporação Imobiliária

Neste tópico, passa-se a estreitar o estudo, para se chegar no objeto específico do trabalho.

---

[2] PEREIRA, Caio Mário da Silva. Condomínio e Incorporações. Rio de Janeiro: Forense, 2014. Prefácio da 2ª Edição.

1.2.1. Definição

O parágrafo único, do artigo 28, da Lei de Incorporações, define a incorporação imobiliária como "(...) *a atividade exercida com o intuito de promover e realizar a construção, para alienação total ou parcial, de edificações ou conjunto de edificações compostas de unidades autônoma.*"

O dispositivo legal acima citado bem define a incorporação como uma atividade, eis que é um conjunto de vários contratos civis (promessa de venda e compra, construção e convenção de condomínio).

Para Pontes de Miranda, a incorporação é o período pré-comunial em que são realizados atos necessários ao estabelecimento da comunhão *pro diviso* nos edifícios de apartamento[3].

Os citados atos são pré-definidos em lei e visam assegurar direitos e deveres do incorporador e dos adquirentes, sendo perfeitamente descrito o objeto precípuo da lei pelo seu criador, que assim esclarece:

> *A nova lei haveria de imprimir ordem as incorporações, assegurando o direito dos verdadeiros incorporadores, reprimir a especulação dos aventureiros e inescrupuloso; reconhecer os direitos dos condôminos; estabelecer normas de convivência nos condomínios; e especialmente definir direitos e deveres de todos. Não podia deixar de atender ao objetivo das boas leis. Não lhe faltariam normas punitivas para coibir abusos dos construtores infiéis e ao mesmo tempo policiar as inadimplências dos adquirentes recalcitrantes.*[4]

---

[3] ALMEIDA, Washington Carlos de. Direito Imobiliário. Rio de Janeiro: Elsevier, 2008. p. 208.

[4] ALMEIDA, Washington Carlos de. Direito Imobiliário. Rio de Janeiro: Elsevier, 2008. p. 208.

Nas palavras de Hércules Aghiarian:

> *O surgimento da lei de incorporações, ou sua principal justificativa, se dá em face da necessidade de regulamentar a atividade a que dá nome, estabelecer a personalização da pessoa a quem se incumbirá a qualificação de incorporador, assim como, após individuá-lo ou personalizá-lo, poder definir seu limite de responsabilidades, em face dos diversos aderentes aos empreendimentos sob sua coordenação e iniciativa.*[5]

Daí se denota que a atividade de incorporar precede à lei, que veio *a posteriori* dar contornos à pratica para que a construção e conseqüente comercialização das unidades autônomas em condomínio edilício sejam feitas e cumpridas com maiores garantias e responsabilidades.

1.2.2. O incorporador
Na definição da lei:

> *Considera-se incorporador a pessoa física ou jurídica, comerciante ou não, que embora não efetuando a construção, compromisse ou efetive a venda de frações ideais de terreno objetivando a vinculação de tais frações a unidades autônomas, (VETADO) em edificações a serem construídas ou em construção sob regime condominial, ou que meramente aceite propostas para efetivação de tais transações, coordenando e levando a têrmo a incorporação e responsabilizando-se, conforme o caso, pela entrega, a certo prazo, preço e determinadas condições, das obras concluídas.*

Em regra, a atividade de incorporação é exercida sob a forma de empresa, mas nada impede que pessoa que não exerça profissionalmente a atividade ocupe tal posição contratual, desde

---

[5] AGHIARIAN, Hércules. Curso de Direito Imobiliário. Rio de Janeiro: Lumen Juris, 2008. p. 247

que se enquadre em uma das qualidades a que a lei reserva a legitimidade para exercer a atividade[6].

Diante da dinâmica do negócio e das diversas formas que comercialmente se poderiam adotar, a lei Lei 4.591/64 estipula que podem exercer a atividade de incorporador as pessoas física ou jurídica definidas em seu artigo 31, a saber[7]:

a) o proprietário do terreno e a ele equiparados o promitente comprador, o cessionário deste ou o promitente cessionário;
b) o construtor, enquadrado nas condições previstas no Decreto número 23.569, de 11-12-33, e 3.995, de 31 de dezembro de 1941, e Decreto-lei número 8.620, de 10 de janeiro de 1946;
c) o corretor de imóveis, devidamente matriculado, tal como considerado pela lei número 4.116, de 27 de agosto de 1962.

Incluiu-se, ainda, dentre os possíveis incorporadores acima descritos, por meio da Lei 12.424/2011, que alterou a Lei 11.977/2009, que dispõe sobre o Programa Minha Casa Minha Vida – PMCMV, *"o ente da Federação imitido na posse a partir de decisão proferida em processo judicial de desapropriação em curso ou o cessionário deste, conforme comprovado mediante registro no registro de imóveis competente"*.

Quanto ao promitente comprador e aqueles que se subrogam nos seus direitos (item 'a' mencionado acima), ponto relevante ao presente trabalho, a lei restringiu a legitimidade para aqueles que se revistam das condições previstas no artigo 32,

---

[6] Gomes, Orlando. Contratos. 26. ed. Rio de Janeiro: Forense, 2008. p. 549.
[7] PEREIRA, Caio Mário da Silva. Condomínio e Incorporações. 2. ed. Rio de Janeiro: Forense. 1969. p. 204-205

alínea 'a', para evitar abusos, a saber: *a)* irrevogabilidade e irretratabilidade; *b)* imissão imediata do promitente comprador na posse; *c)* possibilidade de alienação do imóvel em frações ideais; *d)* consentimento para demolir e construir; *e)* registro no competente ofício imobiliário.[8]

Enfim, medidas para que o promitente possa adotar todos os atos necessários na qualidade de incorporador e, ainda, fique impedido de discricionariamente desistir do negócio que deu base à incorporação.

Já nos casos do incorporador ser o construtor ou corretor de imóveis, deverá ser outorgada procuração pelo titular dos direitos sobre o terreno, por instrumento público, com poderes especiais e expressa menção para celebrar todos os atos relacionados à atividade, inclusive para alienação das frações ideiais de terreno.[9]

1.2.3. Dos deveres gerais do incorporador

A fim de conferir a segurança objetivada pela lei de incorporação, o regramento estipula, como não poderia deixar de ser, os deveres gerais do incorporador.

Fixa o artigo 32 da lei em estudo os documentos a serem arquivados no Competente Registro de Imóveis, que, nas palavras de Caio Mário:

> *[...] não funciona como mero espectador remunerado ou participante passivo do processo de registro da incorporação. Ao revés disso, tem papel importante. É êle quem recebe a documentação, quem examina, quem verifica a sua exatidão, quem exige se sanem as falhas, quem levanta dúvida perante o juiz, quem passa as certidões, quem recebe a declaração de desis-*

---

[8] PEREIRA, Caio Mário da Silva. Condomínio e Incorporações. 2. ed. Rio de Janeiro: Forense. 1969. p. 204-205
[9] PEREIRA, Caio Mário da Silva. Condomínio e Incorporações. 2. ed. Rio de Janeiro: Forense. 1969. p. 205-206

tência, quem apura a sua oportunidade em face do prazo de carência, quem efetua a sua averbação. Tudo isto em função de sua investidura, em razão do ofício. Descumprido o que por lei lhe corre fazer, comete infração legal, que o sujeita às penas que, na forma da legislação estadual, sofreria como serventuário faltoso.[10]

Ponto que ganha relevância neste estudo, já que grande parte das discussões em torno do tema analisado ganha acentuada discussão no meio registral, como será visto adiante.

A lei estipula um extenso rol[11] de documentos a ser apresentado ao Oficial do Registro Imobiliário, para que, tão somente

[10] PEREIRA, Caio Mário da Silva. Condomínio e Incorporações. 2. ed. Rio de Janeiro: Forense. 1969. p. 269.

[11] *a)* título de propriedade de terreno, ou de promessa, irrevogável e irretratável, de compra e venda ou de cessão de direitos ou de permuta do qual conste cláusula de imissão na posse do imóvel, não haja estipulações impeditivas de sua alienação em frações ideais e inclua consentimento para demolição e construção, devidamente registrado;

b) certidões negativas de impostos federais, estaduais e municipais, de protesto de títulos de ações cíveis e criminais e de ônus reais relativante ao imóvel, aos alienantes do terreno e ao incorporador;

c) histórico dos títulos de propriedade do imóvel, abrangendo os últimos 20 anos, acompanhado de certidão dos respectivos registros;

d) projeto de construção devidamente aprovado pelas autoridades competentes;

e) cálculo das áreas das edificações, discriminando, além da global, a das partes comuns, e indicando, cada tipo de unidade a respectiva metragem de área construída;

f) certidão negativa de débito para com a Previdência Social, quando o titular de direitos sôbre o terreno fôr responsável pela arrecadeção das respectivas contribuições;

g) memorial descritivo das especificações da obra projetada, segundo modêlo a que se refere o inciso IV, do art. 53, desta Lei;

h) avaliação do custo global da obra, atualizada à data do arquivamento, calculada de acôrdo com a norma do inciso III, do art. 53 com base nos custos unitários referidos no art. 54, discriminando-se, também, o custo de construção de cada unidade, devidamente autenticada pelo profissional responsável pela obra;

após o devido arquivamento, o incorporador possa colocar à venda as frações ideias.
Documentação esta a que se denomina de Memorial de Incorporação.

O objetivo precípuo do Memorial de Incorporação é apresentar ao Registrador a situação do objeto da incorporação, para exame e arquivamento no Ofício Imobiliário, caso regular, bem assim disponibilizar ao pretenso adquirente informações sobre o empreendimento. Principalmente, sobre o histórico do imóvel, a situação jurídica e patrimonial do incorporador, a que título e como foi negociada a aquisição do terreno pelo incorporador, eventuais ônus fiscais e reais que possam pesar sobre o terreno, o projeto de construção aprovado pelas autoridades competentes, o custo global da obra, a situação do incorporador perante a Previdência Social, a discriminação das frações ideiais em que ficará dividido o terreno[12], cálculo das áreas das edificações, discriminando, tanto a área global, quanto as partes comuns, além de cada tipo de unidade com a respectiva área construída, a minuta da futura convenção do condomínio, a declaração que fixe, se houver, o prazo de carência e atestado

---

i) discriminação das frações ideais de terreno com as unidades autônomas que a elas corresponderão;
j) minuta da futura Convenção de condomínio que regerá a edificação ou o conjunto de edificações;
l) declaração em que se defina a parcela do preço de que trata o inciso II, do art. 39;
m) certidão do instrumento público de mandato, referido no § 1º do artigo 31;
n) declaração expressa em que se fixe, se houver, o prazo de carência (art. 34);
o) atestado de idoneidade financeira, fornecido por estabelecimento de crédito que opere no País há mais de cinco anos.
p) declaração, acompanhada de plantas elucidativas, sôbre o número de veículos que a garagem comporta e os locais destinados à guarda dos mesmos.
[12] CHALHUB. Melhim Namem. Propriedade Imobiliária. Função social e outros aspectos. Rio de Janeiro: Renovar, 2000. p. 43.

de idoneidade financeira fornecido por estabelcimento de crédito que opere no país há mais de cinco anos, dentre outras informações úteis ao adquirente.

Os deveres do incorporador, entretanto, não se restringem à apresentação da documentação mencionada. *O incorporador é vinculado ao negócio e obrigado a promovê-lo*[13]. O incorporador tem o prazo de 180 dias, prorrogável mediante a revalidação da certidão do registro, para concretizá-lo[14].

Além disto, quando ressalvado o seu direito de arrependimento, a lei lhe assegura o prazo de carência de 180 dias, improrrogáveis, em que poderá desistir da incorporação mediante a denominada denúncia, que, não utilizada, tal como prescrito (denúncia em cartório e averbação no registro da incorporação), culminará com a definitiva vinculação do incorporador, que suportará as conseqüências da falta de concretização do negócio[15].

Logo, frustrando-se o negócio, tem o dever de denunciar a incorporação[16].

Tendo em vista que não necessariamente a existência de débitos fiscais ou ônus sobre o imóvel possam inviabilizar a incorporação, ressalvando-se aqueles que impeçam a alienação, se o caso, deverão constar de todos os documentos extraídos do registro a existência e a extensão dos ônus, providência que permite ao adquirente, consciente, contratar o negócio assu-

---

[13] PEREIRA, Caio Mário da Silva. Condomínio e Incorporações. 2. ed. Rio de Janeiro: Forense. 1969. p. p. 217.
[14] PEREIRA, Caio Mário da Silva. Condomínio e Incorporações. 2. ed. Rio de Janeiro: Forense. 1969. p. p. 217.
[15] PEREIRA, Caio Mário da Silva. Condomínio e Incorporações. 2. ed. Rio de Janeiro: Forense. 1969. p. p. 217.
[16] PEREIRA, Caio Mário da Silva. Condomínio e Incorporações. 2. ed. Rio de Janeiro: Forense. 1969. p. p. 217.

mindo os riscos porque quer e não por estar sendo enganado, nem iludido[17].

Cabe, ainda, ao incorporador, mencionar no ajuste, expressamente, se o imóvel estiver ocupado, esclarecendo-se a que título e quais as condições de desocupação, não podendo a ocupação do imóvel ser alegada para justificar eventual retardamento no estágio da obra ou descumprimento do contrato[18].

1.2.4. Obrigações do incorporador para com o adquirente

O incorporador tem deveres atinentes aos pressupostos para o lançamento da incorporação (analisados no ítem anterior), bem como obrigações estabelecidas em relação aos adquirentes de unidades, que se completam e, por vezes, entrelaçam os respectivos princípios, criando-se um complexo que sempre deverá ser observado pelo incorporador[19].

As obrigações do incorporador que trataremos neste item estão elencadas, basicamente, no artigo 42 da lei nº 4.591/64 e são:

a) informar obrigatoriamente aos adquirentes, por escrito, no mínimo de seis em seis meses, o estado da obra;

b) responder civilmente pela execução da incorporação, devendo indenizar os adquirentes ou compromissários, dos prejuízos que a estes advierem do fato de não se concluir a edificação ou de se retardar injustificadamente a conclusão das obras, cabendo-lhe ação regressiva contra o construtor, se for o caso e se a este couber a culpa;

---

[17] PEREIRA, Caio Mário da Silva. Condomínio e Incorporações. 2. ed. Rio de Janeiro: Forense. 1969. p. 219
[18] PEREIRA, Caio Mário da Silva. Condomínio e Incorporações. 2. ed. Rio de Janeiro: Forense. 1969. p. 219
[19] PEREIRA, Caio Mário da Silva. Condomínio e Incorporações. 2. ed. Rio de Janeiro: Forense. 1969. p.223.

c) em caso de falência do incorporador, pessoa física ou jurídica, e não ser possível à maioria prosseguir na construção das edificações, os subscritores ou candidatos à aquisição de unidades serão credores privilegiados pelas quantias que houverem pagado ao incorporador, respondendo subsidiariamente os bens pessoais deste;

d) é vedado ao incorporador alterar o projeto, especialmente no que se refere à unidade do adquirente e às partes comuns, modificar as especificações, ou desviar-se do plano da construção, salvo autorização unânime dos interessados ou exigência legal;

e) não poderá modificar as condições de pagamento nem reajustar o preço das unidades, ainda no caso de elevação dos preços dos materiais e da mão-de-obra, salvo se tiver sido expressamente ajustada a faculdade de reajustamento, procedendo-se, então, nas condições estipuladas;

f) se o incorporador, sem justa causa devidamente comprovada, paralisar as obras por mais de 30 dias, ou retardar-lhes excessivamente o andamento, poderá o Juiz notificá-lo para que no prazo mínimo de 30 dias as reinicie ou torne a dar-lhes o andamento normal. Desatendida a notificação, poderá o incorporador ser destituído pela maioria absoluta dos votos dos adquirentes, sem prejuízo da responsabilidade civil ou penal que couber, sujeito à cobrança executiva das importâncias comprovadamente devidas, facultando-se aos interessados prosseguir na obra.

g) em caso de insolvência do incorporador que tiver optado pelo regime da afetação e não sendo possível à maioria prosseguir na construção, a assembléia geral poderá, pelo voto de 2/3 (dois terços) dos adquirentes, deliberar pela venda do terreno, das acessões e demais bens e direitos integrantes do patrimônio de afetação, mediante leilão ou outra forma que estabelecer, distribuindo entre si, na proporção dos recursos que comprovadamente tiverem aportado, o resultado líquido da venda, depois de pagas as dívidas do patrimônio de afetação e deduzido e entregue ao proprietário do terreno a quantia que lhe couber, nos termos do art. 40; não se obtendo, na venda, a reposição dos aportes efetivados pelos adquirentes, reajustada na forma da lei e de acordo com os critérios do contrato celebrado com o incorporador, os adquirentes serão credores privilegiados pelos valores da diferença não reembolsada, respondendo subsidiariamente os bens pessoais do incorporador.

Além destas, elencadas no artigo 43 da Lei 4.591/64, outras obrigações se impõem ao incorporador e se encontram de maneira esparsa na lei.

Dentre elas, o incorporador tem o dever de promover a celebração do contrato relativo à fração ideal de terreno, da convenção de condomínio e de construção, no prazo de 60 (sessenta) dias do escoamento da carência, se houver, ou da data em que houver sido firmado qualquer documento de ajuste preliminar, em não havendo prazo de carência (artigo 35 da Lei nº 4.591/64, conforme redação pelo artigo 13 da lei nº 4.864/65)[20].

Isto se dá com relação ao contrato relativo à fração ideal de terreno, para que seja conferida ao adquirente garantia, *gravando o terreno com direito à construção da unidade autônoma, e impondo ao incorporador a obrigação de contratar, em seguimento ao título provisório*[21].

---

[20] PEREIRA, Caio Mário da Silva. Condomínio e Incorporações. 2. ed. Rio de Janeiro: Forense. 1969. p. 224-227

[21] PEREIRA, Caio Mário da Silva. Condomínio e Incorporações. 2. ed. Rio de Janeiro: Forense. 1969. p. 225.

Tratando-se da celebração do contrato de construção, imperiosa se faz a providência para impedir que o adquirente suporte encargos e custeie unidades que não sejam suas.

Ainda, ocorrendo a denúncia da incorporação, o incorporador é obrigado a restituir as quantias já arrecadadas dos adquirentes de unidades, incluindo-se as corrigendas de praxe (juros e correção monetária) – artigo 36 da Lei nº 4.591/64 [22].

Por fim, é obrigado o incorporador a averbar a construção, tão logo concluída a obra e expedido o auto de conclusão (habite-se) pela autoridade administrativa, para possibilitar a individualização e discriminação das unidades.

Não sendo cumprida a obrigação, o incorporador responderá por eventuais prejuízos sofridos pelos adquirentes e, como segunda conseqüência, transferir-se-á ao construtor o mesmo dever, sob pena de se tornar solidariamente responsável pela indenização.

Persistindo a omissão do incorporador e do construtor, qualquer dos adquirentes poderá requerer a averbação.

1.2.5. Obrigações do adquirente

A obrigação principal do adquirente consiste em pagar o preço tanto da fração ideal, quanto da construção[23].

Em caso de inadimplemento, tem o incorporador a faculdade de resolver o contrato, observadas as exigências legais, ou executá-lo.

Optando-se pela resolução, operar-se-á uma das causas de extinção do contrato de incorporação, resolvendo-se tanto o contrato de aquisição da fração ideal, quanto o de construção, *não se admitindo propriedade de unidade autônoma sem propriedade*

---

[22] PEREIRA, Caio Mário da Silva. Condomínio e Incorporações. 2. ed. Rio de Janeiro: Forense. 1969. 227-228
[23] Gomes, Orlando. Contratos. 26. ed. Rio de Janeiro: Forense, 2008. p. 562.

do terreno, e vice-versa[24], podendo pleitear o adquirente o reembolso das quantias pagas, em respeito ao artigo 53 do Código de Proteção e Defesa do Consumidor[25], deduzidas as despesas incorridas pelo incorporador, as taxas e obrigações *propter rem* eventualmente inadimplidas e a eventual fruição do bem.

No mais, como contrato sinalagmático, consensual, oneroso, formal e de execução diferida que é, observa todos os demais princípios gerais dos contratos.

1.2.6. O artigo 39 da Lei de Incorporação Imobiliária

Até aqui, tratou-se da figura do incorporador e do adquirente de forma segregada, dos deveres e obrigações correlatos e dos efeitos de seus atos ou omissões.

O artigo 39 da Lei de Incorporação Imobiliária, entretanto, concebe uma nova parte em meio à atividade.

Tal artigo prevê:

> *Art. 39. Nas incorporações em que a aquisição do terreno se der com pagamento total ou parcial em unidades a serem construídas, deverão ser discriminadas em todos os documentos de ajuste:*
>
> *I – a parcela que, se houver, será paga em dinheiro;*
>
> *II – a quota-parte da área das unidades a serem entregues em pagamento do terreno que corresponderá a cada uma das unidades, a qual deverá ser expressa em metros quadrados.*
>
> *Parágrafo único. Deverá constar, também, de todos os documentos de ajuste, se o alienante do terreno ficou ou não sujeito a qualquer prestação ou encargo.*

O mencionado dispositivo tem por escopo permitir a operação na qual o titular de um imóvel (hodiernamente chamado

---

[24] Gomes, Orlando. Contratos. 26. ed. Rio de Janeiro: Forense, 2008. p. 564.
[25] Gomes, Orlando. Contratos. 26. ed. Rio de Janeiro: Forense, 2008. p. 564.

por alguns de "terrenista") atribui a um terceiro, que virá a ser o incorporador, o direito de promover o empreendimento no imóvel, transferindo ou não a propriedade de imediato, tendo como contraprestação a outorga de parte das unidades futuras do empreendimento.

Ou seja, estabelece um outro tipo de relação dentro da atividade de incorporação, em meio àquelas acima estudadas, a saber: a relação do incorporador com o dono/alienante do terreno.

Note-se, no entanto, que a lei não atribui qualquer qualificação jurídica à operação entre o dono do terreno e o incorporador, deixando a interpretação à doutrina e à jurisprudência.

Pouco se preocupou, ainda, em regulamentar tal relação.

Aliás, exsurge do dispositivo, que a grande preocupação do legislador (o que se explica do momento histórico relatado inicialmente), novamente foi entre a relação incorporador e adquirente, estipulando-se seus termos mais como medida de transparência ao adquirente do que proteção ao alienante do terreno, determinando, neste sentido, que todos os documentos deverão discriminar a parcela que será paga em dinheiro, caso haja, a quota parte a ser entregue ao alienante do terreno e se o alienante do terreno ficou ou não sujeito a qualquer prestação ou encargo, ou, ainda, em outras palavras, se o alienante deverá indenizar ou não nas hipóteses de resolução dos contratos (conforme se verá adiante), dentre outras hipóteses.

O legislador, assim, foi demasiadamente econômico nas palavras no que toca à relação entre o incorporador e o alienante, dando azo às controvérsias atuais sobre a aplicabilidade prática do artigo.

É o que explica Marcelo Terra, em artigo publicado na RDI, jan-jun.1991, sobre a tese sustentada no XVII Encontro dos Oficiais de Registro de Imóveis do Brasil, realizado em Caxambu--MG, em 1990:

Qual a natureza jurídica do tipo contratual refletido no art. 39 da Lei 4.591/64? Será compra e venda, compra e venda com dação em pagamento, permuta, compra e venda com preço convertido em obrigação de fazer ou empreitada?

O legislador foi extremamente econômico em palavras ao editar aludida regra.

O art. 39 não delineia, por si só, seu exato alcance.

A boa técnica legislativa recomenda não dever o legislador conceituar os institutos, tarefa que cabe, por definição, à doutrina.

Contudo, o art. 39 poderia ser mais claro, sinalizar com maior precisão a figura jurídica ali referida, não se utilizando de termos vagos, como que com receio de tomar partido, de utilizar o instrumental jurídico então à sua disposição.

Diante de tal fato, cresce a importância do trabalho doutrinário e jurisprudencial, sem se perder de vista que, de acordo com o Código Civil (LGL\2002\400) (art. 85), deve-se mais atentar para a vontade das partes do que ao sentido literal das palavras; neste passo, a lição de SCALFI de que, no caso concreto, a qualificação jurídica não pode ser uniforme, pois diferenças ocorrem na variedade dos casos.[26]

E tal indefinição legal, seja adequada ou não do ponto de vista técnico-legislativo, gera as dificuldades práticas, exigindo a hermêutica e controle adequados dos responsáveis pela organização técnica e administrativa do Estado, neste caso os Notários e os Registradores de Imóveis, cuja posição, como já dito acima, não é de mero espectador (veja-se no item 1.2.3).

---

[26] TERRA, Marcelo. Permuta de Terreno por Área Construída (Art. 39 da Lei 4.591/64), Revista de Direito Imobiliário, v. 27, p. 65/86, jan-jun 1991; Doutrinas Essenciais de Direito Registral, v.3, p. 483-516, dez. 2011. Disponível em: <http://revistadostribunais.com.br/maf/app/widgetshomepage/resultList/document?&src=rl&srguid=i0ad60079000001556de48f4417d48f59&docguid=I76fc9eb0 3e5e11e09ce30000855dd350&hitguid=I76fc9eb03e5e11e09ce30000855dd35 0&spos=1&epos=1&td=109&context=4&startChunk=1&endChunk=1> Acesso em: 20 jun. 2016. p. 2 (Paginação da versão eletrônica difere da versão impressa).

Ponto contundentemente asseverado por José Hildor Leal, que, dentre as análises das hipóteses praticadas, assevera:

> Aos contratantes, experts nos negócios, mas leigos quanto aos aspectos técnicos do direito contratual, não interessa o meio pelo qual seja formalizado o acordo. Aos tabeliães, porém, como profissionais do direito responsáveis pela organização técnica e admnistrativa dos serviços, objetivando segurança, validade e eficácia dos negócios jurídicos, incumbe a correta prática dos atos que lhe são confiados.[27]

E, mais ainda que uma discussão meramente conceitual, o problema envolto na aplicabilidade de tal artigo encontra óbice numa *"legislação fechada, incapaz de permitir a adequação da realidade social com a realidade jurídica"*[28], tal como afirma Frederico Henrique Viegas de Lima.

Tanto que o tema já foi objeto de diversos estudos e decisões judiciais que até hoje se conflitam, ensejando problemas práticos no âmbito dos Registros Imobiliários, tal como se exporá nos capítulos que se seguirão.

Neste contexto é que se buscará, por meio deste estudo, fixar-se o meio mais adequado de contratação.

2. As práticas contratuais à luz da regra do artigo 39 da lei e as respectivas problemáticas

2.1. Das práticas envolvendo a venda e compra

A venda e compra é definida pelo artigo 481 do Código Civil como o ato jurídico por meio do qual um dos contratantes se

---

[27] LEAL, José Hildor. Dação em Pagamento – Uso Equivocado, 2009. Disponível em: <http://www.notariado.org.br/blog/?link=visualizaArtigo&cod=119>. Acesso em: 21 mai. 2016.

[28] LIMA, Frederico Henrique Viegas de. Direito Imobiliário Registral na Perspectiva Civil-Constitucional. Porto Alegre: IRIB: S.A. Fabris, 2004. p.231.

obriga a transferir o domínio de certa coisa a outrem, que, em retribuição, pagar-lhe-á preço em dinheiro pelo bem.
Veja-se:

> Art. 481. *Pelo contrato de compra e venda, um dos contratantes se obriga a transferir o domínio de certa coisa, e o outro, a pagar-lhe certo preço em dinheiro.*

Sem dúvida, o contrato mais importante a partir da criação da moeda[29].

Para Venosa, *"Em singela síntese, a compra e venda pode ser definida como a troca de uma coisa por dinheiro"*[30].

A venda e compra admite pré-contrato e admite a negociação de coisa futura (artigo 483 do CC[31]).

Não se adequada, contudo, pura e simplesmente, por si só, à previsão contratual do artigo 39 da Lei de Incorporações e Condomínios, porquanto pressupõe, como elemento essencial, o pagamento do preço em dinheiro.

Como disserta Marcelo Terra[32], há os que entendem, tal como Carvalho Santos, que o pagamento em dinheiro se trata

---

[29] VENOSA, Silvio de Salvo. Direito Civil: contratos em espécie. São Paulo: Atlas, 2006. p. 8

[30] VENOSA, Silvio de Salvo. Direito Civil: contratos em espécie. São Paulo: Atlas, 2006. p. 8

[31] *Art. 483. A compra e venda pode ter por objeto coisa atual ou futura. Neste caso, ficará sem efeito o contrato se esta não vier a existir, salvo se a intenção das partes era de concluir contrato aleatório.*

[32] TERRA, Marcelo. Permuta de Terreno por Área Construída (Art. 39 da Lei 4.591/64), Revista de Direito Imobiliário, v. 27, p. 65/86, jan-jun 1991; Doutrinas Essenciais de Direito Registral, v.3, p. 483-516, dez. 2011. Disponível em: <http://revistadostribunais.com.br/maf/app/widgetshomepage/resultList/document?&src=rl&srguid=i0ad60079000001556de48f4417d48f59&docguid=I76fc9eb03e5e11e09ce30000855dd350&hitguid=I76fc9eb03e5e11e09ce30000855dd35

de tipo genérico, não podendo se interpretá-lo como absoluto no estágio atual da civilização.

Apesar da clareza do dispositivo legal (CC, art. 1.122), vezes há em que encontramos referência doutrinária à caracterização do tipo negocial do art. 39 como venda e compra há quem entenda, ainda, como CARVALHO SANTOS que, no estado atual da civilização, a exigência de ser o preço da venda em dinheiro é um tipo genérico, não uma regra absoluta e inflexível, no que foi seguido, em determinado momento, pelo Supremo Tribunal Federal.

A despeito disto, na linha do autor do estudo citado, parece ser a interpretação restritiva do conceito a mais adequada, ao menos para a aplicação sobre a Lei de Incorporação.

Nestes termos, não há dúvida que o tipo contratual aplicável à espécie não trata da venda e compra pura e simples.

Em razão disto, partiram-se à prática da venda e compra sempre associada a outro instituto jurídico.

Buscaram, assim, na compensação, na dação em pagamento ou na novação (conversão da obrigação de pagar em obrigação de fazer), todos institutos de direitos obrigacionais, cingidos às hipóteses de extinção ou criação de novas obrigações, a solução para o fechamento da operação.

Daí advém a prática da "dupla venda e compra", da "venda e compra com dação em pagamento" e da "venda e compra com a conversão da obrigação de pagamento em obrigação de fazer", que serão estudadas isoladamente abaixo.

0&spos=1&epos=1&td=109&context=4&startChunk=1&endChunk=1> Acesso em: 20 jun. 2016. p. 3 (Paginação da versão eletrônica difere da versão impressa).

2.1.1. Da dupla venda e compra

Nesta prática, passou-se a efetuar duas operações cruzadas de venda e compra.

Como explica Marcelo Terra[33], na primeira, o proprietário do terreno vendia o bem ao incorporador, com a estipulação do preço de compra em dinheiro. Na segunda, realizada no mesmo ato, o incorporador alienava ao antigo proprietário as unidades autônomas a serem erigidas, também com a estipulação do pagamento do preço em dinheiro.

A consequência jurídica disto é, naturalmente, a extinção das obrigações de pagar via compensação, à luz do artigo 368 do Código Civil (antigo 1.009 do CC1916), que prevê:

> *Art. 368. Se duas pessoas forem ao mesmo tempo credor e devedor uma da outra, as duas obrigações extinguem-se, até onde se compensarem.*

Tal procedimento recebeu críticas, contudo, por dois motivos.

O primeiro, por receber de alguns juristas, tais quais J. Nascimento Franco e Nisske Gondo, a pecha de "simulação".

O segundo, por encontrar óbice na própria lei 4.591/64, no comando do artigo 32, que veda ao incorporador a negociação de unidades autônomas antes do arquivamento do memorial de incorporação no respectivo registro de imóveis.

---

[33] TERRA, Marcelo. Permuta de Terreno por Área Construída (Art. 39 da Lei 4.591/64), Revista de Direito Imobiliário, v. 27, p. 65/86, jan-jun 1991; Doutrinas Essenciais de Direito Registral, v.3, p. 483-516, dez. 2011. Disponível em: <http://revistadostribunais.com.br/maf/app/widgetshomepage/resultList/document?&src=rl&srguid=i0ad60079000001556de48f4417d48f59&docguid=I76fc9eb03e5e11e09ce30000855dd350&hitguid=I76fc9eb03e5e11e09ce30000855dd350&spos=1&epos=1&td=109&context=4&startChunk=1&endChunk=1> Acesso em: 20 jun. 2016. p. 3 (Paginação da versão eletrônica difere da versão impressa).

É o que explica Marcelo Terra[34]:

Referida formatação jurídica à vontade das partes recebe, de J. NAS-CIMENTO FRANCO e NISSKE GONDO, a adjetivação de "simulação".

A extinção das recíprocas obrigações de pagamento do preço em dinheiro ocorreria por compensação (CC, art. 1.009).

Tal hipótese acha-se aventada, também, por JOSE LUIS MERINO HERNANDEZ e por MICHEL DAGOT, sendo que o autor francês a critica com veemência.

Porém, em face do comando do art. 32 da Lei 4.591/64 (o incorporador somente poderá negociar sobre unidades autônomas de prédio a construir ou em construção após ter arquivado, no Cartório competente de Registro de Imóveis, os documentos ali elencados), no direito brasileiro não se recomenda tal prática, sob a ótica do direito privado.

Não se tem, assim, como método mais recomendável.

2.1.2. Da venda e compra com conversão de obrigação de pagamento em obrigação de fazer

Como fruto de monografia de Michel Dagot, citado no artigo de Marcelo Terra[35], aventou-se a hipótese de venda e compra com a conversão de obrigação de pagamento em obrigação de fazer.

---

[34] TERRA, Marcelo. Permuta de Terreno por Área Construída (Art. 39 da Lei 4.591/64), Revista de Direito Imobiliário, v. 27, p. 65/86, jan-jun 1991; Doutrinas Essenciais de Direito Registral, v.3, p. 483-516, dez. 2011. Disponível em: <http://revistadostribunais.com.br/maf/app/widgetshomepage/resultList/document?&src=rl&srguid=i0ad60079000001556de48f4417d48f59&docguid=I76fc9eb03e5e11e09ce30000855dd350&hitguid=I76fc9eb03e5e11e09ce30000855dd350&spos=1&epos=1&td=109&context=4&startChunk=1&endChunk=1> Acesso em: 20 jun. 2016. p. 3 (Paginação da versão eletrônica difere da versão impressa).
[35] TERRA, Marcelo. Permuta de Terreno por Área Construída (Art. 39 da Lei 4.591/64), Revista de Direito Imobiliário, v. 27, p. 65/86, jan-jun 1991; Doutrinas Essenciais de Direito Registral, v.3, p. 483-516, dez. 2011. Disponível em: <http://revistadostribunais.com.br/maf/app/widgetshomepage/resultList/document

Nesta hipótese, em tese, o proprietário do terreno venderia o imóvel ao incorporador, mediante a estipulação do pagamento do preço em dinheiro, que, ato contínuo, era novada, por uma obrigação de fazer (a construção do edifício).

Para o autor da monografia citada no artigo de Marcelo Terra acima referido:

> (...) a conversão do preço não é outra coisa que uma novação objetiva, mediante troca de objeto; antes, a prestação se traduzia em pagar dinheiro; agora, em obrigação de construir e entregar a área construída.

No entanto, para Marcelo Terra:

> Divergimos desta colocação. As partes desejam realizar o sinalagma contratual entre duas prestações de dar (dinheiro e área construída). A ulterior obrigação de fazer (a construção do edifício) é secundária e preparatória da permuta, tendo, portanto, caráter acessório em relação a esta.

Ressalte-se, ainda, que a prática, tal como as anteriores, não atende ao pressuposto da lei que estipula duas obrigações recíprocas de dar e não de pagar.

Partamos, então, à última prática relacionada à venda e compra.

2.1.3. Da venda e compra com dação em pagamento

A venda e compra com dação em pagamento é a prática mais difundida, dentre aquelas que se utilizam da venda e compra.

De outra ponta, também é a prática mais criticada e de mais difícil enquadramento jurídico à hipótese do artigo 39.

?&src=rl&srguid=i0ad60079000001556de48f4417d48f59&docguid=I76fc9eb03e5e11e09ce30000855dd350&hitguid=I76fc9eb03e5e11e09ce30000855dd350&spos=1&epos=1&td=109&context=4&startChunk=1&endChunk=1> Acesso em: 20 jun. 2016. p. 3-4 (Paginação da versão eletrônica difere da versão impressa).

Tal negócio se opera, geralmente, da seguinte forma[36]:

- o dono do terreno contrata a venda ou a promessa de venda do imóvel, na sua totalidade, ao incorporador, com a declaração na escritura de que o preço foi pago no ato e seu valor é representado por uma nota promissória *pro soluto*.
- em ato subsequente, o incorporador, na qualidade de proprietário de terreno, contrata com o alienante primitivo uma promessa de venda ou de dação, de determinadas unidades a serem construídas, obrigando-se a vender ou dar ao antigo dono do terreno as futuras unidades correspondentes ao preço de venda do terreno.
- as partes assinam escritura de novação de dívida, pela qual se substitui a obrigação de pagar o preço em dinheiro, que ensejaria o resgate da nota promissória, pela obrigação de construir e entregar ao antigo proprietário do terreno as unidades correspondentes ao preço do terreno.

Como já abordado acima, a venda e compra, por si só, não se adequaria ao postulado do artigo 39 da Lei 4.591/64, pois pressupõe pagamento em dinheiro, enquanto a estipulação do aludido artigo prevê como contraprestação a obrigação de dar unidades do futuro empreendimento ao alienante do terreno (e não dinheiro).

A dação em pagamento, como também já dito, é instituto de direito obrigacional, que prevê a dação de prestação divergente da anteriormente avençada como pagamento de algo.

---

[36] CHALHUB, Melhin Namem. Da Incorporação imobiliária. Rio de Janeiro: Renovar, 2005. p. 197.

A lei prevê sobre tal instituto que:

> Art. 356. O credor pode consentir em receber prestação diversa da que lhe é devida.

Mariana Pazianotto Deperon, na obra de "Obrigações"[37], coordenada pelos I. Juristas Renan Lotufo e Giovanni Ettore Nanni, conceitua a dação em pagamento da seguinte forma:

> A dação em pagamento, também denominada de 'datio in solutum', é uma forma de extinção das obrigações, que consiste na entrega pelo devedor ao credor, a título de pagamento de sua dívida, de coisa distinta da originalmente devida, a qual é aceita pelo credor como pagamento para a extinção da dívida original.

As contundentes críticas à utilização de tal instituto decorrem da sua equivocada aplicação jurídica à hipótese.

Isto porque, a dação em pagamento é instituto que implica na extinção de obrigação e não na sua substituição.

O ordenamento pátrio prevê como requisito da dação em pagamento o *ânimus solvendi*.

Neste sentido, Deperon[38] apud Caio Mário, esclarece que:

> [...] a coisa dada em pagamento deve existir, i.e., ter existência atual, porquanto se versar sobre coisa futura, ou se implicar em dar coisa futura, não haverá a quitação da obrigação, mas a criação de uma nova obrigação, ou, ainda, dação 'pro solvendo', conforme a análise do caso concreto.

---

[37] LOTUFO, Renan; NANNI, Giovanni Ettore. Obrigações. São Paulo: Atlas e IDP – Instituto de Direito Privado, 2011. p. 441.
[38] LOTUFO, Renan; NANNI, Giovanni Ettore. Obrigações. São Paulo: Atlas e IDP – Instituto de Direito Privado, 2011. p. 446.

A dação *pro solvendo*, contudo, não está prevista no ordenamento pátrio[39].

Ensina, ainda, a jurista acima mencionada, que:

> *No caso da dação 'pro solvendo' não há a extinção imediata da dívida, mas apenas possibilidade, por meio da entrega de uma prestação diversa pelo devedor, do credor vê-la satisfeita o mais breve possível. Embora a dação 'pro solvendo' também tenha por objeto a realização de uma prestação diversa da originalmente devida, o seu fim, como ensina Antunes Varela, não é o de extinguir imediatamente a obrigação, mas o de facilitar apenas o seu cumprimento.*

E, nesta ordem de ideias, extrai-se os equívocos da utilização do instituto.

A dação em pagamento, por definição legal e da hermenêutica jurídica brasileira, não se admite na concepção do negócio, mas, sim, pressupõe uma obrigação anterior de prestação distinta, que, com sua implementação em outra espécie, mediante concordância do credor, enseja a extinção da obrigação.

Na formatação proposta e usualmente praticada, na realidade, contrata-se a dação em pagamento (ou promessa) antes mesmo da execução da obrigação que ensejará a extinção da obrigação.

Ou seja, contrata-se um acordo *in obligazione*, que não configura dação em pagamento nos termos da legislação pátria, que prevê mero negócio liberatório, *in soluttione*, como afirmam Nelson Nery e Rosa Maria de Andrade Nery, citados na obra de Obrigações[40] capitaneada por Renan Lotufo e Giovanni Ettori Nanni.

---

[39] LOTUFO, Renan; NANNI, Giovanni Ettore. Obrigações. São Paulo: Atlas e IDP – Instituto de Direito Privado, 2011. p. 449.

[40] LOTUFO, Renan; NANNI, Giovanni Ettore. Obrigações. São Paulo: Atlas e IDP – Instituto de Direito Privado, 2011. p. 447.

Verifica-se, desta forma, que, além das imprecisões técnicas, a forma não atende à previsão do artigo 39 da Lei de Incorporação e Condomínios.

Não à toa se coleciona diversas críticas a tal prática, tal como a exposta por José Hildor Leal[41]:

> *Há uso inadequado do instituto da dação em pagamento no meio notarial e de registros, na formação de diversos contratos imobiliários, em especial nas hipóteses que envolvem a entrega de terreno, pelo proprietário, para receber do incorporador, em troca, área construída no local.*
>
> *Alguns tabeliães têm formalizado tais acordos por meio de escritura pública de compra e venda com promessa da dação em pagamento, a ser cumprida na conclusão do empreendimento, quando compra e venda não pode ser, e sendo troca, o instituto que melhor reflete o negócio entabulado pelos contratantes é a permuta. Não pode ser compra e venda porque esta exige pagamento em dinheiro, conforme dispõe o Código Civil brasileiro, art. 481: "Pelo contrato de compra e venda, um dos contratantes se obriga a transferir o domínio de certa coisa, e o outro, a pagar-lhe certo preço em dinheiro".*
>
> *Também não pode ser dação em pagamento porque esta pressupõe sempre um contrato não cumprido. Outra não é a interpretação lógica do art. 356 do código, quando estabelece que "o credor pode consentir em receber prestação diversa da que lhe é devida".*
>
> *Portanto, a dação em pagamento, ou datio in solutum, é modalidade extintiva de obrigação, não sendo admissível na formação do contrato, mas apenas e tão somente na sua conclusão, quando o devedor for inadimplente com relação à dívida assumida, e para cumprir a prestação oferece ao credor outra coisa, móvel ou imóvel, ficando ao critério deste aceitar ou não a oferta (art. 313), podendo recusá-la, ainda que mais valioso o bem oferecido, e exigir o pagamento pela forma originalmente ajustada.*

---

[41] LEAL, José Hildor. Dação em Pagamento – Uso Equivocado, 2009. Disponível em: <http://www.notariado.org.br/blog/?link=visualizaArtigo&cod=119>. Acesso em: 21 mai. 2016.

Aliás, tanto se dá razão ao exposto que a forma dos negócios vem disciplinada no título que trata das várias espécies de contrato, no Código Civil, a partir do art. 481, e a dação em pagamento se encontra no título que cuida do adimplemento e extinção das obrigações. Assim, sequer se pode chamar a dação em pagamento de contrato inominado.

Marcelo Terra também comenta sobre o assunto em seu artigo[42]:

Consentindo o credor em receber coisa que não seja dinheiro, em substituição da prestação que lhe era devida, configura-se a dação em pagamento (CC, art. 995).

Após o acordo de vontades quanto à prestação devida, mas antes de sua execução, credor e devedor acordam que a prestação recaia sobre um objeto não devido.

Com a dação em pagamento, a obrigação se extingue mediante a efetiva execução da prestação diversa, sem que tal fato caracterize aquele instituto como novação objetiva.

Verifica-se, então, a coexistência de dois e distintos acordos de vontade. Em um primeiro momento, as partes ajustam qual o objeto da obrigação (prestação 'in obligatione').

Depois, quando do cumprimento o devedor oferece, e o credor a aceita, coisa diversa da pactuada como prestação (prestação' in executione').

Logo, não se compreende que, desde o início do negócio, se convencione a futura dação em pagamento de áreas construídas,

---

[42] TERRA, Marcelo. Permuta de Terreno por Área Construída (Art. 39 da Lei 4.591/64), Revista de Direito Imobiliário, v. 27, p. 65/86, jan-jun 1991; Doutrinas Essenciais de Direito Registral, v.3, p. 483-516, dez. 2011. Disponível em: <http://revistadostribunais.com.br/maf/app/widgetshomepage/resultList/document?&src=rl&srguid=i0ad60079000001556de48f4417d48f59&docguid=I76fc9eb0 3e5e11e09ce30000855dd350&hitguid=I76fc9eb03e5e11e09ce30000855dd35 0&spos=1&epos=1&td=109&context=4&startChunk=1&endChunk=1> Acesso em: 20 jun. 2016. p. 4 (Paginação da versão eletrônica difere da versão impressa).

para resgatar o preço do terreno, eis que a dação não aparece no momento em que a obrigação é constituída e sim quando executada.

Tal diferenciação se acha em concisa e erudita decisão da antiga Vara de Registros Públicos de São Paulo-SP ao delinear que a promessa de pagar parte do preço de um terreno com quatro unidades de um edifício a construir consiste em promessa de permuta e não de dação em pagamento.

Há, de outro lado, no entanto, aqueles que defendam o sucesso de tal modalidade, como Ulysses da Silva, em sua obra "Direito Imobiliário: o Registro de Imóveis e Suas Atribuições"[43]:

> *Tal modalidade de contrato é utilizada, com sucesso, nas incorporações imobiliárias, quando o incorporador adquire terreno com objetivo de construir edifício de apartamentos ou escritórios e, em pagamento do preço ou parte dele, dá unidade autônoma a ser entregue futuramente, como admite o artigo 483 do Código Civil.*

No entanto, nota-se que, a despeito do reconhecimento do sucesso no campo prático, tal autor não se aprofundou na análise jurídica da questão, que, ao certo, leva à conclusão de que o instituto não é adequadamente aplicável à hipótese do artigo 39 da Lei de Incorporação e Condomínios.

Para se colocar uma pá de cal na questão, convém citar também Chalhub, que assim menciona a questão em sua obra:

> *Por essas e outras razões, J. Nascimento Franco e Nisske Gono também fazem severas críticas a essa prática, salientando que 'a indigitada promessa de dação em pagamento nenhuma semelhança apresenta com a promessa de compra e venda e, assim, não constitui direito real, nem enseja adjudicação compulsória das unidades prometidas.*

---

[43] SILVA, Ulysses da. Direito Imobiliário: o registro de imóveis e suas atribuições: a nova caminhada. Porto Alegre: Sergio Antonio Fabris Ed., 2008. P. 204.

A conclusão, portanto, é de que a prática da venda e compra com dação em pagamento não se amolda de forma adequada ao artigo 39 da Lei de Incorporações.

2.2. Da permuta ou promessa de permuta de terreno por área futura

Tal qual as demais práticas acima tratadas, a permuta tem particularidades que levam a controvérsias no âmbito da Lei de Incorporações e Condomínios.

A permuta, troca ou escambo é dos contratos mais antigos. Desempenhava na antiguidade papel fundamental, antes do advento da moeda.

Configura-se, basicamente, pela obrigação de dar uma coisa em troca de outra[44].

Para alguns, o instituto (em sentido amplo) perdeu sua relevância prática e teórica, considerando a atribuição de tratamento análogo à venda e compra pelas legislações atuais[45], por se tratar esta do principal instrumento jurídico de circulação de riquezas, muito embora a permuta a preceda.

Não é o que ocorre, contudo, na situação em estudo.

Sem dúvida, a permuta, à luz do artigo 39 da Lei de 4.591/64, é das práticas mais aceitas e incentivadas dentre os operadores do direito.

Muitos têm a questão por superada, assumindo a formatação baseada na permuta como o molde perfeito às necessidades de mercado, regulamentado nos artigos 32, alínea 'a', e 39, da Lei de Incorporação e Condomínio.

---

[44] VENOSA, Silvio de Salvo. Direito Civil: contratos em espécie. São Paulo: Atlas, 2006. p. 93.
[45] GOMES, Orlando. BRITO, Edvaldo (Coord.); Contratos. Atualizadores: Antonio Junqueira de Azevedo e Francisco Paulo de Crescenzo Marino. Rio de Janeiro: Forense, 2009. P. 325.

É o que assevera o I. Jurista Melhim Namem Chalhub, em sua obra "Da Incorporação Imobiliária"[46], explicando uma das formas que se opera a contratação:

> *A permuta, ou promessa de permuta, de parte ideal de um terreno por unidades imobiliárias a serem construídas é contrato de utilização corrente no mercado das incorporações imobiliárias.*
>
> *Por esse contrato, o proprietário de determinado terreno contrata a transmissão, ao incorporador, de uma parte do seu terreno, reservando-se a propriedade da outra parte; por esse contrato, o incorporador obriga-se a construir para o proprietário-permutante determinadas unidades imobiliárias, que haverão de vincular-se ao quinhão que aquele proprietário reservara para si; é obrigação do incorporador entregar essas unidades ao proprietário-permutante, promovendo sua conta o registro em nome deste, no Registro de Imóveis.*
>
> *Essa espécie de contrato se ajusta com perfeição às necessidades do mercado de incorporações imobiliárias e foi regulamentada para as incorporações nos termos dos arts. 32, alínea 'a', e 39 da Lei 4.591/64.*

Além da forma tratada na citação acima, outras tantas podem ocorrer no âmbito do artigo 39, de acordo com a dinâmica contratual assumida no caso prático, com consequências jurídicas diversas.

Em resumo, a operação nesta forma contratual se dará[47]:

a) com a permuta ou promessa de permuta integral do terreno;

---

[46] CHALHUB, Melhin Namem. Da Incorporação imobiliária. Rio de Janeiro: Renovar, 2005. p. 196 et. seq.

[47] TERRA, Marcelo. Permuta de Terreno por Área Construída (Art. 39 da Lei 4.591/64), Revista de Direito Imobiliário, v. 27, p. 65/86, jan-jun 1991; Doutrinas Essenciais de Direito Registral, v.3, p. 483-516, dez. 2011. Disponível em: <http://revistadostribunais.com.br/maf/app/widgetshomepage/resultList/document

b) com a permuta de fração ideal do terreno e reserva de parcela ao primitivo proprietário (hipótese tratada na citação acima);

c) e, ainda, com a permuta, em qualquer das modalidades acima, com a previsão de torna, considerando a possível diferença de equivalência de preço entre os bens permutados.

Como ensina Marcelo Terra, no primeiro caso, se a permuta for integral e definitiva, o alienante assumirá maiores riscos, já que alienado na integralidade bem existente, contra a titularidade de algo futuro, a construir. No segundo caso, o que ocorre é a composição de um condomínio ordinário, no qual, a coisa futura a ser entregue em permuta é a acessão correspondente à fração ideal reservada (e não a unidade autônoma, que é formada indissociavelmente pela fração ideal de terreno mais acessões correspondentes), o que atribui maior segurança ao alienante e algumas vantagens tributárias (já que diminui o valor da operação). Na terceira, poderá ocorrer torna ou reposição de qualquer ponta do negócio, em quantia.

Apesar de se tratar do negócio mais aceito doutrinariamente, não está livre de críticas e problemáticas.

As principais discussões advindas destes modelos são:

a) a possibilidade ou não de se permutar coisa presente por coisa futura;

b) a possibilidade ou não de negociação de imóvel futuro antes do arquivamento do memorial de incorporação;

?&src=rl&srguid=i0ad60079000001556de48f4417d48f59&docguid=I76fc9eb03e5e11e09ce30000855dd350&hitguid=I76fc9eb03e5e11e09ce30000855dd350&spos=1&epos=1&td=109&context=4&startChunk=1&endChunk=1> Acesso em: 20 jun. 2016. p. 8-9 (Paginação da versão eletrônica difere da versão impressa).

c) a possibilidade ou não de registro quando adotada a forma de promessa.

A discussão sobre a possibilidade de permutar coisa presente por coisa futura decorria da ausência de previsão expressa no Código Civil de 1916, tanto no capítulo relativo à troca ou permuta, quanto nas previsões aplicáveis atinentes à venda e compra.

A questão, no entanto, já está há muito superada, não só pela própria Lei de Incorporações, que a previu no artigo 39, que foi coroada ainda com o artigo 483 do Código Civil de 2002, que previu expressamente que *"A compra e venda pode ter por objeto coisa atual ou futura"*, o que, em atenção à disposição do artigo 533 do atual Estatuto Civil, é aplicável também à permuta.

Chalhub[48] assim comenta a questão:

A possibilidade jurídica da troca de coisa existente (terreno) por coisa futura, como já dissemos, já era explicitamente contemplada no art. 39 e veio a ser consolidada pelo art. 483 do Código Civil, que trata da compra e venda de coisa futura.

Não se verifica, assim, grandes controvérsias atuais sobre a questão.

Outro ponto controvertido sobre a permuta diz respeito à possibilidade de negociação de imóvel futuro antes do arquivamento do memorial de incorporação.

Esta discussão tem espaço também em decorrência da previsão do artigo 32 da Lei 4.591/64, que prevê:

Art. 32. O incorporador sòmente poderá negociar sôbre unidades autônomas após ter arquivado, no cartório competente de Registro de Imóveis, os seguintes documentos:

[48] CHALHUB, Melhin Namem. Da Incorporação imobiliária. Rio de Janeiro: Renovar, 2005. p. 198.

A interpretação do dispositivo, no entanto, não pode ocorrer de forma literal e isolada, devendo ser subsumida a uma análise sistemática e teleológica.

Primeiramente, na análise conjunta do aludido artigo com o artigo 39 da Lei de Incorporações Imobiliárias já se denota a absoluta incompatibilidade lógica do raciocínio que pretende vincular a negociação entre terrenista e incorporador ao prévio registro do memorial de incorporação.

Isto porque, por ocasião da negociação do terreno objeto do empreendimento, nem mesmo foi possível ou oportuno (até mesmo na lógica financeira de um empreendimento), na maioria das vezes, aprovar o projeto ou obter a totalidade da documentação a ser arquivada com o memorial.

Além disto, somente podem assumir legalmente a incorporação imobiliária: o proprietário, o titular de direito real de aquisição e o corretor de imóveis ou o ente federativo previsto na Lei 12.424/2011.

Por estas razões, Marcelo Terra descreve[49]:

> *Na hipótese de troca de terreno por futura área construída, a ordem lógica é a seguinte: para ser titular de direito real, que lhe permita assumir tal condição, o incorporador há de registrar seu título; este traduz permuta de futura unidade autônoma no local.*
>
> *Decorre, logicamente, a permissão legal de alienação antes do prévio registro do Memorial de Incorporação, excepcionando, assim, a regra do art. 32.*

---

[49] TERRA, Marcelo. Permuta de Terreno por Área Construída (Art. 39 da Lei 4.591/64), Revista de Direito Imobiliário, v. 27, p. 65/86, jan-jun 1991; Doutrinas Essenciais de Direito Registral, v.3, p. 483-516, dez. 2011. Disponível em: <http://revistadostribunais.com.br/maf/app/widgetshomepage/resultList/document?&src=rl&srguid=i0ad60079000001556de48f4417d48f59&docguid=I76fc9eb03e5e11e09ce30000855dd350&hitguid=I76fc9eb03e5e11e09ce30000855dd350&spos=1&epos=1&td=109&context=4&startChunk=1&endChunk=1> Acesso em: 20 jun. 2016. p. 13 (Paginação da versão eletrônica difere da versão impressa).

Após o registro de seu contrato aquisitivo (permuta ou promessa de) é que o incorporador estará habilitado a requerer o registro do respectivo Memorial.

No mesmo artigo, ainda, menciona já ter decidido o Conselho Superior da Magistratura do Tribunal de Justiça de São Paulo:

> [...] ao concluir pela legitimidade, diante da lei, da promessa de permuta de fração ideal do terreno por unidades a serem construídas. E, nesse caso, as exigências do art. 32 da Lei 4.591/64 necessariamente dependerão do registro do título aquisitivo, pois somente após este registro é que se poderá cuidar da inscrição da Incorporação.

Relata, ainda, haverem aqueles que defendem uma hipótese intermediária, vinculando a eficácia da permuta ao registro do memorial de incorporação.

A despeito disto, mais de duas décadas após, continua o jurista mencionado a defender sua posição[50], conforme exposto em seminário jurídico sobre aspectos registrários da permuta imobiliária, em que afirma:

> Na permuta, o incorporador adquire o terreno e dá em troca futuras unidades e o contrato de aquisição do terreno precisa ser registrado antes da incorporação", afirmou Terra, dizendo que há os que defendem a tese de que a promessa de permuta só tem validade no âmbito da Lei de Incorporação, razão pela qual só é possível com o concomitante registro do memorial. Contudo, no entendimento do advogado, juridicamente, não há diferença

---

[50] SECOVI. Aspectos registrários da permuta imobiliária são apresentados na primeira parte de seminário jurídico, 2014. Disponível em: <http://www.secovi.com.br/noticias/aspectos-registrarios-da-permuta-imobiliaria-sao-apresentados-na-primeira-parte-de-seminario-juridico/8651/.> Acesso em 29 mai. 2016.

entre o lapso temporal de um segundo e de um mês. Terra citou ainda decisões favoráveis à admissibilidade da obtenção deste registro imobiliário sem o concomitante memorial de incorporação.

E tal ausência de necessidade do concomitante registro estaria justificada na ausência de previsão legal, como cita em seu artigo[51]:

> A autoridade de seu prolator (Dr. Gilberto Valente da Silva) nos levou a profundas reflexões; contudo, ousamos divergir de tal orientação, eis que não prevista em lei, nem imposta pelo sistema de direito registrário, como tentaremos demonstrar adiante em capítulo específico (Item 5.3)

Não se pode, assim, chegar a outra conclusão que não a de que, realmente, a alienação de futura unidade autônoma amparada no artigo 39 da Lei não enseja ilícito, caracterizando-se como exceção à regra do artigo 32 (que veda a alienação de unidades futuras antes do registro de incorporação)[52].

Outra questão que também foi muito debatida no âmbito da figura jurídica da permuta é a suposta impossibilidade de registro quando adotada a forma de promessa, ante a taxatividade da Lei de Registros Públicos.

Os que defendem a impossibilidade de tal registro afirmam, de maneira simplista, ser inviável tão somente pela ausência de previsão expressa do "compromisso" de permuta no rol de títulos registráveis do art. 167, I, da Lei 6.015/1973.

---

[51] TERRA, Marcelo. Permuta de Terreno por Área Construída, 1991. Disponível em: < http://docslide.com.br/documents/artigo-irib-permuta-de-terreno-por-area-construida.html. Acesso em: 21 mai. 2016.

[52] TERRA, Marcelo. Permuta de Terreno por Área Construída, 1991. Disponível em: < http://docslide.com.br/documents/artigo-irib-permuta-de-terreno-por-area-construida.html. Acesso em: 21 mai. 2016.

Comenta o assunto, neste sentido, Alyne Yumi Konno, em sua obra "Registro de Imóveis: Teoria e Prática"[53]

> *Conforme estabelece o art. 533 do CC, aplicam-se à permuta as regras referentes à compra e venda. Em decorrência disso, já se aceitou que a se registrasse título de promessa de permuta de bem imóvel, por aplicação do art. 167, I, 9, da Lei 6.015/73: 'Nada impede que a promessa de permuta, embora não expressamente contemplada no inciso I do artigo 167 da Lei 6.015/73, ingresse no fólio registral. Cuida-se de figura contratual análoga à promessa de venda e compra e, desde que irretratável e irrevogável, passível de constituir direito real de aquisição. A similaridade dos contratos preliminares guarda regra simétrica aos contratos principais de venda e compra e da troca, regidos por regras comuns (art. 1.164 do Código Civil). Isso porque a permuta, como é coerente, nada mais significa que duas vendas recíprocas e simultâneas entre as mesmas partes permutantes, representando o valor de uma das coisas permutadas, o preço, ou parte do preço, da alienação da outra. De igual modo, a promessa de permuta representaria duas promessas recíprocas e simultâneas de venda (Valmir Pontes, Registro de Imóveis, Editora Saraiva, 1982, pág. 91)'.*
>
> *Esse entendimento, no entanto, encontra-se ultrapassado, sendo o mais atual posicionamento contrário ao registro: "correta, ainda, a recusa do ingresso do título no registro, já que o compromisso de permuta não está discriminado no rol de títulos registráveis do art. 167, I, da Lei nº 6.015/1973.*

Menciona, ao longo da citação, o julgado CSMSP. Apelação Cível nº 037727-0/3. Data: 2/7/1997. Localidade: Itu. Relator Márcio Martins Bonilha. In: Thesaurus. Org. de Sérgio Jacomino. Irib, 2005. 4 CD-ROM.

Ocorre, no entanto, que, analisando-se outros precedentes que o mencionam, conclui-se que a orientação na qual se pacificou a questão é a diametralmente oposta.

---

[53] KONNO. Alyne Yumi. Registro de Imóveis: Teoria e Prática. São Paulo: Memória Jurídica, 2007. p. 173.

Ou seja, de que perfeitamente possível o registro da promessa de permuta.
Veja-se da ementa da Apelação Cível nº 0008876-60.2011.8.26.0453, Relatada por Renato Nalini:

> REGISTRO DE IMÓVEIS – Dúvida – Recurso de Apelação – Impugnação parcial e juntada de documento a destempo para cumprir exigência – Circunstâncias que prejudicam o recurso – Exame, em tese, dos óbices controvertidos para nortear futuras prenotações – **Instrumento particular de promessa de permuta – Possibilidade de registro desde que assim caracterizado** – Inocorrência no caso em exame – Contrato com rótulo de instrumento particular de promessa de permuta, mas que representa desde logo o negócio definitivo – Inexistência de obrigação de as partes declararem vontade futura ou de celebrar o contrato definitivo – Recurso prejudicado.

Pertinente, ainda, trazer trechos do acórdão que abordam a questão, inclusive mencionando a aplicação correta do precedente citado na obra de ALYNE YUMI KONNO.

> Este Conselho Superior da Magistratura, por mais de uma vez, já se pronunciou no sentido da possibilidade do registro da promessa de permuta dada a sua similitude à promessa de compra e venda, cujo registro é admitido expressamente pelo art. 167, da Lei nº 6.015/73:
> Porque, a rigor, a promessa de permuta constituiria duas promessas recíprocas e simultâneas de venda, mesmo paralelo existente entre a permuta em si e o contrato definitivo de venda e compra (v.g. Valtnir Pontes, Registro de Imóveis, Saraiva, 1982, p. 91), seu registro não seria, por isso, impossível.
> Aliás, isto já decidiu o Conselho Superior, com lastro em numerosa doutrina citada, nacional e estrangeira (v. Apelação n. 37.727-0/3, Comarca de Itu), reconhecendo que o contrato de promessa de permuta é apto a induzir efeitos reais, quando registrado, o que, inclusive, foi objeto

de exigência, em aresto da Suprema Corte (RE 89.501-9-RJ), para deferimento de adjudicação compulsória, destarte com aplicação, à espécie, justamente do regramento da promessa de compra e venda.

O problema, no caso, é outro, de resto o mesmo que se enfrentou no acórdão do Conselho, acima citado.

É que, malgrado nominado como de promessa de permuta, o ajuste em tela consubstanciou, verdadeiramente, um negócio definitivo. A propósito, basta verificar que, em momento algum, as partes, pelo instrumento juntado, se obrigaram a declarar vontade, característica básica do contrato preliminar. (Ap. Cível nº 0101195-0/5, Rei. Des. Luiz Tâmbara).

A questão, portanto, resta superada no âmbito da Lei 4.591/64, valendo citar, por fim, a opinião de Marcelo Terra sobre o assunto:

> *6.11 O rol previsto em lei dos direitos reais registráveis comporta ampliação, permitindo, assim, a livre criação negocial, sem prejuízo dos princípios hipotecários, desde que perfeitamente delimitado quanto a seu conteúdo, duração e titularidade;*[54]

Aqui, vale lembrar, para os efeitos da lei, não haverá diferença prática para a consecução do empreendimento em se efetuar tais ajustes por meio de promessa ou permuta definitiva. Isto porque, à luz do artigo 32, da Lei 4.591/64, como já estudado acima, exige-se, quando se tratar de contrato preli-

---

[54] TERRA, Marcelo. Permuta de Terreno por Área Construída (Art. 39 da Lei 4.591/64), Revista de Direito Imobiliário, v. 27, p. 65/86, jan-jun 1991; Doutrinas Essenciais de Direito Registral, v.3, p. 483-516, dez. 2011. Disponível em: <http://revistadostribunais.com.br/maf/app/widgetshomepage/resultList/document?&src=rl&srguid=i0ad60079000001556de48f4417d48f59&docguid=I76fc9eb03e5e11e09ce30000855dd350&hitguid=I76fc9eb03e5e11e09ce30000855dd350&spos=1&epos=1&td=109&context=4&startChunk=1&endChunk=1> Acesso em: 20 jun. 2016. p. 16 (Paginação da versão eletrônica difere da versão impressa).

minar, que o título aquisitivo revista-se das seguintes condições, para evitar abusos: *a)* irrevogabilidade e irretratabilidade; *b)* imissão imediata do promitente comprador/permutante na posse; *c)* possibilidade de alienação do imóvel em frações ideais; *d)* consentimento para demolir e construir; *e)* registro no competente ofício imobiliário.

Enfim, medidas para que o promitente possa adotar todos os atos necessários na qualidade de incorporador e, ainda, fique impedido de discricionariamente desistir do negócio que deu base à incorporação.

Em resumo, conforme mencionado, à luz da maciça doutrina, a permuta é a forma contratual mais aceita e tecnicamente mais adequada ao estipulado no artigo 39 da Lei de Incorporações, não deixando, contudo, de ter peculiaridades que igualmente geram controvérsias na sua aplicação prática.

2.3. Outros tipos contratuais que não devem ser confundidos com a hipótese do artigo 39 da Lei 4.591/64

O contrato de empreitada é definido pela doutrina como o contrato em que uma das partes *"obriga-se a executar, por si só, ou com o auxílio de outros, determinada obra, ou a prestar certo serviço, e a outra, a pagar o preço respectivo.*[55]

Na essência, não pode ser aplicado ao caso, porquanto a empreitada tem por característica a execução de determinado empreendimento pelo empreiteiro, sob as determinações do dono da obra, além de receber remuneração do dono da obra pela execução dos serviços, o que não ocorre na prática do artigo 39 da Lei 4.591/64, em que o *terrenista* não interfere no processo produtivo e, via de regra, não remunera o incorporador pela execução dos serviços.

---

[55] GOMES, Orlando. BRITO, Edvaldo (Coord.); Contratos. Atualizadores: Antonio Junqueira de Azevedo e Francisco Paulo de Crescenzo Marino. Rio de Janeiro: Forense, 2009. p. 326.

É o que esclarece o escólio de Marcelo Terra[56]:

> O negócio jurídico do art. 39 poderia ser eventualmente interpretado, também, como empreitada.
>
> Todavia, entendemos não ser correta tal assertiva, pois a hipótese em exame com ela não se confunde.
>
> De fato, no caso analisado, o incorporador pretende edificar, independente das determinações da outra parte; por sua vez, o proprietário da área não se interessa pelo processo produtivo, descaracterizando, assim, a relação dono da obra e empreiteiro.
>
> Além do mais, na empreitada há o requisito da remuneração consistente em uma soma em dinheiro, como alertado por RAGUSA MAGGIORE, com forte apoio em doutrina italiana.
>
> Afaste-se, pois, a qualificação jurídica como empreitada.

Não há que se confundir, ainda, a hodierna "permuta financeira" com o quanto praticado à luz do artigo 39 da Lei 4.591/64.

A denominada "permuta financeira", na prática, configura-se pelo pagamento do preço do terreno com percentual de vendas das unidades, após o lançamento da incorporação.

Tal prática, na verdade, configura-se venda e compra com preço a determinar, à luz dos artigos 487 e seguintes do Código Civil Brasileiro, que preveem:

---

[56] TERRA, Marcelo. Permuta de Terreno por Área Construída (Art. 39 da Lei 4.591/64), Revista de Direito Imobiliário, v. 27, p. 65/86, jan-jun 1991; Doutrinas Essenciais de Direito Registral, v.3, p. 483-516, dez. 2011. Disponível em: <http://revistadostribunais.com.br/maf/app/widgetshomepage/resultList/document?&src=rl&srguid=i0ad60079000001556de48f4417d48f59&docguid=I76fc9eb03e5e11e09ce30000855dd350&hitguid=I76fc9eb03e5e11e09ce30000855dd350&spos=1&epos=1&td=109&context=4&startChunk=1&endChunk=1> Acesso em: 20 jun. 2016. p. 4-5 (Paginação da versão eletrônica difere da versão impressa).

> *Art. 487. É lícito às partes fixar o preço em função de índices ou parâmetros, desde que suscetíveis de objetiva determinação.*
> *Art. 488. Convencionada a venda sem fixação de preço ou de critérios para a sua determinação, se não houver tabelamento oficial, entende-se que as partes se sujeitaram ao preço corrente nas vendas habituais do vendedor.*
> *Parágrafo único. Na falta de acordo, por ter havido diversidade de preço, prevalecerá o termo médio.*

É o que restou esclarecido pelo advogado Rodrigo Bicalho, em seminário jurídico realizado na sede do SECOVI-SP, em 10 de novembro de 2014[57].

Outro caso é quando a incorporadora propõe ao dono de terreno a transferência de um percentual das vendas das unidades daquele empreendimento. "Isto não é tecnicamente uma permuta. É venda e compra com preço a ser determinado depois do lançamento do empreendimento", concluiu Bicalho.

Não aplicáveis, desta forma, os institutos acima mencionados ao caso em estudo.

3. Das hipóteses e consequências de extinção contratual (alienante x incorporador)

Neste capítulo, serão abordadas as consequências das hipóteses de extinção dos contratos firmados à luz do artigo 39 da Lei de Incorporação, com enfoque na relação entre o alienante e o incorporador.

---

[57] SECOVI. Aspectos registrários da permuta imobiliária são apresentados na primeira parte de seminário jurídico, 2014. Disponível em: <http://www.secovi.com.br/noticias/aspectos-registrarios-da-permuta-imobiliaria-sao-apresentados-na-primeira-parte-de-seminario-juridico/8651/.> Acesso em 29 mai. 2016.

Como consabido, os contratos em geral têm diversas formas de extinção.

Dentre elas, as naturais, por cumprimento ou execução; bem como as anômalas, causadas por vícios anteriores ou na concepção ou, ainda, por fatores supervenientes[58].

As causas anteriores e de concepção estão relacionadas às hipóteses de nulidade e anulação.

Já as causas posteriores dão espaço à resilição, caducidade, cessação ou resolução.

A resilição decorre do acordo de vontade das partes (bilateral = distrato) ou da possibilidade de ato unilateral que culmine no desfazimento do negócio, tais quais a denúncia, o arrependimento, a revogação, a renúncia e o resgate.

A caducidade e cessação estão vinculadas, respectivamente, ao não exercício de um direito no prazo contratual ou à cessação por morte, incapacidade, dentre outras hipóteses.

Já a resolução tem base nas condições resolutivas (expressas ou tácitas), inexecução (voluntária ou involuntária) ou onerosidade excessiva (imprevisão).

As hipóteses de extinção, quando verificadas anteriormente ao ingresso do memorial de incorporação no *fólio real*, sejam as anteriores, de concepção ou supervenientes, tem os mesmos efeitos de qualquer outro contrato celebrado à margem da Lei de Incorporação.

Aqui, no entanto, cingir-se-á ao estudo de tais fenômenos no âmbito da Incorporação Imobiliária. Ou seja, após o registro do memorial de incorporação.

Neste cenário, os eventuais vícios anteriores e de formação do contrato, muito embora possíveis, após o registro da incorporação, são de remota verificação diante do procedimento fiscalizatório do registro de imóveis, que, como dito acima (item 1.2.3), não atua como mero espectador.

---

[58] Wald. Arnoldo. Obrigações e Contratos. São Paulo: Saraiva, 2004. p. 326ss.

De qualquer forma, se verificadas causas de extinção por vícios anteriores, dois poderão ser os efeitos.

Caso a extinção do contrato ocorra por nulidade absoluta, seu decreto deverá fazer retroagirem as situações assim passíveis ao *status quo ante*, pois *"O contrato nulo não produz qualquer efeito; é, segundo feliz expressão, um natimorto."*[59]
De outro lado, verificadas as hipóteses de anulação, não convalidadas, e declaradas em favor do titular do direito de avocá-las, operar-se-á a extinção com efeitos prospectivos (*ex nunc*), visto que *"O 'contrato anulável', ao contrário do 'contrato nulo', subsiste enquanto não decretada sua invalidade por sentença judicial proferida na ação proposta pela parte a quem a lei protege"*[60].

Inaplicáveis às espécies contratuais estudadas anteriormente, ainda, como regra, as hipóteses de resilição, haja vista que, por se tratarem de contratos bilaterais, sinalagmáticos, com objetos e prazos definidos, não admitem, a rigor, denúncia, regovação, renúncia, resgate, o que, em verdade, se ocorrer, encerrará, em última análise, no exercício de uma prática que ensejará resolução culposa da parte "denunciante", ocasionando as consequências que serão verificadas também adiante, quando tratada a resolução culposa.

Acrescente-se, ainda, que a própria exigência legal do artigo 32, 'a', reforçado por seu §2º, da Lei de Incorporações, exige, quando contratada a promessa, que seja irrevogável e irretratável, afastando, assim, a possibilidade de arrependimento.

Mesmo na hipótese de resilição bilateral, por mútuo consenso entre incorporador e alienante, muito embora pudesse

---

[59] GOMES, Orlando. BRITO, Edvaldo (Coord.); Contratos. Atualizadores: Antonio Junqueira de Azevedo e Francisco Paulo de Crescenzo Marino. Rio de Janeiro: Forense, 2009. p. 233.
[60] GOMES, Orlando. BRITO, Edvaldo (Coord.); Contratos. Atualizadores: Antonio Junqueira de Azevedo e Francisco Paulo de Crescenzo Marino. Rio de Janeiro: Forense, 2009. p. 233.

produzir efeitos jurídicos, os sujeitaria às sanções, inclusive penais, da Lei de Incorporações, principalmente se considerando que *"O incorporador é vinculado ao negócio e obrigado a promovê-lo"*[61].

Há, no entanto, uma única hipótese em que seria viável o regular distrato entre incorporador e alienante, sem a incursão em falta perante terceiros adquirentes: no caso de denúncia da incorporação no prazo e nos termos da lei.

Isto porque, como já estudado acima, a própria Lei de Incorporação, em seu artigo 34[62], assegura o prazo de carência de 180 dias, improrrogáveis, em que poderá desistir da incorporação mediante a denominada denúncia, que, não ocorrida, tal como prescrito (denúncia em cartório e averbação no registro da incorporação), culminará com a definitiva vinculação do incorporador, que suportará as conseqüências da falta de concretização do negócio[63].

Isto tudo, é claro, ressalvados os direitos dos eventuais adquirentes nos termos da Lei de Incorporações, lembrando sempre o contexto em que foi criada, narrado no início do trabalho.

Assegura, portanto, o artigo 36 da Lei 4.591/64 que:

Art. 36. No caso de denúncia de incorporação, nos têrmos do art. 34, se o incorporador, até 30 dias a contar da denúncia, não restituir aos adquirentes as importâncias pagas, êstes poderão cobrá-la por via executiva, reajustado o seu valor a contar da data do recebimento, em função do índice geral de preços mensalmente publicado pelo Conselho Nacional de Eco-

---

[61] PEREIRA, Caio Mário da Silva. Condomínio e Incorporações. 2. ed. Rio de Janeiro: Forense. 1969. p. p. 217.
[62] *Art. 34. O incorporador poderá fixar, para efetivação da incorporação, prazo de carência, dentro do qual lhe é lícito desistir do empreendimento.*
[63] PEREIRA, Caio Mário da Silva. Condomínio e Incorporações. 2. ed. Rio de Janeiro: Forense. 1969. p. p. 217.

nomia, que reflita as variações no poder aquisitivo da moeda nacional, e acrescido de juros de 6% ao ano, sôbre o total corrigido.

Logo, observando tais preceitos e direitos de terceiros, poderiam, ao final, distratar a relação, ajustando-se os consectários e respondendo perante terceiros, nos termos da Lei de Incorporações.

Seguindo nas hipóteses de extinção, impertinente grandes ensaios sobre a caducidade e cessação, já que não cabíveis no universo dos contratos no âmbito da incorporação imobiliária, em que a incorporação vincula o empreendedor e, via de regra, estipula-se a sucessão das atividades.

Sendo assim, conduzir-se-á o raciocínio, a partir de agora, às hipóteses mais plausíveis e evidentes do dia-a-dia da incorporação imobiliária, dentro da execução plena do contrato, ultrapassadas eventuais nulidades e anulabilidades, bem como eventual denúncia da incorporação, até a ultimação de algum evento culposo.

Pois bem.

Antes de adentrar às hipóteses específicas, deve-se rememorar a posição do empreendedor.

Em qualquer das formas contratuais apontadas acima, seja as de venda e compra ou de permuta, após o registro do título traslativo ou aquisitivo de propriedade e do memorial de incorporação, o alienante do terreno, que então, como regra, já cumpriu sua prestação contratual de transferência ou promessa irrevogável de transferência do terreno, adotará a condição de credor, tal como qualquer adquirente de unidade imobiliária no empreendimento.

De outro lado, o incorporador adotará a posição de devedor, vinculado à entrega do empreendimento, na forma prevista no respectivo memorial registrado e nos termos do primitivo contrato de alienação do terreno.

Neste cenário, a inexecução culposa do incorporador poderá gerar diversas consequências.

A inexecução culposa pressupõe inadimplemento do devedor ou, em outras palavras, não cumprimento das obrigações contratuais.

O inadimplemento, no direito pátrio, divide-se em absoluto ou relativo.

O inadimplemento absoluto, nas letras de Marcelo Bernacchio, *in* Obrigações[64], *"é aquele em que a obrigação não foi cumprida e nem mais poderá sê-lo, por ausente interesse do credor sob um prisma objetivo (...)"*.

Já o inadimplemento relativo (ou mora) *"não há traço de característico irrecuperabilidade da prestação, pois, apesar da não realização no tempo, lugar e forma, há a possibilidade do cumprimento da prestação, porque ainda útil ao credor"*.

Nestes casos, à luz da legislação civil, a obrigação pode vir a ser exigida do devedor ou pode dar ensejo à resolução do contrato, com a consequente responsabilização por perdas e danos.

> *Art. 475. A parte lesada pelo inadimplemento pode pedir a resolução do contrato, se não preferir exigir-lhe o cumprimento, cabendo, em qualquer dos casos, indenização por perdas e danos.* (Código Civil)

A exigência do cumprimento da obrigação culminará com a execução forçada do contrato e tem base, neste caso, na Lei Civil e na própria Lei de Incorporações.

Ambas franqueiam, ainda, a possibilidade de substituição do devedor na execução empreendimento, às suas expensas e sem prejuízo das perdas e danos.

---

[64] LOTUFO, Renan; NANNI, Giovanni Ettore. Obrigações. São Paulo: Atlas e IDP – Instituto de Direito Privado, 2011. p. 551 e ss.

É o que prevê o artigo 249 do Código Civil:

Art. 249. Se o fato puder ser executado por terceiro, será livre ao credor mandá-lo executar à custa do devedor, havendo recusa ou mora deste, sem prejuízo da indenização cabível.

No âmbito da incorporação imobiliária está previsto:

Art. 43. (...) VI – se o incorporador, sem justa causa devidamente comprovada, paralisar as obras por mais de 30 dias, ou retardar-lhes excessivamente o andamento, poderá o Juiz notificá-lo para que no prazo mínimo de 30 dias as reinicie ou torne a dar-lhes o andamento normal. Desatendida a notificação, poderá o incorporador ser destituído pela maioria absoluta dos votos dos adquirentes, sem prejuízo da responsabilidade civil ou penal que couber, sujeito à cobrança executiva das importâncias comprovadamente devidas, facultando-se aos interessados prosseguir na obra (VETADO).

Eis os efeitos possíveis, caso a intenção do credor (terrenista), aliado ou não aos demais adquirentes, pretenda executar forçadamente o empreendimento, às expensas e indenização do incorporador devedor.

De outro lado, a resolução, caso optada, operará efeitos distintos e importantes no âmbito da incorporação imobiliária.

Como regra, a resolução culposa do contrato gera dois efeitos: (i) a extinção retroativa do contrato e (ii) a responsabilização por perdas e danos.

Como ensina Orlando Gomes[65]:

O efeito específico da resolução é extinguir o contrato retroativamente. Opera 'ex tunc'. Esse efeito correspondente à intenção presumida das partes.

---

[65] GOMES, Orlando. BRITO, Edvaldo (Coord.); Contratos. Atualizadores: Antonio Junqueira de Azevedo e Francisco Paulo de Crescenzo Marino. Rio de Janeiro: Forense, 2009.p. 210.

> *Extinto o contrato pela resolução, apaga-se o que se executou, devendo-se proceder a restituições recíprocas, se couberem.*
>
> *(...)*
>
> *Sujeita ainda o inadimplente ao pagamento de perdas e danos.*

Nestas diretrizes caminha a própria Lei de Incorporação, que regula situação um tanto quanto mais complexa que uma resolução de um simples contrato, resolvendo a situação de direito de cada um dos envolvidos no empreendimento (alienante, empreendedor e terceiros adquirentes):

> *Art. 40. No caso de rescisão de contrato de alienação do terreno ou de fração ideal, ficarão rescindidas as cessões ou promessas de cessão de direitos correspondentes à aquisição do terreno.*
>
> *§ 1º Nesta hipótese, consolidar-se-á, no alienante em cujo favor se opera a resolução, o direito sôbre a construção porventura existente.*
>
> *§ 2º No caso do parágrafo anterior, cada um dos ex-titulares de direito à aquisição de unidades autônomas haverá do mencionado alienante o valor da parcela de construção que haja adicionado à unidade, salvo se a rescisão houver sido causada pelo ex-titular.*
>
> *§ 3º Na hipótese dos parágrafos anteriores, sob pena de nulidade, não poderá o alienante em cujo favor se operou a resolução voltar a negociar seus direitos sôbre a unidade autônoma, sem a prévia indenização aos titulares, de que trata o § 2º.*
>
> *§ 4º No caso do parágrafo anterior, se os ex-titulares tiverem de recorrer à cobrança judicial do que lhes fôr devido, sòmente poderão garantir o seu pagamento a unidade e respectiva fração de terreno objeto do presente artigo.*

Como ensina Marcelo Terra[66]:

No caso de rescisão de contrato de alienação do terreno ou de fração ideal – regra o art. 40 da Lei 4.591/64 ficarão rescindidas as cessões ou promessas de cessão de direitos correspondentes à aquisição do terreno.

Vale dizer, se o alienante do terreno, objeto da Incorporação, não receber o preço em dinheiro ou a unidade autônoma permutada, o contrato celebrado com o incorporador será rescindido.

Em conseqüência, os contratos firmados pelo incorporador com os adquirentes de unidades autônomas seguirão idêntico destino.

Nesta hipótese, consolidar-se-á, no alienante do terreno em cujo favor se opera a resolução, o direito sobre a construção porventura existente (art. 40, § 1º), caso em que cada um dos ex-titulares de direito à aquisição de unidades autônomas haverá do mencionado alienante do terreno o valor da parcela de construção que haja adicionado à unidade, salvo se a rescisão houver sido causada pelo ex-titular (art. 40, § 2º).

Para não haver seu enriquecimento sem causa, o proprietário do terreno restituirá aos adquirentes das demais unidades autônomas a quantia paga como custeio de obra, acedida a seu terreno, como já decidido pelo Tribunal de Justiça de São Paulo na ap. cível 7.645-2.

A despeito disto, em continuidade, o doutrinador acima citado aponta caminho em que o terrenista pode ter excluída tal obrigação perante os terceiros, diante da possibilidade franque-

---

[66] TERRA, Marcelo. Permuta de Terreno por Área Construída (Art. 39 da Lei 4.591/64), Revista de Direito Imobiliário, v. 27, p. 65/86, jan-jun 1991; Doutrinas Essenciais de Direito Registral, v.3, p. 483-516, dez. 2011. Disponível em: <http://revistadostribunais.com.br/maf/app/widgetshomepage/resultList/document?&src=rl&srguid=i0ad60079000001556de48f4417d48f59&docguid=I76fc9eb03e5e11e09ce30000855dd350&hitguid=I76fc9eb03e5e11e09ce30000855dd350&spos=1&epos=1&td=109&context=4&startChunk=1&endChunk=1> Acesso em: 20 jun. 2016. p. 13 (Paginação da versão eletrônica difere da versão impressa).

ada pelo parágrafo único do artigo 39 de se estipular a não sujeição do alienante do terreno a qualquer prestação ou encargo:

> *Na hipótese do art. 39, tal responsabilidade pode ser pré-excluída, mediante cláusula de não indenizar, eis que o par. único do art. 39 prevê a possibilidade de o alienante ficar ou não sujeito a alguma prestação ou encargo, caso em que se livrará por essa forma o proprietário de qualquer responsabilidade, em face de terceiros, na rescisão do negócio por culpa do incorporador ou de seus sucessores.*

Difere de tais efeitos, contudo, o alienante que efetuou o negócio sob a forma de venda e compra com dação em pagamento.

Isto porque, tal como exposto anteriormente, nesta prática:

- *o dono do terreno contrata a venda ou a promessa de venda do imóvel, na sua totalidade, ao incorporador, com a declaração na escritura de que o preço foi pago no ato e seu valor é representado por uma nota promissória pro soluto.*
- *em ato subsequente, o incorporador, na qualidade de proprietário de terreno, contrata com o alienante primitivo uma promessa de venda ou de dação, de determinadas unidades a serem construídas, obrigando-se a vender ou dar ao antigo dono do terreno as futuras unidades correspondentes ao preço de venda do terreno.*
- *as partes assinam escritura de novação de dívida, pela qual se substitui a obrigação de pagar o preço em dinheiro, que ensejaria o resgate da nota promissória, pela obrigação de construir e entregar ao antigo proprietário do terreno as unidades correspondentes ao preço do terreno.*

Esta operação, ao final, representa a substituição de coisa presente existente por título de crédito que, dificilmente, no caso de inadimplemento, será executado de forma eficaz.

Como disserta Melhin Chalhub:

> *Essa prática desenvolveu-se sob a alegação de que a não seria possível permutar-se coisa existente (terreno) por coisa ainda inexistente (apartamento ainda não construído), mas é inadequada ao negócio da incorporação, além de constituir grave risco para o proprietário do terreno que transmite sua propriedade ao incorporador e, em contrapartida, torna-se apenas titular de um direito de crédito, de difícil realização, notadamente em caso de insolvência do incorporador, pois nesse caso o antigo proprietário do terreno estará incluído entre os credores quirografários. Além de representar grave risco, essa prática é absolutamente dispensável, já que a Lei das Incorporações reconhece o contrato de promessa de permuta, que é apropriado para a hipótese, e definiu seus contornos típicos.*[67]

Igual destino e risco a todas aquelas formas em que se transfere totalmente e definitivamente a propriedade, contra a coisa futura, casos em que o alienante deterá tão somente contra o incorporador um título de crédito ou de obrigação de dar/fazer, dependendo da formatação adotada.

Desta forma, sob a ótica das possíveis consequências do inadimplemento, a forma contratual que melhor resguarda o alienante do terreno é a promessa de permuta, que pode ser de forma integral ou de fração ideal de terreno, contra as unidades ou acessões futuras (de acordo com a hipótese), com a estipulação expressa de não sujeição do *terrenista* a qualquer prestação ou encargo.

Conclusões

Como abordado no introito deste trabalho, a proposta desta dissertação foi, a partir da análise dos principais tipos contra-

---

[67] CHALHUB, Melhin Namem. Da Incorporação imobiliária. Rio de Janeiro: Renovar, 2005. p. 198.

tuais (permuta e compra e venda, principalmente) e institutos de direitos obrigacionais correlacionados (dação em pagamento, por exemplo) mais utilizados no âmbito do artigo 39 da Lei de Incorporação Imobiliária, delimitar-se o modelo contratual mais adequado ao mencionado dispositivo.

Outro objetivo traçado foi verificar diferentes consequências no caso de extinção contratual anômala e riscos diversos ao alienante do terreno e ao incorporador.

Tudo isto para se desvendar, ao final, a melhor e mais correta prática, que viabilize o registro da incorporação e consecução do empreendimento, afastando-se aplicações práticas conceitualmente equivocadas e se adotando as medidas mais seguras aos operadores de tais contratos.

Neste sentido, analisou-se, especificamente, cada um dos modelos contratuais mais praticados, sendo eles: (i) a dupla venda e compra; (ii) a venda e compra com dação em pagamento; (iii) a venda e compra com a conversão da obrigação de pagar em fazer; (iv) e a permuta.

Demonstrou-se, ainda, o motivo pelo qual o contrato de empreitada e a chamada "permuta financeira" não se confundem com o tipo previsto no artigo 39 da Lei de Incorporações.

Analisou-se as questões tanto nos aspectos civis como registrários.

No que toca aos modelos vinculados à venda e compra, verificou-se que o tipo contratual aplicável à espécie, sem dúvida, não trata da venda e compra pura e simples, razão pela qual se partiram à prática da venda e compra sempre associada a outros institutos jurídicos, tais quais a compensação, a dação em pagamento ou na novação (conversão da obrigação de pagar em obrigação de fazer), todos institutos de direitos obrigacionais, cingidos às hipóteses de extinção ou criação de novas obrigações, para se tentar obter a solução para o fechamento da operação.

Do que surgiu a prática da "dupla venda e compra", da "venda compra com dação em pagamento" e da "venda e compra com a conversão da obrigação de pagamento em obrigação de fazer". Cada qual, contudo, com alguma peculiaridade que enseja inadequação à correta situação jurídica do ponto civil, à luz da lei de incorporação ou sob o enfoque registral.

Na formatação de permuta, constatou-se que nenhum óbice há quanto aos aspectos mais polêmicos, relacionados (i) à possibilidade ou não de se permutar coisa presente por coisa futura; (ii) à possibilidade ou não de negociação de imóvel futuro antes do arquivamento do memorial de incorporação; (iii) à possibilidade ou não de registro quando adotada a forma de promessa.

Todos aspectos já superados seja no âmbito civil ou registral, muito embora, atualmente, alguns registradores ainda imponham óbices com amparo, equivocado, em tais premissas ultrapassadas pela melhor interpretação sistemática e teleológica do ordenamento, bem como do Conselho Superior da Magistratura do Tribunal de Justiça de São Paulo.

No que diz respeito às hipóteses de extinção anômalas dos contratos, conduziu-se o raciocínio àquelas verificadas ou ocorridas após o registro da incorporação, considerando que, as ocorridas ou verificadas anteriormente ensejariam efeitos similares a de qualquer outro contrato.

No âmbito da incorporação, ou seja, após o registro do memorial, verificou-se que, quanto às hipóteses decorrentes de vícios anteriores à formação ou na própria concepção, raras são as ocorrências práticas, pois, como estudado, a operação passa pelo crivo do Oficial de Registro de Imóveis competente, que tem papel fiscalizador apto a afastar a maior parte dos vícios decorrentes destas situações.

Ultrapassou-se, outrossim, as hipóteses de caducidade e cessação, por não serem aplicáveis à espécie.

Estudou-se que, dentre as hipóteses de extinção supervenientes, a resilição bilateral pode ter ocorrência e impacto aos negócios, que somente gerará regulares efeitos e não gerará responsabilidade civil perante terceiros se efetivada em observância à possibilidade de denúncia da incorporação, no prazo legal, respeitando-se sempre o direito de terceiros.

Verificou-se, ainda, que a resilição unilateral não seria viável, por se tratarem de contratos bilaterais, sinalagmáticos, com prazo e objeto definidos, inadmitindo tal prática, que, aliás, seria proibida pela própria lei de incorporação, no caso de contratos de promessa, pois expressamente exige cláusula de irrevogabilidade e irretratabilidade, ensejando, em última análise, uma tentativa de denúncia, inadimplemento culposo, com as consequências a tal hipótese inerentes.

Seguindo-se, no que toca ao inadimplemento culposo dos contratos por parte do incorporador, notou-se que, caso não optada pela execução forçada do empreendimento (diretamente ou por meio de terceiro), em regra, a resolução se operará com a devolução do terreno ao alienante primitivo, que, caso não contemplado com hipóteses de exclusão de prestações ou encargos, deverá ressarcir o valor da construção a cada promitente comprador de unidades autônomas, à luz do artigo 40 da Lei 4.591/64.

Destino que, no entanto, não está reservado aos casos em que há imediata e definitiva transferência do terreno ao incorporador (à evidência e principalmente na venda e compra com dação em pagamento), em que os riscos do alienante são maiores, por se entregar bem existente contra a obtenção de um mero direito de crédito ou de obrigação de fazer/dar, que poderá se desvendar ineficaz em caso de inadimplemento do incorporador, especialmente no caso de falência, em que a habilitação de crédito ocorrerá na forma de credor quirografário.

Diante de todo o abordado, conclusão inarredável de que a formatação mais adequada e que enseja menor risco ao alienante do terreno, proporcionando, de igual modo, garantias e plena execução do empreendimento ao incorporador, é a promessa de permuta, que pode ser de forma integral ou de fração ideal de terreno, contra as unidades ou acessões futuras (de acordo com a hipótese), com a estipulação expressa de não sujeição do *terrenista* a qualquer prestação ou encargo.

Referências

AGHIARIAN, Hércules. Curso de Direito Imobiliário. Rio de Janeiro: Lumen Juris, 2008.

ALMEIDA, Washington Carlos de. Direito Imobiliário. Rio de Janeiro: Elsevier, 2008.

COLÉGIO REGISTRAL DO RIO GRANDE DO SUL. Consulta: RI- Permuta – Incorporação – Registro – Ausência, 2010. Disponível em: < http://www.colegioregistralrs.org.br/associado_perguntaeresposta_resposta.asp?codArea=5&codPerg=696>. Acesso em: 2 jul. 2014.

GOMES, Orlando. BRITO, Edvaldo (Coord.); Contratos. Atualizadores: Antonio Junqueira de Azevedo e Francisco Paulo de Crescenzo Marino. Rio de Janeiro: Forense, 2009.

LEAL, José Hildor. Dação em Pagamento – Uso Equivocado, 2009. Disponível em: <http://www.notariado.org.br/blog/?link=visualizaArtigo& cod=119>. Acesso em: 21 mai. 2016.

PEREIRA, Caio Mário da Silva. Condomínio e Incorporações. Rio de Janeiro: Forense, 2014.

TERRA, Marcelo. Permuta de Terreno por Área Construída (Art. 39 da Lei 4.591/64), Revista de Direito Imobiliário, v. 27, p. 65/86, jan-jun 1991; Doutrinas Essenciais de Direito Registral, v.3, p. 483-516, dez. 2011. Disponível em: <http://revistadostribunais.com.br/maf/app/widgetshomepage/resultList/document?&src=rl&srguid=i0ad60079000001556de4 8f4417d48f59&docguid=I76fc9eb03e5e11e09ce30000855dd350&hitg uid=I76fc9eb03e5e11e09ce30000855dd350&spos=1&epos=1&td=109 &context=4&startChunk=1&endChunk=1> Acesso em: 20 jun. 2016.

TERRA, Marcelo. Permuta de Terreno por Área Construída (Art. 39 da Lei 4.591/64), 1991. Disponível em: < http://docslide.com.br/documents/ artigo-irib-permuta-de-terreno-por-area-construida.html. Acesso em: 21 mai. 2016.

CHALHUB, Melhin Namem. Da Incorporação imobiliária. Rio de Janeiro: Renovar, 2005.

KONNO. Alyne Yumi. Registro de Imóveis: Teoria e Prática. São Paulo: Memória Jurídica, 2007.

LIMA, Frederico Henrique Viegas de. Direito Imobiliário Registral na Perspectiva Civil-Constitucional. Porto Alegre: IRIB: S.A. Fabris, 2004.

LOTUFO, Renan; NANNI, Giovanni Ettore. Obrigações. São Paulo: Atlas e IDP – Instituto de Direito Privado, 2011.

_____. Teoria Geral dos Contratos, São Paulo: Atlas e IDP – Instituto de Direito Privado, 2011.

LOUREIRO, Luis Guilherme. Registros Públicos: teoria e prática. Rio de Janeiro: Forense; São Paulo: Método, 2011.

NERY JUNIOR, Nelson. Leis Civis Comentadas. São Paulo: Revista dos Tribunais, 2010.

NERY JUNIOR, Nelson. Contratos no Código Civil – apontamentos gerais. O Novo Código Civil – homenagem ao Professor Miguel Reale. Coord. FRANCIULLI NETTO, Domingos; MENDES, Gilmar Ferreira; MARTINS FILHO, Ives Gandra da Silva. São Paulo: LTr, 2006.

SANTOS, Flauzilino Araújo dos. Condomínios e Incorporações no Registro de Imóveis: teoria e prática. São Paulo: Mirante, 2012.

SECOVI. Aspectos registrários da permuta imobiliária são apresentados na primeira parte de seminário jurídico, 2014. Disponível em: <http://www.secovi.com.br/noticias/aspectos-registrarios-da-permuta-imobiliaria-sao-apresentados-na-primeira-parte-de-seminario-juridico/8651/.> Acesso em 29 mai. 2016.

SILVA, Ulysses da. Direito Imobiliário: o registro de imóveis e suas atribuições: a nova caminhada. Porto Alegre: Sergio Antonio Fabris Ed., 2008.

VENOSA, Silvio de Salvo. Direito Civil: contratos em espécie. São Paulo: Atlas, 2006.

VENOSA, Silvio de Salvo. Direito Civil: teoria geral das obrigações e teoria geral dos contratos. São Paulo: Atlas, 2014.

WALD. Arnoldo. Obrigações e Contratos. São Paulo: Saraiva, 2004.

O Poder Judiciário como Fonte de Criação de Obrigações nos Contratos de Consumo

RAFAELLA BARBOSA LONGUINHO E SILVA

Introdução
Os contratos foram e sempre serão considerados instrumentos jurídicos geradores de riqueza. Seja para transferir tecnologia, seja para concretizar uma compra e venda, seja para tornar possível o acesso do cidadão a bens de consumo. Ou por outra, os contratos concretizam a mercancia, isto é, são consequências da atividade econômica.

Se é verdade que durante o Estado Liberal os contratos tinham uma feição mais abrangente, pautados principalmente no princípio do *pacta sunt servanda*, atualmente, eles devem cumprir o que se convencionou chamar de função social, como decorrência do movimento de freios e contrapesos do Estado Social de Direito.

E não só. Com a evolução do ordenamento jurídico brasileiro, os contratos, que, a princípio, eram considerados mecanismos estritamente privados da autonomia, passam agora a obedecer a regras de direito público, notadamente os direitos dos consumidores, direitos estes elevados à categoria de direitos fundamentais pela nossa Constituição Federal de 1988 ("Constituição Federal"). Neste sentido, basta uma breve leitura do artigo 5º, inciso XXXII combinado com o artigo 170, ambos da Carta Magna.

Os contratos, portanto, assumem paralelamente uma função de ordenador da economia, como também a de realizar os fins do Estado, deixando de servir apenas como instrumento de regulação da vontade e de interesses privados. No campo específico das relações contratuais de consumo, a industrialização, iniciada pela Revolução Industrial na Inglaterra, aliada à globalização, obrigaram os empresários a massificar os seus próprios procedimentos negociais para que pudessem dar vazão não só à produção crescente, como também à demanda.

Surgem, neste cenário, novas formas de negócio que atendem às exigências de celeridade advindas do mercado de consumo, na qual o contrato de adesão é o exemplo mais importante. Referido contrato, normalmente entendido como aquele em que se presume que suas cláusulas não foram objeto de negociação e, como decorrência, seu conteúdo foi predisposto pelo fornecedor de bens e/ou prestador de serviços unilateralmente, não deve ser considerado uma patologia. Isso porque nem sempre o contrato de adesão deve ser entendido ou pré-julgado como uma afronta à anormalidade que coloque o consumidor em uma espécie de desvantagem econômica.

Fato é que a realidade brasileira no que diz respeito aos contratos demonstrou que, a partir da Lei n. 8.078, de 11 de setembro de 1990 ("Código de Defesa do Consumidor"), o assunto foi demasiadamente judicializado, tendo o Poder Judiciário que se debruçar sobre a questão efetuando constantes revisões das relações obrigacionais que lhes são colocadas em apreço.

Neste contexto, portanto, é que se tornam bastante relevantes os estudos e análises – positivas e negativas – da interferência do Estado via Poder Judiciário, no campo das relações contratuais de consumo, na medida em que, na busca pela chamada "justiça contratual", as decisões judiciais podem provocar um significativo impacto na economia e nas relações sociais como um todo.

Destarte, considerando as já mencionadas características dos contratos, quando a interferência do Poder Judiciário se dá de forma desmedida, excessiva ou fora dos limites legais, a sociedade e a economia são sobremaneira penalizadas, porquanto há: (i) um aumento na insegurança jurídica e (ii) um impacto econômico-financeiro. Como consequência, é possível que haja uma inibição por parte da iniciativa privada no que concerne ao incentivo de produzir e, por conseguinte, diminiu-se a circulação de riqueza no País. Ou, até pior, o custo "Poder Judiciário" ser incluído no valor final do produto, encarecendo-o e limitando o alcance de produtos e serviços tão somente a determinada parcela da população.

É com base nessas premissas que se pretende desenvolver o presente artigo e, a partir de uma metodologia dedutiva e fundamentada em pesquisa bibliográfica, legislativa e jurisprudencial, responder aos seguintes questionamentos, utilizando-se como referencial teórico a obra de Mauro Cappelleti, que cria a expressão "criatividade da função jurisdicional": (i) até que ponto e em que medida o Poder Judiciário tem como função ser fonte criadora de obrigações?; (ii) estaria o Poder Judiciário extrapolando suas funções constitucionais típicas?; e (iii) o Poder Judiciário, ao assumir a função descrita no item (i), aumenta ou não a insegurança jurídica e impacta economicamente os contratos?

Com vistas à resolução das problemáticas propostas neste artigo, entendemos importante abordar os tópicos a seguir. Assim, em um primeiro momento, trataremos da questão da autonomia privada que, não obstante tenha sofrido uma espécie de relativização com o advento da Lei n. 10.406, de 10 de janeiro de 2002 ("Código Civil"), pela inserção, principalmente, do princípio da função social do contrato, ainda é a principal mola propulsora dos contratos.

Em um segundo momento, adentraremos na questão de fundo, qual seja: o contexto na qual se entendeu por bem regular os direitos do consumidor, considerados como direitos sociais, e o que seriam os contratos de consumo que, automaticamente, dá um *status* de hipossuficiência a uma das partes contratantes (consumidor). Por tal razão, cumpre-nos abordar, ainda que sucintamente, as teorias (finalista e maximalista) que surgiram a partir do conceito de consumidor dado pelo Código de Defesa do Consumidor, como também o que se entende por consumidor por equiparação. Como se verá, referido diploma legal acaba por dar margem ao magistrado em considerar contratos de consumo qualquer tipo de negócio jurídico.

Por fim, analisaremos as eventuais consequências advindas da interferência do Poder Judiciário, notadamente o Superior Tribunal de Justiça porquanto guardião da legislação infraconstitucional, nos chamados contratos de consumo, a partir do que a Constituição Federal lhe atribuiu como funções institucionais típicas e atípicas.

1. A Autonomia Privada como Instrumentalizador dos Contratos

Como regra, o *iter* procedimental de formação dos contratos contempla três fases, a saber: (i) a fase pré-contratual; (ii) a fase contratual propriamente dita; e (iii) a fase pós-contratual.

A primeira fase é iniciada a partir do momento em que se verifica a existência de tratativas preliminares com vistas à celebração de um negócio jurídico e se prolonga até a sua efetiva assinatura. Ainda que nesta fase não haja uma efetiva vinculação entre as partes contratantes, há de ser observar tanto os princípios da boa-fé quanto da probidade, a partir do momento em que cria expectativas[1].

---

[1] Assevera Carlos Roberto Gonçalves que: "A fase das *negociações* ou *tratativas preliminares* (fase da *punctuação*) antecede à realização do contrato preliminar

Como consequência, a segunda fase se inicia com a assinatura e termina com a extinção da obrigação principal, que pode ser dar por meio do adimplemento (satisfação de interesse), inadimplemento ou qualquer outra modalidade jurídica prevista no Código Civil. De fato, é neste momento em que as vontades das partes se encontram, cuja consequência é o aperfeiçoamento do contrato.

E, por fim, a terceira fase, na qual, mesmo depois de extinto e surtido todos os seus efeitos, deve observar certos aspectos tal como quando, por exemplo, as partes têm dever de manter sigilo em relação a certos documentos confidenciais, por tempo determinado, após a conclusão do contrato. Em todos os casos, importa ressaltar, faz-se necessário atentar aos princípios da probidade e da boa-fé, nos termos do artigo 422 do Código Civil.

O que importa refrisar é que a base do negócio jurídico está intimamente relacionada às circunstâncias em que se fundam a autonomia privada e a determinação das obrigações das partes contratantes. E é por isso que a fase pré-contratual tem grande relevância para se compreender o contexto pela qual se celebrou o contrato. Outro fator preponderante a ser levado em consideração são os chamados "considerandos" – e que infelizmente raros em contratos cujo objeto seja uma relação de consumo – e que nada mais objetivam do que oferecer não só à parte contratante, mas também ao magistrado, a versão escrita das tratativas no âmbito da fase pré-contratual.

e com este não se confunde, pois não geram direitos e obrigações. Nela os interessados em negociar entabulam conversações e estudos, mas podem afastar-se, simplesmente alegando desinteresse, sem responder por perdas e danos. Tal responsabilidade somente advirá se ficar demonstrada a deliberada intenção de prejudicar o outro contratante, com a falsa manifestação de interesse para levá-lo, por exemplo, a perder outro negócio ou realizar despesas, configurando hipóteses de ato ilícito (CC, art. 186)" (GONÇALVES, Carlos Roberto. *Direito Civil Brasileiro: Contratos e Atos Unilaterais*. Vol. III. Saraiva: São Paulo, 2004, p. 89).

Depreende-se, pois, que não obstante a constante adaptação da teoria dos contratos aos mais diversos contextos fáticos ou legais, ou seja, da total liberdade de contratar até a sua subserviência a uma função social ou normas de ordem pública, a autonomia privada é um de seus elementos fundamentais,

[...] diretamente relacionada com o concurso de vontade, sendo resultado de uma longa evolução histórica, cujo marco teve raízes canônicas, a partir de São Tomás de Aquino, que afirmava, dentre outras coisas, que um ato só é humano se for livre e que a liberdade implica o conhecimento de alternativas e a capacidade de escolher entre elas, sobretudo porque o direito diz respeito fundamentalmente com obrigações que, em uma última análise, são impostas pela razão[2].

A escola de direito natural também entendia que o fundamento do nascimento das obrigações contratuais é o livre arbítrio, tanto que Hugo Grócio trata do tema da seguinte forma: "a vontade é soberana; o respeito à palavra dada é uma regra de direito natural; *pacta sunt servanda* é um princípio que deve ser aplicado não apenas entre os indivíduos, mas mesmo entre as nações"[3]. Ato contínuo, foi o primeiro a teorizar sobre a "justiça contratual", que nada mais seria que uma equivalência de prestações e contraprestações entre às partes contratantes, correspondente aos contratos comutativos ou sinalagmáticos.

Diante disso, chega-se à conclusão de que a liberdade de contratar, enquanto manifestação de vontade, engloba os seguintes aspectos: (i) liberdades positiva e negativa de contratar, isto

---

[2] FERNANDES, Ana Carolina Souza. *Limite Jurídico das Cláusulas de Responsabilidade nos Contratos de Licenciamento de Software*. In: Revista Autônoma de Direito Privado nº 5. Editora Juruá: Curitiba, 2008, p. 256.
[3] GILISSEN, John. *Introdução Histórica ao Direito*. 3.ed. Fundação Calouste Gulbenkian: Lisboa, 2001, p. 738.

é, a liberdade de decidir contratar e decidir não contratar; (ii) liberdade de escolher o contratante; (iii) liberdade de escolher o tipo de contrato, ou seja, segundo um juízo de adequação, funcionalidade ou conveniência, escolher entre a celebração de um contrato típico ou atípico; e (iv) liberdade de determinar o conteúdo e os efeitos do contrato[4].

Tais características também devem ser observadas nos contratos baseados em relação de consumo, ainda que pautadas por normas de ordem pública, como, por exemplo, o direito do consumidor, e limitadas pela função social do contrato. Por ora, nos interessa discorrer neste item tão somente as principais características da autonomia privada para, posteriormente, entender como a função social do contrato e as normas públicas se tornaram um limitador desta.

1.1. A Autonomia Privada e o Contrato

Não restam dúvidas de que a autonomia privada está diretamente relacionada ao Direito Privado, em especial, ao direito das obrigações, que possibilita que as partes contratantes autorregulem, por assim dizer, o conteúdo e a forma do negócio jurídico a ser celebrado. É, nos dizeres de Francisco dos Santos Amaral Neto[5], uma forma de os particulares tornarem-se "legisladores sobre sua matéria jurídica, criando normas jurídicas vinculadas, de eficácia reconhecida pelo Estado", sob a rubrica do *pacta sunt servanda* (as palavras devem ser cumpridas) e da obrigatoriedade das convenções.

Com a evolução da sociedade, há uma mudança de paradigma em se tratando do alcance e abrangência da autonomia

---

[4] STEINMETZ, Wilson. *A Vinculação dos Particulares a Direitos Fundamentais*. Malheiros Editores: São Paulo, 2004, p. 192.

[5] AMARAL NETO, Francisco dos Santos. *A Autonomia Privada como Princípio Fudnmental da Ordem Jurídica: Perspectivas Estrutural e Funcional. In:* Revista de Direito Civil nº 46. Ano 12. Out./dez. 1998, p. 10.

privada em sede contratual. Isso porque enquanto vigorava o Código Civil de 1916, por exemplo, via-se nitidamente um viés mais individualista do direito civil, fruto dos valores advindos da Revolução Francesa e seus ideários liberais (1789) e do Código Civil francês de 1804. A esse respeito, leciona Ana Carolina Souza Fernandes[6] que:

> Ao passo que a Revolução Industrial deu início a um processo de acumulação rápida de bens de capital, por meio de uma evolução tecnológica, social e econômica, a Revolução Francesa também altera o quadro social e econômico da França (influenciada pelos ideiais do Iluminismo e da Independência Americana), sobretudo, abolindo a escravidão e os direitos feudais e proclamando os princípios universais de *Liberté, Egalité* e *Fraternité*.
>
> Depreende-se que o fundamento do liberalismo volta-se para uma noção de liberdade total, embora com um caráter individualista, contrapondo-se aos fundamentos do sistema feudal e do sistema absolutista.

Assim, reitera-se o entendimento de que acontecimentos históricos e os anseios da sociedade orientam o ordenamento jurídico (*ex facto oritur jus*), a partir de experiências sociais. No decorrer do tempo, direitos sociais foram incorporados no ordenamento jurídico brasileiro e, neste desiderato, a autonomia privada deixou de ser um princípio absoluto para se subjulgar ao princípio da função social dos contratos.

Ao dispor que a "liberdade de contratar será exercida em razão e nos limites da função social do contrato", o artigo 422 do Código Civil deixa claro que os comportamentos sociais

---

[6] FERNANDES, Ana Carolina Souza. *Limite Jurídico das Cláusulas de Responsabilidade nos Contratos de Licenciamento de Software*. In: Revista Autônoma de Direito Privado nº 5. Editora Juruá: Curitiba, 2008, p. 273.

influenciam normas de condutas que, a princípio, seriam exclusivamente privadas. Por isso, é importante contextualizar o momento desta ruptura.

Assim, a Revolução Francesa foi determinante para a derrocada das monarquias absolutas, na qual se exigia uma nova perspectiva acerca do conceito de liberdade pela nova classe social emergente, ou seja, a burguesia, que estava jungida à obediência aos reis. Tal liberdade pauta-se na ideia de liberdade total, porquanto o homem deixa de se submeter ao rei para se tornar um indivíduo capaz de fazer suas próprias escolhas. Em outras palavras, torna-se um sujeito efetivo de direitos.

Vale lembrar que não por outra razão que, à época, Rousseau[7] já dizia que "instituições que, de algum modo, não incoporam nossa liberdade de definir nossos próprios fins, privam-nos da nossa humanidade". A liberdade, pois, era uma forma de concretização dos direitos fundamentais e, em última análise, da dignidade da pessoa humana.

Na seara econômica, a Revolução Francesa impulsionou a teoria do *laissez faire, laissez passer* de Adam Smith. Por sua vez, no domínio contratual, este surge como a forma representativa da liberdade individual do cidadão, porquanto passa a ser entendido como instrumento de circulação e geração de riquezas. Sem dúvida, portanto, podemos afirmar que "a origem do contrato, em sua concepção atual, teve origem com o Estado Liberal e, nesse período, foi o próprio instrumento da autonomia da vontade"[8].

Todavia, o que ocorreu na prática foi que os fundamentos do Estado Liberal serviram-se tão somente para acolher os interesses da burguesia, substituindo a nobreza do *Ancién Regime*.

[7] ROUSSEAU, Jean-Jacques. *The Social Contract and Discourses*. Tradução de G. D. H. Cole. Dent and sons, Everyman's Library: Londres, 1973, 3, p. 464.
[8] KRETZ, Andrietta. *Autonomia da Vontade e Eficácia Horizontal dos Direitos Fundamentais*. Editora Momento Atual: Florianópolis, 2005, p. 25.

Neste contexto, o contrato passou a ser considerado como uma forma de exploração do ser humano com uma rubrica legal, ou seja, com a chancela do Direito. Como forma de "protesto", a sociedade exigia do Estado prestações positivas, de modo a freiar o descontrole da burguesia.

Em contraposição ao Estado Liberal floresce os ideiais do Estado Social, que, no seio contratual, baseava-se no dirigismo contratual, que nada mais é do que:

> O comportamento do Estado responsável pela criação de entes próprios com poder de regulamentação dita normativa, assim como pela edição de normas de natureza imperativa, denominadas de ordem pública econômica, que impunham a inserção, nos respectivos negócios jurídicos, de cláusulas de proteção àquele que fosse tipo pelo legislador como hipossuficiente[9].

Buscava-se, pois, uma visão de sociedade mais igualitária, sob o ponto de vista tanto material quanto formal. Não por outra que se inicia um movimento constitucionalista em 1917 (Constituição do México) e em 1919 (Constituição de Weimar) de inclusão de direitos sociais e que, no Brasil, se consolidou na Constituição Federal, a partir de 1988. Valores constitucionais e direitos fundamentais ganharam especial relevância em todo o ordenamento jurídico, inclusive as relações contratuais privadas, de modo que houve uma forte relativização da autonomia privada como resultado do dirigismo contratual.

Com efeito, a base do dirigismo contratual tem dois elementos preponderantes, a saber: (i) a possibilidade de "criação de lei" por parte do Poder Judiciário e (ii) a jurisprudência, esta última representada por um novo papel desempenhado pelo

---

[9] LISBOA, Roberto Senise. *Contratos Difusos e Coletivos: Consumidor, Meio Ambiente, Trabalho, Locação, Agrário, Locação*. Revista dos Tribunais: São Paulo, 1997, p. 94.

magistrado, principalmente após o surgimento das chamadas súmulas vinculantes.

Nesse sentido, importa ressaltar que, com a intervenção judicial na autonomia privada, o dirigismo contratual acaba por relativizar o princípio do *pacta sunt servanda*, principalmente nos contratos de consumo, com o objetivo principal de buscar o verdadeiro equilíbrio nas avenças.

Contudo, um ponto merece ressalva. Não se pode perder de vista que o artigo 122 do Código Civil prevê que são lícitas todas as condições que a lei não proibir expressamente, de modo que a relativização acima mencionada, a nosso ver, não se impõe de *per si*, mas apenas diante do reconhecimento de eventuais abusividades, devendo, portanto, ser analisado tão somente diante do caso concreto, com especial atenção ao *iter* procedimental de formação e conclusão do contrato.

1.2. A Autonomia Privada e sua Vinculação à Função Social do Contrato

Não obstante a característica do novo modelo de Estado brasileiro, voltado a garantir direitos sociais fundamentais em contraposição a interesses meramente privados, não se olvida que há ainda um prestígio da atividade econômica. É uma interpretação coerente ao disposto no artigo 170 da Constituição Federal. Contudo, a livre iniciativa deverá ser pautada em certos valores (como, por exemplo, valorização do trabalho e dignidade da pessoa humana) e em certos princípios, sendo que, para os fins do presente artigo, nos interessa os incisos III (função social da propriedade) e V (defesa do consumidor).

Ainda que a Constituição Federal tenha se voltado tão somente à função social da propriedade, o conceito de função social foi absorvido pelo Código Civil, nos termos do artigo 421, corroborando com a preocupação de o legislador em restringir a liberdade das partes em prol do interesse coletivo. Ou seja, há uma clara intenção em limitar a autonomia privada que, refrise--se, a nosso ver, só deve ocorrer se e somente se a situação exigir um eventual restabelecimento do equilíbrio contratual como resultado de abusividades, seja por meio de práticas abusivas[10], seja por meio da inserção nos contratos de cláusulas abusivas[11],

[10] Consoante artigo 39 do Código de Defesa do Consumidor, são consideradas práticas abusivas: "I – condicionar o fornecimento de produto ou de serviço ao fornecimento de outro produto ou serviço, bem como, sem justa causa, a limites quantitativos; II – recusar atendimento às demandas dos consumidores, na exata medida de suas disponibilidades de estoque, e, ainda, de conformidade com os usos e costumes; III – enviar ou entregar ao consumidor, sem solicitação prévia, qualquer produto, ou fornecer qualquer serviço; IV – prevalecer-se da fraqueza ou ignorância do consumidor, tendo em vista sua idade, saúde, conhecimento ou condição social, para impingir-lhe seus produtos ou serviços; V – exigir do consumidor vantagem manifestamente excessiva; VI – executar serviços sem a prévia elaboração de orçamento e autorização expressa do consumidor, ressalvadas as decorrentes de práticas anteriores entre as partes; VII – repassar informação depreciativa, referente a ato praticado pelo consumidor no exercício de seus direitos; VIII – colocar, no mercado de consumo, qualquer produto ou serviço em desacordo com as normas expedidas pelos órgãos oficiais competentes ou, se normas específicas não existirem, pela Associação Brasileira de Normas Técnicas ou outra entidade credenciada pelo Conselho Nacional de Metrologia, Normalização e Qualidade Industrial (Conmetro); IX – recusar a venda de bens ou a prestação de serviços, diretamente a quem se disponha a adquiri-los mediante pronto pagamento, ressalvados os casos de intermediação regulados em leis especiais; X – elevar sem justa causa o preço de produtos ou serviços; XI - Dispositivo incluído pela MPV nº 1.890-67, de 22.10.1999, transformado em inciso XIII, quando da conversão na Lei nº 9.870, de 23.11.1999; XII – deixar de estipular prazo para o cumprimento de sua obrigação ou deixar a fixação de seu termo inicial a seu exclusivo critério; e XIII – aplicar fórmula ou índice de reajuste diverso do legal ou contratualmente estabelecido".
[11] Nos termos do artigo 51 do Código de Defesa do Consumidor, são consideradas cláusulas abusivas, dentre outras, aquelas que: "I – impossibilitem, exonerem ou atenuem a responsabilidade do fornecedor por vícios de qualquer natureza dos produtos e serviços ou impliquem renúncia ou disposição de direitos. Nas relações de consumo entre o fornecedor e o consumidor pessoa jurídica, a indenização poderá ser limitada, em situações justificáveis; II – subtraiam ao consumidor a opção de reembolso da quantia já paga, nos casos previstos

e observados o princípio da boa-fé por partes dos contratantes que, nada mais é do que uma regra de conduta, na qual as partes contratantes devem observar um padrão ético de confiança e de lealdade, a fim de permitir a realização das justas expectativas surgidas.

Com efeito, o contrato possui três funções importantes. A primeira é a econômica, na medida em que serve como meio de materialização da circulação de riquezas. A segunda é uma função contratual propriamente dita, pois existe para aproximar as partes contratantes e regular suas vontades. A terceira, mas não menos importante, é a social, com força de norma de ordem pública e ligada à idéia de que o contrato não está adstrito exclusivamente aos indivíduos que a celebram, mas tem uma dimensão social e coletiva e, portanto, devem coexistir harmonicamente. Neste último contexto, Judith Martins-Costa[12] esclarece que:

neste código; III – transfiram responsabilidades a terceiros; IV – estabeleçam obrigações consideradas iníquas, abusivas, que coloquem o consumidor em desvantagem exagerada, ou sejam incompatíveis com a boa-fé ou a eqüidade; V – (Vetado); VI – estabeleçam inversão do ônus da prova em prejuízo do consumidor; VII – determinem a utilização compulsória de arbitragem; VIII – imponham representante para concluir ou realizar outro negócio jurídico pelo consumidor; IX – deixem ao fornecedor a opção de concluir ou não o contrato, embora obrigando o consumidor; X – permitam ao fornecedor, direta ou indiretamente, variação do preço de maneira unilateral; XI – autorizem o fornecedor a cancelar o contrato unilateralmente, sem que igual direito seja conferido ao consumidor; XII – obriguem o consumidor a ressarcir os custos de cobrança de sua obrigação, sem que igual direito lhe seja conferido contra o fornecedor; XIII – autorizem o fornecedor a modificar unilateralmente o conteúdo ou a qualidade do contrato, após sua celebração; XIV – infrinjam ou possibilitem a violação de normas ambientais; XV – estejam em desacordo com o sistema de proteção ao consumidor; e XVI – possibilitem a renúncia do direito de indenização por benfeitorias necessárias".

[12] MARTINS-COSTA, Judith. *A Boa-Fé no Direito Privado: Sistema e Tópica no Processo Obrigacional*. Revista dos Tribunais: São Paulo, 2000, p. 487.

Diferentemente do que ocorria no passado, o contrato, como instrumento por excelência da relação obrigacional e veículo jurídico de operações econômicas de circulação de riqueza, não é mais perspectivado dentro de uma ótima informada unicamente pelo dogma da autonomia da vontade. Justamente porque traduz relação obrigacional – relação de cooperação entre as partes, processualmente polarizada por sua finalidade – e porque se caracteriza como o principal instrumento jurídico de relações econômicas, considera-se que o contrato, qualquer que seja, de direito público ou privado, é informado pela função social que lhe é atribuída pelo ordenamento jurídico.

Em suma, a função social tem a finalidade precípua de garantir que o contrato seja concluído em benefício de ambas as partes contratantes, sem conflito com o interesse público, proibindo, outrossim, que o instrumento negocial seja exercido abusivamente, até porque, consoante artigo 187 do Código Civil, também cometerá ilícito quem exceder manifestamente "os limites impostos pelo seu fim econômico ou social, pela boa--fé ou pelos bons costumes".

Mas o que nos parece ser uma questão tortuosa é a dificuldade em se atribuir, além de uma definição precisa, o alcance da função social do contrato no caso concreto. A própria jurisprudência, a nosso ver, também encontra essa dificuldade, na medida em que quando da análise do caso concreto, os magistrados se limitam a enfatizar a importância da função social do contrato como forma de limitar a autonomia privada, sem que se efetivamente explore as razões e/ou contornos[13]. Assim, correto o entendimento de Arruda Alvim[14] ao lecionar que:

---

[13] Nesse sentido, ver: BRASIL. Superior Tribunal de Justiça. AgRg no AgRg no REsp n. 1366545, da Segunda Turma do Superior Tribunal de Justiça, Brasília, DF, 22 de setembro de 2015; BRASIL. Superior Tribunal de Justiça. REsp n. 1277762, da Terceira Turma do Superior Tribunal de Justiça, Brasília, DF, 04

A função social vem fundamentalmente consagrada na lei, mas não é, nem pode ser entendida como destrutiva da figura do contrato, dado que, então, aquilo que seria um valor, um objetivo de grande significação (função social), destruiria o próprio instituto do contrato.

Ademais, é necessário que o magistrado tenha cautela para não atrelar a função social do contrato ao ideal de "justiça distributiva", na medida em que a manutenção de um determinado contrato como meio de viabilizar a distribuição de bens e serviços pode ser de interesse da coletividade, ao passo que uma eventual revisão pode representar apenas o interesse de um indivíduo. Por exemplo, quando um consumidor pleiteia a revisão de um contrato de plano de saúde sob o argumento de que determinado procedimento não está previsto na cobertura de seguro. A análise exigirá muito cuidado do magistrado, na medida em que será a coletividade de segurados que suportará as consequências da alteração da cobertura por meio de aumento de custos (que provavelmente serão repassados no reajuste no ano subsequente) e, por conseguinte, haverá a elevação do prêmio de todos os segurados em detrimento do interesse de um único indivíduo.

Desta forma, assim como a boa-fé objetiva, o princípio da função do contrato não pode servir para que o magistrado desvirtue o conteúdo contratual, sob o argumento de que as partes contratantes não têm mais ampla autonomia privada e/ou liberdade de contratar, quando da formação e conclusão dos contratos.

de junho de 2013; BRASIL. Superior Tribunal de Justiça. Resp n. 1161522, da Segunda Seção do Superior Tribunal de Justiça, Brasília, DF, 12 de dezembro de 2012, dentre outros.
[14] ALVIM, Arruda. *A Função Social dos Contratos no Novo Código Civil*. Revista dos Tribunais: São Paulo, 2003, p. 21.

2. Os Contratos e as Relações de Consumo

Com o rompimento do sistema feudal e o advento do sistema capitalista, os contratos ganharam importância. Se outrora a permuta era a forma pela qual a riqueza circulava, hoje os contratos assumiram essa responsabilidade. O desenvolver da sociedade, a descoberta de novas tecnologias, a globalização e a internacionalização dos mercados foram responsáveis por uma mudança de paradigma.

A Revolução Industrial, de um lado, foi responsável pelo avanço tecnológico experimentado pela sociedade até os dias atuais; por outro lado, vulnerabilizou o destinatário final deste avanço, ainda que beneficiário das consequências do novo método de produção (com custos mais baixos como decorrência da produção em maiores escalas). A Revolução Industrial, de um lado, proporcionou o avanço da sociedade em termos de aumento de produção e consumo de bens e serviços; por outro, despersonalizou as relações contratuais, a partir do surgimento de uma figura jurídica altamente controversa: os contratos de consumo por adesão, ou, simplesmente, contratos de adesão.

Colocando-se de outra forma, a Revolução Industrial acabou por introduzir a ideia de economia de massa acarretando o surgimento de contratos impessoais e padronizados, ausente, portanto, o fator negociação. A Revolução Industrial acabou por permitir o afastamento de um dos principais elementos formadores dos contratos: a autonomia privada.

A partir daí era necessária uma legislação específica capaz de proteger os consumidores dos bens e dos serviços disponibilizados aos indivíduos. Isso porque a par das benesses resultantes do capitalismo, inegável o fato de que trazem igualmente malefícios, levando-se em consideração de que a pessoalidade na celebração de contratos deixou de existir. Durante muito tempo, o contrato existiu para ser cumprido, independentemente de se colocar na balança o peso do detentor do poder econômico e o peso daqueles que passaram a ser considerados hipossufientes ou vulneráveis (consumidores).

Atualmente, o Estado intervém na relação contratual privada "para assegurar a supremacia da ordem pública, relegando o individualismo a um segundo plano", na medida em que "a força obrigatória dos contratos não se afere mais sob a ótica do dever moral de manutenção da palavra empenhada, mas da realização do bem comum"[15].

Assim, aqueles com ausência do poder de barganha contam com uma rede protetiva bastante ampla, na qual todos os princípios em que se fundavam a teoria dos contratos foram relativizados em prol do "lado mais fraco" da relação jurídica. E é neste contexto que surge o Código de Defesa do Consumidor, promulgado como forma de o Estado promover e garantir os direitos do consumidor, nos termos do artigo 5º, inciso XXXII da Constituição Federal. É, sem dúvida, um marco jurídico em se tratando de regular não só os contratos de consumo em geral, como também a relação entre fornecedores de bens e serviços e consumidores.

A crítica que se faz e, portanto, imprescindível para o deslinde desse artigo, reside no fato de que o Código de Defesa do Consumidor é uma norma essencialmente principiológica, pendente de conceituação e imprescindindo de complementação, ou seja,

> É preciso aliar-se ao fato de o CDC ser lei especial que regula as relações de consumo, a circunstância de que o Código é um microssistema que contém regramentos e princípios gerais sobre relações de consumo, que não podem ser modificados por leis posteriores setorizadas, isto é, por leis que tratem de algum tema específico de relações de consumo.

---

[15] GONÇALVES, Carlos Roberto. Direito Civil Brasileiro: Contratos e Atos Unilaterais. Vol. III. Saraiva: São Paulo: 2004, p. 04.

Assim, sobrevindo lei que regule, v.g. transportes aéreos, deve obedecer aos princípios gerais estabelecidos no CDC. Não pode, por exemplo, essa lei específica, setorizada, posterior, estabelecer responsabilidade subjetiva para acidentes aéreos de consumo, contrariando o sistema principiológico do CDC, que prevê o regime da responsabilidade objetiva para os acidentes de consumo (CDC, arts. 6º, VI, e 12).

Pensar-se o contrário é desconhecer o que significa o microssistema do Código de Defesa do Consumidor, como lei especial sobre relações de consumo e lei geral, principiológica, à qual todas as demais leis especiais setorizadas das relações de consumo, presentes e futuras, estão subordinadas[16].

Por se basear em princípios e equivalente a uma norma em branco, questão esta que será tratada no capítulo subsequente, o magistrado pode decidir os fatos de forma discricionária, sem que esteja suportado por critérios objetivos que possam resultar em uma efetiva realização de justiça. É, a nosso ver, uma rede protetiva muito ampla que parte do pressuposto de que o consumidor é e sempre será prejudicado nas relações contratuais. Adicionalmente, fornece munição ao Poder Judiciário para que seja uma fonte criadora de obrigações consumeiristas, porquanto há a necessidade de preencher o conteúdo desses princípios o que, geralmente, é feito com base nos valores da sociedade.

2.1. Da Necessidade de Proteção das Relações de Consumo

De certa forma, podemos inferir que o direito do consumidor caminha *pari passu* com a evolução da teoria da autonomia pri-

---

[16] GRINOVER, Ada Pellegrini *et alli*. *Código Brasileiro de Defesa do Consumidor comentado pelos Autores do Anteprojeto*. 5 ed. Forense Universitária: Rio de Janeiro, 1997, p. 345.

vada, ou senão é uma consequência desta. Isso porque, conforme dito no capítulo anterior, a autonomia privada tem laços estritos com a evolução do Estado Liberal para o Estado Social. Senão vejamos:

> O Estado social impôs-se, progressivamente, a partir do século XIX e princípios do século XX, provocando o enfraquecimento das concepções liberais sobre a autonomia da vontade no intercâmbio negocial, e afastando o neutralismo jurídico diante do mundo da economia. A consequência foi o desenvolvimento dos mecanismos de intervenção estatal no processo econômico, em graus que têm variado, com o tempo e com as regiões geográficas, relevando extremos de uma planificação global da economia em moldes das idéias marxistas; ou atuando com moderação segundo um dirigismo, apoiado em modelo em que o controle econômico compreende uma atuação mais sistemática e com objetivos determinados; ou, ainda, elegendo uma terceira atitude de intervencionismo assistemático, caracterizado pela adoção de medidas esporádicas de controle econômico, para fins específicos[17].

Assim, o Estado Social, em detrimento do Estado Liberal, chamou para si a responsabilidade sobre certos aspectos sociais e econômicos, atuando ativamente por meio de prestações positivas e reguladoras. A relativização da teoria geral do contrato e, por conseguinte, da teoria da autonomia privada traduziu uma nova postura institucional do Estado, outrora dominadas pelos ideários liberais. O tripé de sustentabilidade das relações jurídicas contratuais passa, assim, ter um viés voltado à ética, à socialidade e à operabilidade.

---

[17] THEODORO JÚNIOR, Humberto. *O Contrato e sua Função Social*. 2.ed. Forense: Rio de Janeiro, 2008, p. 02.

Por sua vez, o Código de Defesa do Consumidor erigiu à lei como instrumento supletivo da vontade das partes, permitindo que institutos outrora inaplicáveis aos contratos, tal como a teoria *do rebus sic stantibus* ou a teoria da inversão do ônus da prova ou do princípio do equilíbrio contratual, por exemplo, fossem positivados. Assim, e por conta da característica intervencionista do Estado Social, o ordenamento jurídico brasileiro passou a regular certas matérias com vistas à defesa e proteção de parte mais vulnerável de uma relação contratual, o consumidor, sendo "toda pessoa física ou jurídica que adquire ou utiliza produto ou serviço como destinatário final" (artigo 2º do Código de Defesa do Consumidor).

De toda sorte, o fim que se procura com essa regulação estatal na autonomia da vontade, é não somente proporcionar um equilíbrio contratual, mas também prevenir o consumidor a exposição de riscos decorrentes dos bens, produtos e/ou serviços adquiridos, porquanto o consumidor não detém as mesmas forças ou *expertise* dos fornecedores, o que, por si só, demonstra que as partes contratantes não estão em pé de igualdade. Tal é a preocupação com essa questão que até no seio da Organização das Nações Unidas ("ONU"), a Assembleia Geral, por meio da Resolução n. 39/248, promulgou uma série de orientações,

> Taking into account the interests and needs of consumers in all countries, particularly those in developing countries; recognizing that consumers often face imbalances in economic terms, educational levels, and bargaining power; and bearing in mind that consumers should have the right of access to non-hazardous products, as well as the right to promote just, equitable and sustainable economic and social development (...)[18].

---

[18] Tradução livre da autora: "Levando-se em conta os interesses e necessidades dos consumidores em todos os países, em particular os países em desenvolvimento;

Assim, e partindo da premissa da igualdade almejada nas relações contratuais de consumo, o consumidor é merecedor de proteção, na qual o Estado "must set its own priorities for the protection of consumers in accordance with the economic and social circunstances of the country, and the needs of its population, and bearing in mind the costs and benefits of proposed measures"[19].

Para nós, importante refrisar a parte final da referida Resolução da ONU, que não obstante a importância de se proteger os consumidores, há que se levar em consideração os custos e os benefícios das medidas propostas. Voltaremos ao tema no capítulo seguinte, de modo a expressar nosso entendimento que a legislação consumeirista, a despeito de suas finalidades genuínas, por vezes, acaba por adentrar em demasia em assuntos privados, alargando, inclusive, sua área de atuação e trazendo alguns malefícios à sociedade.

Ainda neste diapasão, a seguir, será demonstrado que o conceito de consumidor dado pelo Código de Defesa do Consumidor propiciou uma larga aplicabilidade deste diploma legal, suprimindo, quiçá, as relações contratuais de cunho estritamente privada, sob o respaldo do Código Civil.

2.2. Os Contratos de Relação de Consumo

Depreende-se de todo o exposto que o Direito do Consumidor é estruturado a partir do reconhecimento de uma hipossuficiência ou vulnerabilidade do consumidor perante o fornecedor

---

reconhecendo que consumidores muitas vezes enfrentam desequilíbrios em termos econômicos, níveis educacionais e poder de negociação; e tendo em conta que os consumidores devem ter o direito de acesso aos produtos não perigosos, bem como o direito de promover o desenvolvimento econômico e social justa, equitativa e sustentável (...)".

[19] Tradução livre da autora: "deve definir suas próprias prioridades para a protecção dos consumidores, de acordo com as circunstâncias econômicas e sociais do país, e as necessidades da sua população, e levando em consideração os custos e benefícios das medidas propostas".

e, assim, de certa forma, o Código de Defesa do Consumidor objetiva alcançar a igualdade material às partes contratantes, partindo como pressuposto a existência de desigualdades no âmbito das relações contratuais entre eles. Não obstante, as relações de consumo são concretizadas por meio de celebração de contratos entre fornecedores e consumidores. Mas o que vem a ser, de fato, uma relação de consumo?

Ada Pelegrini Grinover et all[20] *entende que para haver uma relação de consumo, os seguintes requisitos devem ser preenchidos:*

> Envolve basicamente duas partes bem definidas: de um lado, o adquirente de um produto ou serviço ("consumidor") e, de outro, o fornecedor ou vendedor de um produto ou serviço ("produtor/fornecedor"); tal relação destina-se à satisfação de uma necessidade privada do consumidor; o consumidor não dispondo, por si só, de controle sobre a produção de bens de consumo ou prestação de serviços que lhe são destinados, arrisca-se a submeter-se ao poder e condições dos produtores daqueles mesmos bens e serviços.

Sob outra perspectiva, a relação de consumo pode ser aquela relação em que, cumulativamente, se observa o quanto segue: uma das partes se enquadra na condição jurídica de fornecedor, ao passo que a outra parte se enquadre ou seja equiparada à condição de consumidor (nos termos do parágrafo único do artigo 2º do Código de Defesa do Consumidor), cujo objeto da relação jurídica há que envolver necessariamente um produto ou um serviço. Ressalva Roberto Senise Lisboa[21], entretanto,

---

[20] GRINOVER, Ada Pellegrini *et alli*. *Código Brasileiro de Defesa do Consumidor comentado pelos Autores do Anteprojeto*. 5 ed. Forense Universitária: Rio de Janeiro, 1997, p. 28.
[21] LISBOA, Roberto Senise. *Contratos Difusos e Coletivos: Consumidor, Meio Ambiente, Trabalho, Locação, Agrário, Locação*. Revista dos Tribunais: São Paulo, 1997, pp. 296-297.

que "ausentes algum desses requisitos, a relação jurídica em questão não será de consumo, porém de outra espécie (civil, comercial, administrativa, tributária, trabalhista)".

Diante dessa abrangente conceituação de relação de consumo, fica deveras difícil afastar a aplicação da quase totalidade de relações jurídicas contratuais do raio de atuação do Código de Defesa do Consumidor. Ainda mais se considerarmos o fato de que a expressão "destinatário final" contemplada no artigo 2º do Código de Defesa do Consumidor é de complexa interpretação, na qual nem a doutrina, nem a jurisprudência brasileiras são unânimes em sua definição. Por tal razão, entendemos necessário que, ainda que brevemente, tratemos do assunto.

O artigo 2º do Código de Defesa do Consumidor define que o consumidor é "toda pessoa física ou jurídica que adquire ou utiliza produto ou serviço como destinatário final". A despeito do que seria pessoa física e pessoa jurídica não há qualquer discordância, posto que seus conceitos são fornecidos pelo próprio Código Civil, respectivamente, nos artigos 2º e 45. O ponto de inflexão na conceituação de consumidor leva em consideração o "destinatário final", o que levou a doutrina pátria a formular teorias para melhor enquadrar o alcance de seu significado.

Para uns, a destinação final equivale à retirada do produto do mercado por meio da sua destruição[22]. Para outros, vai depender de qual teoria o magistrado está inclinado a absorver: se a finalista ou se a maximalista. No que diz respeito à primeira teoria, uma das principais defensoras é a Cláudia Lima Marques[23] que informa que não basta ser o destinatário fático do bem ou do serviço, o que significa dizer que o consumidor retira esse

---

[22] Neste sentido, ver: EFING, Antônio Carlos. *Fundamentos do Direito das Relações de Consumo*. 2.ed. Editora Juruá: Curitiba, 2008, p. 52.
[23] Neste sentido, ver: MARQUES, Cláudia Lima. *Contratos no Código de Defesa do Consumidor: O Novo Regime das Relações Contratuais*. 5.ed. Editora Revista dos Tribunais: São Paulo, 2005, p. 304.

bem ou serviço da cadeia de produção e o consome; há que ser igualmente o destinatário econômico, ou seja, "não adquiri--lo para revender, não adquiri-lo para uso profissional, pois o bem seria novamente um instrumento de produção cujo preço será incluído no preço final do profissional que o adquiriu".

E tal posicionamento encontra guarida, pelo menos na Segunda Seção do Superior Tribunal de Justiça em diversos julgados, pacificando o entendimento, nos seguintes termos:

> (...)
> Consumidor é toda pessoa física ou jurídica que adquire ou utiliza, como destinatário final, produto ou serviço oriundo de um fornecedor. Por sua vez, destinatário final, segundo a teoria subjetiva ou finalista, adotada pela Segunda Seção desta Corte Superior, é aquele que ultima a atividade econômica, ou seja, que retira de circulação do mercado o bem ou o serviço para consumi--lo, suprindo uma necessidade ou satisfação própria, não havendo, portanto, a reutilização ou o reingresso dele no processo produtivo. Logo, a relação de consumo (consumidor final) não pode ser confundida com relação de insumo (consumidor intermediário). Inaplicabilidade das regras protetivas.
> (...)[24].

Em outras palavras, a teoria finalista possibilita um alcance restrito do conceito de consumidor e do que seriam consideradas as relações jurídicas de consumo. Seria consumidor, portanto, aquele que consome o bem ou o serviço e dele tira seu máximo proveito, sem que, assim, o utilize como matéria-prima (insumo) para agregar em algum outro fim, desvirtuando a finalidade para a qual referido bem ou serviço foi inicialmente adquirido.

---

[24] BRASIL. Superior Tribunal de Justiça. AgRg no AREsp n. 399977, da Segunda Turma do Superior Tribunal de Justiça, Brasília, DF, 06 de novembro de 2014.

Por outro lado, os adeptos da teoria maximalista defendem o maior alargamento possível do conceito de consumidor, a ponto de chegar a desconhecer a existência de relações estritamente privadas, ou, negar aplicabilidade à teoria finalista, ou seja, não fazendo distinção entre consumidor final e consumidor intermediário. Senão vejamos:

(...)
Dessarte, para além de reger a relação do fornecedor com o destinatário final do produto ou serviço, a legislação consumeirista apresenta-se como norma a ditar regras atinentes ao exercício da atividade econômica, a emanar efeitos para além da contratação e a pessoa (como explicitamente consta nos artigos 60, IV 7 e 30 da Lei n. 8.078/1990, por exemplo).

Para tanto, deve ser afastada a teoria subjetiva ou finalista aventada pelo agravante de que a pessoa jurídica só será considerada consumidora quando o produto por si adquirido ou serviço utilizado não servir de insumo ao desempenho de suas atividades.

Em que pese ser o equipamento comprado utilizado de insumo ao desempenho das atividades das agravadas, tal circunstância não afasta a aplicação da legislação consumeirista entre as partes e a competência dela decorrente.

(...)
Ambas as prestadoras de serviços demandantes, nem ao menos possuem sítio eletrônico, o que se denota sua hipossuficiência em relação às demandadas[25].

Esse julgado é o retrato da realidade brasileira ao se debater acerca das relações e contratos de consumo. O Código de Defesa do Consumidor se pauta na condição de hipossuficiência

---

[25] BRASIL. Superior Tribunal de Justiça. Ag em REsp n. 735.249 do Superior Tribunal de Justiça, Brasília, DF, 17 de setembro de 2015.

ou vulnerabilidade do consumidor frente ao fornecedor, conceitos estes longe de serem objetivos e passíveis de interpretações tão absurdas quanto ao julgado acima, que entendeu ser hipossuficiente uma pessoa jurídica porquanto desprovida de um sítio eletrônico, ou seja, de uma página na *internet*.

Ato contínuo, o argumento de falta de informação e/ou desconhecimento dos prós e contras na aquisição de um produto ou serviço, ou de seus eventuais riscos à sociedade, por exemplo, para se justificar a aplicação do Código de Defesa do Consumidor, nos dias atuais, não parece nos fazer muito sentido. A globalização aliada à universalidade do acesso à *internet* e consequente uso de redes sociais como troca de conhecimento, permite que antes de uma tomada de decisão, o consumidor procure se inteirar mais antes de efetuar uma compra. Essas questões cotidianas sequer são levadas em consideração pelo magistrado ao interpretar o ordenamento jurídico ou criar fonte de obrigação às partes contratantes, notadamente o fornecedor.

Por fim, há que se adicionar a este item o fato de, não obstante a existência das teorias acima referidas, uma tentando restringir o conceito de consumidor e outra buscando alargá-lo, o parágrafo único do artigo 2º do Código de Defesa do Consumidor traz uma inovação, no sentido que "equipara-se a consumidor a coletividade de pessoas, ainda que indetermináveis, que haja intervindo nas relações de consumo". Ou seja, de certa forma, busca-se proteger os chamados direitos difusos dentro de uma relação contratual de consumo. Evidencia-se, pois, a existência de uma relação contratual de consumo que precede a aplicabilidade do Código de Defesa do Consumidor.

Errado. Tal assertiva deixa de ser correta se analisado o conteúdo dos artigos 17 e 29, respectivamente, para a qual toda e qualquer vítima de um evento terá o fornecedor como responsável em decorrência do instituto do consumidor por equiparação e as pessoas – determináveis ou não – que sejam expostas às práticas comerciais e abusivas, também em razão do referido instituto. A nosso ver, o Código de Defesa do Consumidor extrapolou seu objeto a prever que este pode ser aplicado em situações que não estejam restritas ao conceito já explorado de relação contrual de consumo.

3. Consequências da Interferência do Poder Judiciário nos Contratos de Consumo

No Brasil, a Constituição Federal vincula todos os poderes às suas normas e, é diante deste cenário que a função dos magistrados faz sentido, ou seja, se exercida dentro dos limites constitucionais. Ainda que suas funções sejam constitucionalmente previstas, para esse exercício os magistrados se valem de leis infraconstitucionais, na qual o Código de Defesa do Consumidor está inserido. E essa assertiva também é válida quanto à análise das relações e contratos de consumo.

Por mais abrangente que pretendeu o legislador na elaboração do Código de Defesa do Consumidor, ou seja, de prever normas em branco (*lex imperfectas*) tal qual definido pelo Direito Penal[26], ou, por outra, as chamadas cláusulas gerais[27] (que não

---

[26] De acordo com Cesar Roberto Bittencourt, "a maioria das normas incriminadoras, ou seja, aquelas que descrevem condutas típicas, compõe-se de normas completas, possuindo preceitos e sanções; consequentemente, referidas normas podem ser aplicadas sem a complementação de outras. Há, contudo, algumas normas incompletas, com preceitos genéricos ou indeterminados, que precisam de complementação de outras normas, conhecidas, por isso mesmo, como normas penais em branco, também denominadas normas imperfeitas" (BITTENCOURT, Cesar Roberto. *Tratado de Direito Penal: Parte Geral*. Vol. 1. 17.ed. Saraiva: São Paulo, 2012).

[27] Nas lições de André Soares Hentz, "as cláusulas gerais são aplicadas mediante a ponderação de normas, princípios e valores da sociedade, o que será feito pelo juiz em cada caso concreto" (HENTZ, André Soares. *Ética nas Relações Contratuais à Luz do Código Civil de 2002 – As Cláusulas Gerais da Função Social do Contrato e da Boa-Fé Objetiva*. Juarez de Oliveira: São Paulo, 2007, pp. 35-42).

devem ser confundidas nem com as cláusulas abusivas, muito menos com o instituto dos conceitos juridicamente indeterminados) do Direito Civil, ambas imprescindindo de complementação, nem todas as hipóteses podem ser previstas, na medida em que a evolução da sociedade é mais veloz que o processo de formulação das leis, exercido pelo Poder Legislativo.

E é por isso que no Direito moderno, além de ser o aplicador da lei, o magistrado passa a ter funções outras, tais como integrativa e criativa, "exigindo-lhe um trabalho de adaptação a ser cumprido por meio da hermenêutica, da interpretação"[28], tornando ainda mais relevante o papel do Poder Judiciário na proteção dos direitos fundamentais e na manutenção da paz social.

Caberá ao magistrado, assim, formular juízos de legalidade em que possui a faculdade para escolher uma dentre as várias possibilidades de interpretação, sempre observando os limites do que dispõe o ordenamento jurídico brasileiro. Em matéria contratual, apesar de o magistrado ser o único com "poderes" para interpretar o contrato – isso porque a arbitragem também pode fazê-lo, mas raramente, senão nunca, aplica-se a contratos de consumo – não há permissão jurídica para que decida ao seu bel prazer. Deve sempre observar os parâmetros oferecidos pelas partes e pela lei, atentando-se, neste último caso, ao que determina a teoria de separação de poderes.

3.1. A Função Constitucional do Poder Judiciário

Durante o 17º Congresso Nacional dos Magistrados da Justiça do Trabalho, o atual presidente do Supremo Tribunal Federal, Ministro Ricardo Lewandowski palestrou dizendo que se "o século XIX pertenceu ao Poder Legislativo e o século XX ao

---

[28] THEODORO JÚNIOR, Humberto. *O Contrato e sua Função Social*. 3.ed. Forense: Rio de Janeiro, 2008, p. 19.

Poder Executivo"[29], o século XXI é o século do Poder Judiciário, atuando como protagonista perante a sociedade. De fato, tal afirmação faz sentido na medida em que se inseriu como garantia fundamental do indivíduo o acesso à justiça.

No momento em que os indivíduos tiveram ciência de que têm direitos e que efetivamente poderiam efetivá-los por meio do Poder Judiciário, desencadeou-se uma sobrecarga avassaladora de processos. A prestação de serviços que, supostamente, deveria ser eficiente se tornou uma máquina ineficiente. Prestigiou-se a judicialização ao invés de outras formas de solução de conflitos. O século XXI, neste sentido, passou a ser considerado como "a era dos direitos", a ponto de Norberto Bobbio[30] inferir que "o problema grave de nosso tempo, com relação aos direitos do homem, não era mais fundamentá-los, e sim protegê-los".

Essa necessidade constante de o Poder Judiciário ter de proteger a tudo e a todos, e, portanto, judicializando todos os aspectos da vida em sociedade, conferiu aos magistrados a função atípica de legislar, porquanto, em última análise, passam a ser considerados os tradutores dos valores predominantes da sociedade. A preocupação é em saber se tal flexibilização da teoria da separação de poderes teria o condão de transformar o Estado de Direito em um Estado Judicial ou Estado Judiciário (*Judiciary Law*), como prefere denominar Mauro Cappelletti[31], regrado por meio de decisões judiciais, com vistas a preencher conteúdo das já mencionadas normas em branco ou cláusulas

---

[29] Disponível em: <http://amatra4.org.br/77-noticias/730-estamos-no-seculo-do-poder-judiciario-afirma-ministro-lewandowski-na-abertura-do-17-conamat>. Acesso em 20 de maio de 2016.
[30] BOBBIO, Norberto. *A Era dos Direitos*. Tradução de Carlos Nelson Coutinho. 11.ed. Campus: Rio de Janeiro, 1992, p. 25.
[31] CAPPELLETTI, Mauro. Juízes Legisladores?. Tradução de Carlos Alberto Álvaro de Oliveira. Sérgio Antonio Fabris Editor: Porto Alegre, 1993, reimpressão 1999, p. 18.

gerais, constantes, dentre outros diplomas legais, do Código de Defesa do Consumidor.

3.1.1. Funções Típicas e Funções Atípicas

Considerando que o poder em si é uno e indivisível, a teoria da separação dos poderes tem como objetivo atribuir funções básicas e órgãos independentes e especializados. Independentes porque é assim que quis a Constituição Federal ao dispor que "são poderes da União, independentes e harmônicos entre si, o Legislativo, o Executivo e o Judiciário". E especializados porque cada qual exerce uma função típica inerente à sua atividade.

Em linhas gerais, cabe ao Poder Legislativo à função de elaboração das leis (artigos 44 a 75 da Constituição Federal); ao Poder Executivo à prática de funções de chefia de Estado e Governo e da administração em geral (artigos 76 a 91 da Constituição Federal); e ao Poder Judiciário (artigos 92 a 135 da Constituição Federal) exercer a função jurisdicional. Tal modelo tripartite dos poderes revela a impossibilidade de subtração de competência de um poder sobre o outro.

Para os fins deste artigo, nos interessa tão somente discorrer sobre as atribuições dadas pela Constituição Federal ao Poder Judiciário e, via de consequência, a atuação e limitação dos magistrados em seu ofício, sendo sempre analisada a partir de uma perspectiva das necessidades da sociedade moderna e do ordenamento jurídico brasileiro, utilizando-se como referencial teórico a obra de Mauro Cappelletti.

Assim, como dito, a atividade jurisdicional é a função típica do Poder Judiciário, o que significa dizer que cabe aos seus membros, ou seja, aos magistrados proceder à aplicação da lei nos casos concretos (*juris dictio*), quando provocado. Nada obsta, entretanto, que exerçam funções atípicas, para fins de exercício de sua autonomia e dependência, tanto administrativa quanto financeira. Assim, nos termos do artigo 96 da Constituição Federal, quando elegem seus órgãos diretivos ou quando elaboram os regimentos internos de sua própria estrutura ou quando administram seus serviços e funcionários, por exemplo, atuam fora de suas competências constitucionais originárias, por assim dizer, mas ainda assim previstas.

Diante do cenário exposto indaga-se, então, se o magistrado atuando como intérprete da lei para aplicação do direito no caso concreto, teria a função, também, de criar direito ou obrigações? Entendemos que a resposta a essa pergunta é parcialmente sim. E explicamos.

A legitimidade criativa dos magistrados deve estar orientada para o grau de adequação do comportamento das partes contratantes aos princípios e valores que o ordenamento jurídico considera como fundamentais. Neste desiderato, o magistrado, atento às transformações do mundo moderno, caberá à valoração dos aspectos sociais, políticos e econômicos que lhe são submetidos para aplicar o Direito, com todas as ferramentas que lhe estiver à disposição. Em hipótese alguma, o magistrado deve utilizar o mecanismo da criatividade da função jurisdicional[32] para afastar o direito positivo e aplicar, discricionariamente, a justiça conforme seu entendimento, sobretudo em matéria contratual. Para Custódio da Piedade Ubaldino Miranda[33]:

> Daqui se segue que não é dado ao juiz criar normas estranhas ao espírito do contrato; não que se queira, destarte, obstar a integração [entre o contrato e a norma jurídica]. Quer-se dizer que significa que o juiz não pode intervir no contrato de modo a divergir daquilo que as partes visaram com a elaboração do regulamento contratual.

---

[32] Expressão alcunhada por Mauro Cappelletti. Nesse sentido, ver: CAPPELLETTI Mauro. Juízes Legisladores?. Tradução de Carlos Alberto Álvaro de Oliveira. Sérgio Antonio Fabris Editor: Porto Alegre, 1993, reimpressão 1999.
[33] MIRANDA, Custódio da Piedade Ubaldino. *Interpretação e Integração dos Negócios Jurídicos*. Revista dos Tribunais: São Paulo, 1989, p. 217.

Ora, o que se coloca em discussão é que em um sistema jurídico como o brasileiro, impregnado de normas principiológicas e normas em aberto, respectivamente o Código de Defesa do Consumidor e o Código Civil, apenas para restringir a análise do objeto de estudo do presente artigo, há que se ter cuidado ao se permitir o uso da "criatividade" sem limites, porquanto, como regra, não cabe ao magistrado reformar ou inovar o ordenamento jurídico sob o pretexto de alcançar o que, em seu foro íntimo, entende por justo.

A título exemplificativo, o seguinte julgado na qual o Poder Judiciário alterou o espírito do contrato de forma a incluir cláusula penal ao fornecedor não prevista inicialmente, sob o seguinte argumento:

[...]
2. Seja por princípios gerais do direito, seja pela principiologia adotada no Código de Defesa do Consumidor, seja, ainda, por comezinho imperativo de equidade, mostra-se abusiva a prática de se estipular penalidade exclusivamente ao consumidor, para a hipótese de mora ou inadimplemento contratual, ficando isento de tal repriminenda o fornecedor – em situações de análogo descumprimento da avença. Assim, prevendo o contrato a incidência de multa moratória para o caso de descumprimento contratual por parte do consumidor, a mesma multa deverá incidir, em repriminenda do fornecedor, caso seja deste a mora ou o inadimplemento. Assim, mantém-se a condenação do fornecedor – construtor de imóveis – em restituir integralmente as parcelas pagas pelo consumidor, acrescidas de multa de 2% (art. 52, § 1º, CDC), abatidos os aluguéis devidos, em vista de ter sido aquele, o fornecedor, quem deu causa à rescisão do contrato de compra e venda de imóvel.
[...]"[34].

---

[34] BRASIL. Superior Tribunal de Justiça. REsp n. 955.134, da Quarta Turma do Superio Tribunal de Justiça, Brasília, DF, 16 de agosto de 2012.

Entendemos, pois, que a exemplo do que prevê o Código de Defesa do Consumidor, eventual desigualdade nas prestações entre as partes contratantes é causa de nulidade. Não é dado ao magistrado o poder de intervir no contrato, na condição de parte, e, além disso, criar uma obrigação ao fornecedor, consubstanciada em uma nova cláusula penal, a qual não foi ajustada entre as partes. Não há, pois, qualquer norma no ordenamento jurídico pátrio que confira ao magistrado o poder de criar obrigações, de modo que não há dúvidas de que atuou fora dos limites de sua alçada.

Quanto maior a vacuidade da lei e/ou sua imprecisão e/ou sua abstração principiológica, maior será o espaço para a discricionariedade, para a criatividade e, enfim, para o ativismo jurisdicional. A esse respeito Mauro Cappelletti[35] discorre que "na tarefa de criar a lei o juiz não detém total liberdade para interpretação, pois o sistema jurídico estabelece limites à liberdade judicial, que tanto podem ser limites processuais quanto substanciais". Ou seja, estão vinculados ao princípio da sujeição à lei e complementa, citando Lord Radcliffe,

> o direito criado pelos juízes é sempre a reinterpretação dos princípios à luz de novas circunstâncias de fato (...). Os juízes não suprimem princípios, uma vez que eles são bem estabelecidos, mas os modificam, ampliam-nos, ou recusam a sua aplicação às circunstâncias de fato da causa.

Nestes termos, para salvaguardar o ordenamento jurídico e todos os valores nele abarcados, recomenda-se aos magistrados o cumprimento de seu dever constitucional de fundamenta-

---

[35] CAPPELLETTI, Mauro. Juízes Legisladores?. Tradução de Carlos Alberto Álvaro de Oliveira. Sérgio Antonio Fabris Editor: Porto Alegre, 1993, reimpressão 1999, pp. 24-25.

ção e motivação de todas as suas decisões (consoante disposto no artigo 93 da Constituição Federal), preenchendo inclusive o conteúdo tanto das normas principiológicas quanto das em branco, sempre que o caso concreto exigir, evitando-se, pois, a simples referência, o que é bastante recorrente na jurisprudência brasileira. A esse respeito, Ruy Rosado de Aguiar Júnior[36] é bem assertivo:

> Neste trabalho criador, o juiz deve, mais do que em outras ocasiões, fundamentar as suas decisões, porque ele deve explicar às partes e à comunidade jurídica como tais condutas foram consideradas as devidas na situação do processo, pois foi nessa forma de dever (criada por ele para o caso) que alicerçou a solução da causa. Na verdade, a primeira e principal responsabilidade é a pessoal, pela qual o juiz é chamado a prestar contas perante sua própria consciência.

A fundamentação e a motivação das decisões judiciais, portanto, servem como uma forma de não só dizer o Direito, ou criar obrigações por meio de uma sentença, mas devem ser capazes de expressar o raciocínio judicial para permitir o controle crítico sobre o poder do magistrado.

3.2. Consequências da Interferência

Conforme reiteramente refrisado ao longo do presente artigo, a desmedida interferência do Poder Judiciário pode acarretar sérias consequências na economia, na sociedade civil e para o próprio Poder Judiciário, que acaba assoberbado com tantas ações judiciais. Procuraremos, nos itens a seguir, explorar as consequências que entendemos mais relevantes.

---

[36] AGUIAR JÚNIOR, Ruy Rosado de. *O Poder Judiciário e a Concretização das Cláusulas Gerais.* Revista de Direito Renovar n. 18. Set./dez. 2000, pp. 11-13.

3.2.1. Insegurança Jurídica

Dentre todas as finalidades do Direito, o que mais no interesse para este artigo estão relacionadas ao estabelecimento da ordem e segurança, de modo que a certeza advinda do Direito é fundamental à sociedade para, inclusive, lhe revestir de credibilidade. Portanto, a sua ausência contribui para o agravamento da insegurança jurídica. Na visão de Armando Castelar Pinheiro e Jairo Saadi[37], três são os fatores que implicam o quadro de estabilidade da economia de mercado e baixa segurança jurídica das relações:

> A má qualidade da produção legislativa, resultando em leis que, muitas vezes, são ambíguas e conflitantes com outras normas. Em certa medida, esse problema é consequência da fragmentação político-partidária, que faz com que apenas lei muito gerais sejam aprovadas no Congresso Nacional, jogando o conflito político para ser posteriormente resolvido pelo Judiciário, no que se convencionou chamar de "judicialização da política". Decisões judiciais frequentemente motivadas pelas visões políticas dos magistrados, muitas vezes sem demonstrar grande preocupação em seguir a jurisprudência estabelecida nos Tribunais Superiores, dando margem à chamada "politização do Judiciário". Frequentes mudanças nas "regras do jogo", com a Administração Pública agindo para modificar ou invalidar seus atos pretéritos. Incluem-se nessa categoria desde a quebra de contratos até as constantes alterações nas regras tributárias.

Com efeito, a realidade que envolve a celebração de um contrato, qual seja, o ambiente em que ele se desenvolve, os costumes daquele mercado, a expectativa objetiva das partes

---

[37] PINHEIRO, Armando Castelar; SAADI, Jairo. *Direito, Economia e Mercados*. Campus: Rio de Janeiro, 2005, p. 20.

contratantes ao celebrá-lo, dentre outros, são fatores que devem ser levados em consideração quando da necessidade de se rever um contrato, incluindo-se aí os contratos de consumo. Por isso, Silvio de Salvo Venosa[38] leciona que "o controle judicial não se manifestará apenas no exame das cláusulas contratuais, mas desde a raiz do negócio jurídico" e complementa dizendo que "somente no caso concreto, as necessidade e situações sociais do momento é que definirão o que se entende por interesse social".

Quando o instituto do contrato passa a ser sistematicamente questionado na sociedade, com os crescentes pedidos de revisão ou institutos assemelhados, em uma clara intenção de intervenção judicial na seara privada, tal fato, por si só, já denota ausência de segurança jurídica, na medida em que as partes contratantes transferem ao magistrado a responsabilidade de regulamentar um negócio jurídico que, na sua própria essência, já deveria ter sido feito pela própria vontade das partes em uma fase bem anterior. Os contratos, inclusive os de consumo, devem ser firmados para serem adimplidos, mas, parece-nos que, atualmente, eles surgem para ser questionados.

Pode-se dizer, outrossim, que a atuação desmedida do Poder Judiciário nos contratos de consumo, sob suposto desequilíbrio contratual (no sentido de prestações desproporcionais entre as partes contratantes) ou em virtude de hipossuficiência ou vulnerabilidade, acaba por encorajar pedidos diversos de revisão também em contratos exclusivamente privados que acabam encontrando guarida no Código de Defesa do Consumidor de tão abrangente que pode ser seu objeto de proteção, tal qual discorremos no capítulo anterior que passa por decifrar o conceito de "destinatário final" e de "consumidor por equiparação".

---

[38] VENOSA, Silvio de Salvo. *Direito Civil: Teoria Geral das Obrigações e Teoria Geral dos Contratos*. 6.ed. Atlas: São Paulo, 2006, p. 372.
Direito, Economia e Mercados. Campus: Rio de Janeiro, 2005, p. 20.

Ao final, ao celebrar o contrato uma das partes contratantes pode ser surpreendida por decisões judiciais que criam deveres de conduta que jamais haviam entabulado, como é o caso dos planos de saúde e da decisão de estipular cláusula penal outrora inexistentes já mencionados.

Com efeito, tal incerteza quanto aos possíveis e indeterminados efeitos que um contrato pode adquirir, fere a boa-fé inicial da fase pré-contratual – e quiçá da contratual propriamente dita –, além de obstar o desenvolvimento econômico, na medida em que a falta de segurança jurídica faz aumentar os custos de determinada transação. Esse entendimento é corroborado pela Ana Carolina Souza Fernandes[39] da seguinte forma:

> Por tal razão é que se deve ter cautela suficiente para que o Estado não se adentre, de forma irresponsável, na esfera privada, atuando de forma arbitrária. Isso porque interferências desnecessárias podem ser prejudiciais a ponto de ferir os princípios fundamentais constitucionais da livre iniciativa (artigo 1º, inciso IV) e da garantia do desenvolvimento nacional (artigo 3º, inciso II), bem como afugentar investimentos de qualquer natureza, por transmitir total insegurança jurídica.

Ainda, como o exercício exegético dos magistrados é discricionário, um pode ter um posicionamento diferente de outro a respeito de um mesmo assunto. E as partes contratantes, sem dúvidas, não querem ter seus direitos interpretados por valores e princípios (da função social, *in casu*) que sequer conseguem ser traduzidos à realidade fática do caso que se busca uma solu-

---

[39] FERNANDES, Ana Carolina Souza. *Limite Jurídico das Cláusulas de Responsabilidade nos Contratos de Licenciamento de Software*. In: Revista Autônoma de Direito Privado nº 5. Editora Juruá: Curitiba, 2008, p. 315.

ção. Não por outro motivo que Eros Roberto Graus[40] afirma que "se a função social do contrato é dar mais alternativas às pessoas, permitindo a elevação do nível de bem-estar na sociedade, é evidente que esta perspectiva fica comprometida se se instalar um clima de desconfiança e insegurança relativamente ao ato de contratar".

Em resumo, a preservação da segurança jurídica das relações negociais é fundamental para o desenvolvimento da economia e, consequentemente, para proporcionar a geração de emprego e renda, com o aumento do poder de compra e da melhoria da qualidade de vida do consumidor, em face da estabilidade que devem proporcionar nas relações jurídicas garantidoras das relações econômicas, nelas incluídas os contratos de consumo[41].

Um Poder Judiciário eficiente deve sim levar em consideração os valores e princípios inseridos dentro da sociedade, mas há que sopesá-los igualmente quanto à estimulação do progresso econômico, o respeito aos contratos e o impacto dos chamados custos de transação que pesam sobre uma decisão judicial.

3.2.2. Impacto Econômico-Financeiro

Como já tivemos a oportunidade de mencionar, os contratos têm, por excelência, uma função econômica, porquanto é a única forma de fazer com que a riqueza circule, por meio de transferência de bens e/ou valores monetários. Assim, todo o indivíduo que contrata, o faz em razão da expectativa de obter alguma vantagem econômica, ainda que mediata. Não por outra

---

[40] GRAU, Eros. *Um Novo Paradgima dos Contratos*. In: Revista Trimestral de Direito Civil n. 5. Padma: Rio de Janeiro. Jan./Mar. 2001, p. 72.
[41] Para um maior apronfundamento, ver: CASTRO JÚNIOR, Osvaldo Agripino. *Algumas Reflexões sobre o Impacto do Sistema Judicial no Desenvolvimento Brasileiro*. In: Revista de Infromação Legislativa n. 141. Brasília. Jan./Mar. 1999, p. 240.

razão que Paulo Luiz Netto Lôbo[42] leciona que "a ordem econômica se realiza mediante contratos" e afirma, ainda, que "a atividade econômica é um complexo de atos contratuais direcionados a fins de produção e distribuição de bens e serviços que atendem às necessidade humanas e sociais".

Portanto, o valor econômico de um negócio jurídico está intrinsecamente relacionado às obrigações que integram os contratos, pois, uma vez cumpridas, garantirão a uma das partes contratantes o retorno financeiro esperado, e, à outra parte contratante, o atendimento de suas necessidades qualquer seja sua natureza que, diga-se de passagem, também devem ser consideradas como uma vantagem satisfativa, ou, por outra, detentora de certo valor pessoal.

Ato contínuo, ou seja, para a celebração de um contrato em caráter definitivo há um suceder de atos concatenados voltados a um objetivo: moldar e orientar determinado negócio jurídico para se alcançar alguma vantagem. Os contratos não podem ser vistos, a nosso ver, tão somente com vistas à obtenção de uma vantagem necessariamente econômica para o fornecedor de bens ou serviços em detrimento, sempre, de uma desvantagem – econômica ou não – ao consumidor. Seria presumir, *ab initio*, que os contratos são sobremaneira nocivos.

Ao afirmar, como dissemos outrora, que as instituições que não incorporam nossa liberdade de definir nossos fins nos privam da humanidade, Rousseau[43] complementa dizendo que "todas as instituições que colocam os indivíduos em contradição consigo mesmos nada valem". Certamente é uma dura assertiva, mas não menos verdadeira. Direitos do consumidor

---

[42] LÔBO, Paulo Luiz Netto. *Constitucionalização do Direito Civil*. Disponível em: <www2.senado.leg.br/bdsf/bitstream/handle/id/453/r141-08.pdf?sequence=4>. Acesso em 19 de maio de 2016.
[43] ROUSSEAU, Jean-Jacques. *The Social Contract and Discourses*. Tradução de G. D. H. Cole. Dent and sons, Everyman's Library: Londres, 1973, 3: p. 464.

certamente são bens jurídicos a serem protegidos, mas nem por isso se deve partir de uma premissa errônea, na qual toda relação de consumo enseja obrigatoriamente uma ação prejudicial por parte do fornecedor. É o caso, a nosso ver, de cercear a liberdade do próprio consumidor de fazer suas próprias escolhas e se responsabilizar por elas.

Em outras palavras, a interpretação judicial do contrato de consumo focada apenas no aspecto social, sem sopesar o econômico, repercute no comportamento dos agentes econômicos, que trabalham suas estratégias de mercado inclusive sob a ótica das decisões judiciais, resultando em diversos desestímulos. Inclusive, se o fornecedor, por exemplo, tiver que mensurar seu "custo Poder Judiciário" a cada contrato, certamente, o preço final de bens e serviços ficaria inviável, prejudicando não só o desenvolvimento econômico, desenvolvimento econômico, mas também o acesso a tais bens e produtos e a disposição de inovar em tecnologia.

Assim, ter de considerar todos os custos e benefícios da celebração de um contrato de consumo é uma tarefa deveras desencorajante. Da mesma forma entende Adriana Mandim Theodoro de Mello[44] ao afirmar que:

> (...) não haverá o juiz de afastar a regulamentação decorrente da autonomia privada, que é a fonte por excelência das obrigações, a fim de realizar opções políticas de competência do legislador. A intervenção estatal, seja através do legislador (normas imperativas restritivas da autonomia), seja através do juiz (modificando o conteúdo ou retirando-lhe a obrigatoriedade), em um sistema econômico e político que se sustenta na livre iniciativa e na propriedade privada, não pode ultrapassar os limites da excepcionalidade e razoabilidade, sob pena de se condenar a sociedade à

---

[44] MELLO, Adriana Mandim Theodoro de. *A Função Social do Contrato e o Pronćipio da Boa-Fé no Novo Código Civil Brasileiro.* Artigo publicado na Revista Jurídica, vol. 294, p. 32.

instabilidade e à estagnação econômica. O contrato é, como já se disse, o veículo de desenvolvimento, da acumulação e da circulação de riquezas, e do progresso.

Defendemos, pois, que decisões que possam acarretar impactos mais negativos que positivos devem ser dotadas de cautela extra. Na medida do possível, preservar as características e os princípios elementares dos contratos, como se fosse uma espécie de obrigação principal e não acessória. Se é verdade que a teoria geral do contrato não deve mais ser vista sob um prisma individualista, também é verdade que a função social há que ser revestida de alguma utilidade. Isso porque é cediço que, em havendo revisão dos contratos de consumo e eventual condenação indenizatória, de um jeito ou de outro, esse "custo Poder Judiciário" será inevitamente repassado ao consumidor, e isto sim, é uma forma irremediável e inquantificável de prejuízo coletivo.

Considerações finais
O contrato, como instrumento inerente à atividade econômica, deve levar em consideração a manifestação da autonomia privada, respeitados, todavia, os direitos sociais adquiridos estabelecidos na Constituição Federal, notadamente o direito do consumidor. O fato de se pensar o Estado sob um viés mais social não afasta o reconhecimento que a Carta Magna faz dos princípios da atividade econômica.

É verdade que a teoria clássica dos contratos será sempre objeto de constante evolução. Se um dia se prestigiou a obediência exclusiva aos princípios do *pacta sunt servanda* e da obrigatoriedade das convenções; hoje, esses princípios foram limitados por outros, tais como a função social e os decorrentes do Código de Defesa do Consumidor. As relações de consumo da sociedade moderna, não são as mesmas da época da Revolução Industrial. De certa forma, essas relações jurídico-

-contratuais de consumo estão vinculadas à observância de um dever moral de realização do bem comum.

A legislação pátria permite que antes, durante ou depois da celebração de um contrato é possível requerer a revisão judicial do mesmo, sob diversos argumentos: restabelecer o equilíbrio contratual, afastar eventual onerosidade excessiva, anular cláusulas potestativas ou leoninas e dos princípios estabelecidos pelo Código de Defesa do Consumidor como imprescindíveis para uma relação de consumo saudável.

Assim, em sendo solicitada a revisão, é importante que o magistrado faça uma interpretação cuidadosa da dinâmica de todas as fases do *iter* procedimental de formação contratual, porquando se bem percorridas essas etapas para fins de alcançar a "justiça contratual" entre partes eventualmente desiguais, as circunstâncias negociais e até mesmo econômicas podem restar resguardadas, sem futuros prejuízos.

O Poder Judiciário, enquanto instituição dedicada a aplicar o direito e, por vezes, criá-lo – em hipóteses, por exemplo, de lacunas da lei – não deve ser o protagonista do contrato. Ou seja, o magistrado, em sua condição de julgador e aplicador das leis, não pode criar obrigações às partes que não foram entabuladas anteriormente. Há de haver sempre um limite de atuação, sob pena de arbitrariedades.

Não se pode admitir a limitação quase extintiva da autonomia privada. Essa autonomia, é verdade, foi relativizada com o advento da função social consubstanciada no Código Civil. Mas relativização não é sinônimo de extinção. O magistrado não deve, em hipótese alguma, impor sua vontade em detrimento da vontade das partes contratantes. Ao fazê-lo e ignorando as bases sobre as quais o negócio jurídico foi celebrado, bem como a sua finalidade, acaba por alterar significativa e substancialmente os riscos do contrato, seja sob o ponto de vista da segurança jurídica, seja sob o ponto de vista econômico-financeiro.

Fato é que a vinculação do magistrado aos diversos princípios estabelecidos pelo Código de Defesa do Consumidor, aliado ao fato da expressão "dentre outros" ser bastante recorrente neste diploma legal – tornando a letra da lei uma fonte ilimitada de criação de obrigações, torna a vida do magistrado um pouco torturosa. Ao ter que dar corpo aos diversos princípios consumeiristas e as normas em branco diante de um caso concreto, o magistrado acaba incorporando os valores que a sociedade abarca naquele momento, trazendo uma enorme insegurança jurídica. E a razão de ser é simples: os valores mudam e as pessoas pensam de forma diferente. Sobre um mesmo caso, dois magistrados podem encontrar entendimentos diferentes sobre conceitos elementares, como é o caso da hipossuficiência, que demonstramos ao longo do presente artigo.

O que se tentou demonstrar neste artigo foi que, a despeito de se proteger o consumidor, há que se manter a estabilidade econômica dos contratos. De nada adiantaria a realização de "justiça com as próprias mãos" por parte dos magistrados sem que haja uma efetiva proteção da economia, na medida em que só existe consumo onde circulam bens e serviços e vice-versa, como num círculo vicioso.

À guisa da conclusão, o Poder Judiciário, quando da aplicação de seus poderes discricionários nas relações jurídico-contratuais de consumo, há que se revestir de cautela e levar em conta o binômio conveniência-adequação, pois ao extrapolarem o espírito das leis que regem essas relações, podem estar trabalhando contra o próprio consumidor.

Referências

AGUIAR JÚNIOR, Ruy Rosado de. *O Poder Judiciário e a Concretização das Cláusulas Gerais*. Revista de Direito Renovar n. 18. Set./dez. 2000, pp. 11-19.

AMARAL NETO, Francisco dos Santos. *A Autonomia Privada como Princípio Fudnamental da Ordem Jurídica: Perspectivas Estrutural e Funcional. In:* Revista de Direito Civil nº 46. Ano 12. Out./dez. 1998, pp. 07-26.

ALVIM, Arruda. *A Função Social dos Contratos no Novo Código Civil.* Revista dos Tribunais: São Paulo, 2003, p. 21.

BITTENCOURT, Cesar Roberto. *Tratado de Direito Penal: Parte Geral.* Vol. 1. 17.ed. Saraiva: São Paulo, 2012.

BOBBIO, Norberto. *A Era dos Direitos.* Tradução de Carlos Nelson Coutinho. 11.ed. Campus: Rio de Janeiro, 1992.

CAPPELLETTI, Mauro. Juízes Legisladores? Tradução de Carlos Alberto Álvaro de Oliveira. Sérgio Antonio Fabris Editor: Porto Alegre, 1993, reimpressão 1999.

CASTRO JÚNIOR, Osvaldo Agripino. *Algumas Reflexões sobre o Impacto do Sistema Judicial no Desenvolvimento Brasileiro. In:* Revista de Infromação Legislativa n. 141. Brasília. Jan./Mar. 1999. Disponível em: <http://amatra4.org.br/77-noticias/730-estamos-no-seculo-do-poder-judiciario-afirma-ministro-lewandowski-na-abertura-do-17-conamat>. Acesso em 20 de maio de 2016.

EFING, Antônio Carlos. *Fundamentos do Direito das Relações de Consumo.* 2.ed. Editora Juruá: Curitiba, 2008.

FERNANDES, Ana Carolina Souza. *Limite Jurídico das Cláusulas de Responsabilidade nos Contratos de Licenciamento de Software. In:* Revista Autônoma de Direito Privado nº 5. Editora Juruá: Curitiba, 2008.

GILISSEN, John. *Introdução Histórica ao Direito.* 3.ed. Fundação Calouste Gulbenkian: Lisboa, 2001.

GONÇALVES, Carlos Roberto. *Direito Civil Brasileiro: Contratos e Atos Unilaterais.* Vol. III. Saraiva: São Paulo, 2004.

GRAU, Eros Roberto. *Um Novo Paradgima dos Contratos. In:* Revista Trimestral de Direito Civil n. 5. Padma: Rio de Janeiro. Jan./Mar. 2001.

GRINOVER, Ada Pellegrini et alli. *Código Brasileiro de Defesa do Consumidor comentado pelos Autores do Anteprojeto.* 5 ed. Forense Universitária: Rio de Janeiro, 1997.

HENTZ, André Soares. *Ética nas Relações Contratuais à Luz do Código Civil de 2002 – As Cláusulas Gerais da Função Social do Contrato e da Boa-Fé Objetiva.* Juarez de Oliveira: São Paulo, 2007.

KRETZ, Andrietta. *Autonomia da Vontade e Eficácia Horizontal dos Direitos Fundamentais.* Editora Momento Atual: Florianópolis, 2005.

LISBOA, Roberto Senise. *Contratos Difusos e Coletivos: Consumidor, Meio Ambiente, Trabalho, Locação, Agrário, Locação.* Revista dos Tribunais: São Paulo, 1997.

LÔBO, Paulo Luiz Netto. *Constitucionalização do Direito Civil.* Disponível em: <www2.senado.leg.br/bdsf/bitstream/handle/id/453/r141-08.pdf?sequence=4>. Acesso em 19 de maio de 2016.

MARQUES, Cláudia Lima. *Contratos no Código de Defesa do Consumidor: O Novo Regime das Relações Contratuais.* 5.ed. Editora Revista dos Tribunais: São Paulo, 2005.

MARTINS-COSTA, Judith. *A Boa-Fé no Direito Privado: Sistema e Tópica no Processo Obrigacional.* Revista dos Tribunais: São Paulo, 2000.

MELLO, Adriana Mandim Theodoro de. *A Função Social do Contrato e o Proncípio da Boa-Fé no Novo Código Civil Brasileiro.* Artigo publicado na Revista Jurídica, vol. 294.

MIRANDA, Custódio da Piedade Ubaldino. *Interpretação e Integração dos Negócios Jurídicos.* Revista dos Tribunais: São Paulo, 1989.

PINHEIRO, Armando Castelar; SAADI, Jairo. *Direito, Economia e Mercados.* Campus: Rio de Janeiro, 2005.

ROUSSEAU, Jean-Jacques. *The Social Contract and Discourses.* Tradução de G. D. H. Cole. Dent and sons, Everyman's Library: Londres, 1973, 3.

STEINMETZ, Wilson. *A Vinculação dos Particulares a Direitos Fundamentais.* Malheiros Editores: São Paulo, 2004.

THEODORO JÚNIOR, Humberto. *O Contrato e sua Função Social.* 3.ed. Forense: Rio de Janeiro, 2008.

VENOSA, Silvio de Salvo. *Direito Civil: Teoria Geral das Obrigações e Teoria Geral dos Contratos.* 6.ed. Atlas: São Paulo, 2006.

Jurisprudência

BRASIL. Superior Tribunal de Justiça. AgRg no AgRg no REsp n. 1366545, da Segunda Turma do Superior Tribunal de Justiça, Brasília, DF, 22 de setembro de 2015.

BRASIL. Superior Tribunal de Justiça. Ag em REsp n. 735.249 do Superior Tribunal de Justiça, Brasília, DF, 17 de setembro de 2015.

BRASIL. Superior Tribunal de Justiça. AgRg no AREsp n. 399977, da Segunda Turma do Superior Tribunal de Justiça, Brasília, DF, 06 de novembro de 2014.

BRASIL. Superior Tribunal de Justiça. REsp n. 1277762, da Terceira Turma do Superior Tribunal de Justiça, Brasília, DF, 04 de junho de 2013.

BRASIL. Superior Tribunal de Justiça. Resp n. 1161522, da Segunda Seção do Superior Tribunal de Justiça, Brasília, DF, 12 de dezembro de 2012.

BRASIL. Superior Tribunal de Justiça. REsp n. 955.134, da Quarta Turma do Superior Tribunal de Justiça, Brasília, DF, 16 de agosto de 2012.

Legislação

BRASIL. Constituição Federal de 1988. Disponível em: <http://www.planalto.gov.br/ccivil_03/Constituicao/Constituicao.htm>. Acesso em 19 de maio de 2016.

BRASIL. Lei n. 8.078, de 11 de setembro de 1990. Dispõe sobre a Proteção do Consumidor e dá Outras Providências. Disponível em: <http://www.planalto.gov.br/ccivil_03/leis/L8078.htm>. Acesso em 19 de maio de 2016.

BRASIL. Lei n. 10.406, de 10 de janeiro de 2002. Institui o Código Civil. Disponível em: <http://www.planalto.gov.br/ccivil_03/leis/2002/l10406.htm>. Acesso em 19 de maio de 2016.

SOBRE OS AUTORES

Daisy Lucchesi
Graduada em Direito pela Universidade Presbiteriana Mackenzie, 2011. LLM Direito dos Contratos, Insper, 2016. Advogada.

Érica Fernandez Krabbe
Graduada em Direito pela Pontifícia Universidade Católica de São Paulo – PUC-SP (2010). Pós-graduada em Direito dos Contratos pelo Insper (2016). Aperfeiçoamento técnico e acadêmico sobre o Novo Código de Processo Civil e seus impactos na advocacia contenciosa pela Escola de Direito de São Paulo da Fundação Getúlio Vargas – FGV Direito SP (2017). Atuando como Assistente Jurídica em Segunda Instancia perante o Tribunal de Justiça do Estado de São Paulo.

Guilherme Tadeu de Medeiros Moura
Advogado. Pós-graduado em Direitos dos Contratos pelo Insper, 2016.

Gustavo Andrade de Oliveira Fontana
Graduado em Direito pela Universidade Presbiteriana Mackenzie – SP (2009). Especialista em Mediação e Arbitragem pela escola de Direito do Rio de Janeiro da Fundação Getú-

lio Vargas – FGV. Pós-graduado em Direito dos Contratos pelo Insper. Advogado no escritório Tubino Veloso Advogados, sócio coordenador do departamento contencioso estratégico.

Rafaella Barbosa Longuinho e Silva
Graduada pela Universidade Presbiteriana Mackenzie. Pós--Graduada em Direito dos Contratos pelo Insper.
Advogada em São Paulo. Sócia do Kimura e Salmeron Advogados.

ÍNDICE

APRESENTAÇÃO 5
PREFÁCIO 11
SUMÁRIO 13

Responsabilidade civil nas negociações preliminares ao contrato
Daisy Lucchesi 15

Princípios contratuais, estudo acerca da teoria do adimplemento substancial e a sua aplicação nos contratos imobiliários
Érica Fernandez Krabbe 65

A responsabilidade civil pela perda de chances e seu enfrentamento pelo Superior Tribunal de Justiça
Guilherme Tadeu de Medeiros Moura 133

A prática contratual na aquisição de terrenos à luz do artigo 39 da lei de incorporação imobiliária (lei nº 4.591/1964)
Gustavo Andrade Oliveira Fontana 175

O Poder Judiciário como fonte de criação de obrigações nos contratos de consumo
Rafaella Barbosa Longuinho e Silva 235

SOBRE OS AUTORES 281